Susanne Popp

Madame Clicquot
e il gusto dello champagne

Traduzione di
Daniela Terzo

GIUNTI

Titolo originale:
Madame Clicquot und das Glück der Champagne

www.giunti.it

Via Bolognese 165 – 50139 Firenze – Italia
Via G. B. Pirelli 30 – 20124 Milano – Italia

Prima edizione: ottobre 2023

PARTE I

Da ottobre a dicembre 1805

1

Qualcosa non andava.

Barbe cercò di captare i suoni della notte. In lontananza, un cane abbaiava e la campana della chiesa rintoccò due volte. Niente di strano. Per quale motivo si era svegliata?

Si voltò verso l'altro lato del letto, ma era sola. François dormiva nelle sue stanze private, come gran parte delle notti negli ultimi mesi. Riaddormentarsi era ormai fuori questione. Vagò inquieta con lo sguardo per tutta la stanza e si soffermò sullo specchio ovale sopra la toeletta che rimandava il bagliore freddo della luna. Era come se un enorme occhio la stesse osservando. Si alzò e si avvicinò alla finestra aperta.

Per essere il 20 di ottobre era sorprendentemente caldo. Una cicala, che aveva evidentemente sbagliato periodo dell'anno, friniva lì vicino. Il clima mite e asciutto era arrivato tardi, dopo che la vendemmia aveva subìto un'estate fredda e piovosa. Avevano dovuto rinunciare a quasi un quarto dell'uva, i grappoli ancora sulle piante erano marciti. Cionondimeno, Barbe era tutto sommato soddisfatta. Grazie alle ultime otto settimane di caldo e sole, l'uva rimasta era di qualità eccellente, addirittura migliore degli anni passati. Pertanto, aveva proposto a François di mettersi in viaggio per acquistare ulteriori vigne e mosti. Aveva notato con gran sollievo come François, almeno per un fugace momento, avesse ritrovato la passione e l'entusiasmo per gli affari. Nell'ultimo periodo era sembrato spesso triste e assente, come se si trovasse da qualche altra parte con la mente e non concentrato sui suoi compiti.

Barbe si appoggiò al davanzale e si sporse un poco verso l'esterno per dare un'occhiata alla corte sottostante. Nella stanza da lavoro del marito la lampada era ancora accesa. Le lunghe giornate in carrozza e le inusuali sistemazioni per la notte nelle locande e presso i contadini l'avevano stancata molto. Lei e François erano stati in viaggio per due settimane e aveva immaginato che avrebbe dormito fino al mattino. Invece era sveglissima, mossa da una strana sensazione di inquietudine. L'odore dell'uva fermentata le riempì il naso. Probabilmente la cantina era aperta, nonostante gli operai avessero ricevuto l'ordine di tenere tutto ben serrato.

Barbe indossò di fretta la vestaglia. Sarebbe andata di sotto a controllare la porta della cantina. E poi avrebbe bussato a François per sincerarsi che fosse tutto a posto.

Uscì dalla camera con una candela in mano. Si bloccò sul pianerottolo. Di sopra, nella stanza accanto alla bambinaia, dormiva Mentine, sua figlia di sei anni. L'aveva abbracciata brevemente dopo il suo ritorno poiché era già molto tardi e sentì il bisogno improvviso di andare a controllarla. Salì le scale senza fare rumore. La porta era socchiusa e nell'angolo era accesa la lampada a olio. La bambinaia si era addormentata profondamente prima di spegnerla. Barbe si avvicinò al letto e osservò Mentine dormire sentendosi pervadere da una sensazione di dolcezza. Aveva scostato la coperta e dormiva di traverso nel suo lettino, poiché, come tutti i bambini, sognava e si muoveva molto nel sonno. I riccioli madidi di sudore le si erano appiccicati sulla fronte. Posò la candela, raddrizzò Mentine, le sistemò la coperta e si piegò per darle un bacio. Senza svegliarsi veramente, la piccola allungò le braccia e ricambiò il bacio.

«*Maman*» mormorò felice strofinando il nasino sulla guancia di Barbe, poi sprofondò nuovamente nel mondo dei sogni. Barbe sorrise, spense la lampada e uscì dalla stanza.

Mentre scendeva le scale con la candela in mano e si dirigeva lungo il pavimento in pietra verso il pianterreno, ripensò al volto pallido di François. Negli ultimi tempi era molto preoccupato. Era rimasto seduto accanto a lei in silenzio per ore durante il tragitto in carrozza anziché cavalcare, come spesso aveva fatto in passato. Barbe lo avrebbe capito se l'avesse fatto, le strade secondarie nella zona dello Champagne erano in pessime condizioni e una cavalcata era di gran lunga più piacevole dell'essere sballottati dentro una carrozza.

Amava guardare suo marito a cavallo e sentire l'odore di fresco e selvaggio su di lui quando tornava, spesso ispirato e pieno di nuove idee. Era uno spirito irrequieto e aveva bisogno di molta varietà. Durante i primi anni del loro matrimonio l'aveva spesso sorpresa con la sua imprevedibilità. Ricevevano frequentemente delle visite, cenavano e suonavano insieme. François era un eccellente violinista, ma negli ultimi tempi non aveva più neanche sfiorato lo strumento e, anche se talvolta quella confusione era stata troppo per lei, iniziava a mancarle. Sembrava aver perso l'interesse anche per il commercio di vini, a cui si era dedicato con grande entusiasmo all'inizio della loro vita insieme. Oppure aveva perso il coraggio? Aveva addirittura dovuto convincerlo a intraprendere quel viaggio da cui erano appena tornati; del resto il vino non si produceva in ufficio, ma nei vigneti e nelle cantine.

Certo, non era facile. Ma Barbe, che da bambina aveva trascorso parecchio tempo in campagna, era molto entusiasta all'idea di non limitarsi a vendere il vino, bensì anche a produrlo. Era affascinata dal pensiero di avere tutto sotto controllo, dai frutti sulla pianta fino al prodotto finito, in botte o in bottiglia. Negli ultimi anni François aveva ottenuto ottimi profitti con lo spumante e, secondo lei, anche quell'anno stava andando molto bene. I timori dell'inverno passato, quando il suo fidato amico Louis Bohne aveva riportato dalla Russia solo problemi e fastidi, non si erano avverati. Gli ordini che aveva inviato loro erano stati molto più che soddisfacenti: settantacinquemila bottiglie di spumante, che erano più del totale dell'anno passato.

Pensare a Louis la fece sentire immediatamente meglio. Sarebbe tornato a Reims nel giro di due settimane.

Ricordò il suo volto amichevole e un po' arrossato e pensò ai suoi commenti, sempre intelligenti e pieni di umorismo, con i quali sistemava spesso le cose. Desiderava con tutto il cuore circondarsi di persone che condividevano il suo stesso modo di vedere il mondo. A suo marito avrebbe sicuramente giovato l'incontro con il vecchio amico, forse Louis sarebbe riuscito anche a riportare François alla ragione, o almeno lo sperava, dato che temeva segretamente per ciò che il futuro le avrebbe riservato. Non era la prima volta che François veniva assalito dalla malinconia. Anche in gioventù aveva attraversato una fase simile, come aveva dedotto dalle allusioni del suocero. In tempi così difficili, non si poteva fare altro che affrontare tali avversità con comprensione e voglia di vivere.

Quel funesto Napoleone Bonaparte, pensò Barbe mentre accedeva alla corte con cautela per non inciampare nell'irregolare vialetto in pietra con le pantofole. Nessuno poteva prevedere che cosa gli sarebbe passato per la mente in seguito. Si diceva in giro che avesse appena sconfitto gli austriaci a Ulm. Ma alla fin fine non aveva alcuna importanza, poiché tutti, reali, militari o mercanti, come François, erano alla mercé dei capricci dell'imperatore autoincoronato.

Giunta alla porta della cantina, rimase molto sorpresa di vederla chiusa. Di solito si fidava del suo olfatto, ma era così sicura della negligenza degli operai che si era lasciata ingannare. Soprattutto non si fidava del cantiniere Mathieu, era un furfante. Nella cantina risiedeva la chiave per il successo. Fino a quel momento, François aveva lasciato la produzione del vino nelle mani dei viticoltori o addirittura di Mathieu, ma questi si limitavano a fare ciò che avevano sempre fatto, senza aspirare a qualcosa di più elevato. Mancavano della giusta comprensione per produrre lo spumante. E soprattutto della passione. Lei stessa avrebbe volentieri trascorso l'intera giornata in cantina per fare esperimenti. Ma aveva l'impressione che avrebbe infastidito gli operai se si fosse immischiata troppo spesso. Diede un'altra spinta alla porta e poi tornò in casa. C'erano molti problemi da risolvere, ma era sciocco aggirarsi lì nel bel mezzo della notte. Rimase ferma e tese l'orecchio. Era tutto silenzioso. Mentre saliva la scala verso il salotto, udiva solo il battito del suo cuore rimbombarle nelle orecchie. Prima di andare da François voleva bere un bicchiere d'acqua, o magari di vino, per riuscire a riaddormentarsi meglio. In salotto era rimasta sicuramente la caraffa della cena.

Le ci era voluto un po' per sentirsi a suo agio in quella casa, che François aveva ereditato dal nonno e in cui convivevano da sette anni. Si trovava in Rue de l'Hôpital, a solo un tiro di schioppo dalla casa dei suoi genitori, l'Hotel Ponsardin in Rue Cérès, ed era più vecchia di qualche anno e meno spaziosa. Ma col tempo ci si era abituata. Le dimensioni si adattavano alla perfezione alla loro famiglia di tre persone e, dopo averla arredata con qualche nuovo mobile, ci viveva con piacere.

Barbe entrò in salotto. Quella stanza aveva subìto i maggiori cambiamenti, persino le decorazioni sulle pareti erano state sostituite. La nuova seta rosso-arancio con viticci e ornamenti era costata un patrimonio, ma regalava alla stanza un tono moderno e piacevole. Si versò un bicchiere di vino dalla caraffa che era effettivamente rimasta sul vassoio d'argento accanto alla finestra. Dal camino proveniva ancora un barlume di calore. Sopra, era appeso un ritratto di François all'età di circa diciassette anni. Assorta nei suoi pensieri, brindò verso il quadro.

Barbe conosceva la famiglia Clicquot sin da piccola. Philippe Clicquot, mercante di stoffe come suo padre, e sua moglie Marie Catherine, erano spesso stati ospiti dell'Hotel Ponsardin. Philippe Clicquot e Nicolas Ponsardin erano amici, entrambi uomini di successo e oculati commercianti. Era stato stabilito sin da subito che lei e François si sarebbero un giorno sposati. Forse già quando François aveva tre anni e i Ponsardin diedero alla luce non un primogenito maschio, bensì una femmina: lei, Barbe-Nicole. Della loro infanzia, Barbe ricordava un ragazzo di bella presenza con i riccioli scuri, molto simile all'immagine nel ritratto, per niente superbo ma di indole riservata. Le piaceva, era sempre gentile con tutti. Quando crebbe, i genitori lo mandarono a studiare in Svizzera e si persero di vista. Al suo ritorno, due anni dopo, era diventato un uomo, con un che di ribelle e di melanconico nello sguardo.

All'inizio non andavano molto d'accordo. François era troppo timido oppure non era interessato a lei e se fosse stato così, non lo avrebbe certo biasimato. All'epoca era ancora una bambina e spesso non si sentiva a suo agio con il suo corpo. Solo lo sguardo intenso dei suoi occhi grigi, che talvolta coglieva nello specchio un po' per caso, le dava un'idea di cosa intendessero suo padre o altri suoi cari quando le assicuravano che aveva personalità e carisma. Ma forse quelle caratteristiche non erano ideali per sedurre un uomo? Aveva quindici anni. Le cose che normalmente interessavano alle ragazze, come pettinature e moda, lavori casalinghi e gestione della casa, la annoiavano a morte. A lei piaceva fare i conti e leggere, con grande rincrescimento di sua madre, che reputava tali attività non consone a una ragazza. Trascorreva quanto più tempo possibile nell'ufficio del padre che le assegnava piccoli incarichi, e lavorava con grande entusiasmo nel giardino, in cui coltivava rose. Nei confronti di François, che le ricordava tanto un infelice eroe dei romanzi, provava estrema insicurezza. Si era innamorata di lui e si impegnava molto per amor suo con la toeletta per farsi acconciare i lunghi capelli biondi con onde che le ricadevano sul collo. Negli ultimi anni, gli abiti e i tessuti erano diventati assai più leggeri e ariosi. La vita era proprio sotto il seno e per molto tempo Barbe studiò persino le calcografie provenienti da Parigi che mostravano i modelli più recenti. Ma non serviva a nulla. François era gentile e scherzava con lei, ma non più che con le altre ragazze.

Rimase in città solo poche settimane. Era scoppiata la guerra. L'Austria e la Prussia si erano alleate e altre potenze europee si sarebbero unite presto a loro per combattere insieme contro Napoleone. François non era fra coloro che difendevano la Francia rivoluzionaria. Suo padre gli aveva trovato un posto nell'ufficio esportazioni nazionale. Un lavoro alla scrivania invece che al fronte. Non ci si guadagnava fama e onore, e la gente di Reims bisbigliava che ci fossero state anche delle tangenti di mezzo, ma a Barbe non interessava. Di certo non le sarebbero interessati distintivi e gerarchie e dopo tutto ciò che aveva scoperto sulla guerra, non riusciva a trovarci niente di buono. All'inizio spinta dalla madre, ma poi di sua volontà e con piacere, iniziò a scrivergli delle lettere. E lui le rispose. E con quali meravigliose parole! Il lavoro lo rendeva felice, aveva un talento eccezionale per gli affari, imparava molte cose e descriveva in dettaglio e con eloquenza i superiori e i colleghi. Amava le sue descrizioni chiare e talvolta ironiche. Le sue lettere divennero sempre più confidenziali. François apprezzava la comprensione che Barbe gli offriva, l'intelligenza che trapelava dai suoi pensieri e a poco a poco, come lesse dalle sue righe, si sentì sempre più vicino a lei. Al suo ritorno, si guardarono con occhi diversi.

Si sposarono quando Barbe aveva vent'anni e non si chiese più se ciò che provavano l'un l'altra fosse amore. Attribuiva l'inquietudine interiore di François e la sua continua ricerca di distrazioni all'ambizione. Un anno dopo arrivò Mentine, che diede all'esistenza di Barbe un nuovo senso e, mentre suo marito era spesso in viaggio, lei si tuffò nella sua nuova vita di madre e nel suo sempre crescente interesse per il vino. Per un po' era anche stata felice. Fino a quando l'autunno precedente l'umore melanconico di François aveva inspiegabilmente preso il sopravvento. Nel corso dell'ultimo anno si era allontanato sempre di più da lei. Sospirò al pensiero e bevve l'ultimo sorso di vino.

L'ingresso all'ufficio di François e alla camera adiacente, che ormai da tempo preferiva a quella comune, si trovava a metà della parte posteriore delle due scale che portavano al piano terra. Bussò e provò a sporgersi aprendo appena la porta, ma non le rispose nessuno. E lo vide. Sembrava addormentato sul tavolo. Notò la silhouette accasciata con la testa appoggiata sul braccio sinistro. La lampada a olio ormai quasi esaurita sul tavolo tremolava debolmente e, come nel salotto, un timido calore proveniente dal camino inondava la stanza di una luce rossastra e faceva sembrare il canapè e le sedie come un branco di animali addormentati. Sulla scrivania davanti a François c'erano fogli con conti accatastati malamente mentre altri documenti erano sparpagliati a terra, e il ritratto del nonno sopra il camino pareva osservare la confusione sottostante con la sua consueta disapprovazione.

«François?» lo chiamò Barbe, mentre una folata d'aria spense la candela che aveva in mano. «François, è meglio se vai a letto. Ti verrà il mal di schiena così.»

L'uomo non si mosse, ma anche lei sembrò essere colpita da un'improvvisa paralisi. Invece di avvicinarsi, rimase sulla soglia e osservò l'immobilità di François. C'era qualcosa che non tornava. Non tornava affatto. Nell'aria c'era un odore sgradevole, pungente, come di zolfo.

«François?» ripeté.

La sua stessa voce le sembrò estranea. Appoggiò l'ormai inutile candela, si chiuse la porta alle spalle e si avvicinò al camino con passi esitanti, temendo che il pavimento potesse spalancarsi sotto i suoi piedi. Si fermò un po' distante dietro al marito e poi fece un altro passo di lato, in modo che la poca luce illuminasse di più la scena. Sembrava che si fosse messo un panno scuro intorno alla nuca. C'era qualcos'altro nell'aria oltre all'odore di zolfo che sulle prime aveva ignorato, ma che conosceva benissimo. Era un odore metallico, di ferro. Quell'informe macchia scura sulla nuca era sangue.

«François» sussurrò incapace di muoversi guardando la figura dinanzi a sé.

La lampada si spense con lieve scricchiolio.

Barbe rimase immobile nell'oscurità totale, mentre pareva che tutta la linfa vitale le venisse risucchiata via. Come quando si rovesciava un secchio d'acqua. Aspettò che quella terribile immagine davanti ai suoi occhi le toccasse anche l'anima e la facesse crollare. Ma dentro di lei c'era solo un buco nero che aveva inghiottito tutto.

Rimase così a lungo, respirando a fatica e vicina allo svenimento; quando finalmente riuscì a muoversi di nuovo, non andò verso il marito, ma d'istinto si allontanò da lui muovendosi all'indietro, con lo sguardo diretto verso il suo profilo, che riusciva a malapena a definire. Sentiva un nodo in gola. Doveva respirare, voleva scappare, voleva chiamare qualcuno per farsi aiutare, ma era consapevole che non ci fosse nessuno. Suo padre era in visita a dei parenti. Suo fratello nell'esercito. Sua sorella Clémentine non le sarebbe stata d'aiuto in una situazione del genere. I genitori di François erano del tutto fuori questione.

Era sola.

Qualcosa in lei scattò e la spinse ad agire, prendendo il comando come se fosse stata guidata da un'entità estranea. Invece di lasciare la stanza, cercò a tastoni la candela che aveva appoggiato vicino alla porta e le ci volle qualche tentativo per riuscire ad accenderla dato che le tremavano le mani. La scena le si presentò un'altra volta davanti agli occhi senza pietà. François che giaceva sul tavolo dinanzi a lei. Il suo viso era rivolto a destra, appoggiato sul braccio. Dovette sforzarsi per avvicinarsi nuovamente, ma dall'altro lato, in modo da evitare la vista di quella spaventosa macchia nera sulla nuca. Si inginocchiò e tastò il pavimento finché trovò ciò che stava cercando: una pistola, scivolata via dalle mani senza vita di François. La vista era così irreale che non provò nemmeno orrore. Poi si fece forza e da quella posizione, accovacciata sul pavimento accanto al tavolo, alzò lo sguardo verso il marito. Le tremava la mano mentre sollevava la candela, ma per suo grande sollievo, il volto di François era illeso, tranne un sottile rigolo di sangue che gli colava dalla bocca. La sua pelle sembrava come di cera, aveva gli occhi chiusi ma la bocca aperta. Doveva essersi sparato da sotto il palato.

«Oh, François» mormorò Barbe accarezzandogli dolcemente la guancia. Era come se ci fosse voluto proprio quel tocco perché la situazione diventasse reale. In un colpo solo, il dolore e la sofferenza che aveva sempre sentito dentro di sé la travolsero, come un animale feroce pronto a colpire; scoppiò a piangere, un pianto secco e incontenibile. Rimase per un bel po' accovacciata e sotto shock, con le braccia avvolte intorno al proprio corpo, dondolando avanti e indietro, finché le venne in mente il pensiero lontano di sua figlia. La dolce, innocente Mentine, che dormiva al piano di sopra nel suo lettino. E quel momento in cui le aveva stretto le piccole braccia intorno al collo.

«Pensa, pensa» si disse fra un singhiozzo e l'altro. Nel mondo terreno, François non poteva più essere salvato, ma forse avrebbe potuto alleggerirgli il passaggio all'altra vita.

Si alzò a fatica, barcollò e fece cadere la lampada, che si frantumò sul pavimento. Un rumore che sembrò provenire da un altro mondo. Barbe non fece una piega. Aveva un solo pensiero in testa: se lo si guardava in volto, la ferita non era visibile. Forse avrebbe potuto far passare la sua morte come conseguenza di una malattia. Solo così avrebbe potuto garantirgli una sepoltura cattolica e quindi la speranza del perdono e della resurrezione. Si fece inconsapevolmente il segno della croce.

Qualcuno bussò alla porta. «Permesso? Monsieur Clicquot, va tutto bene? Ha bisogno di qualcosa?»

Barbe trasalì. Era Alphonse, il nuovo e giovane cameriere personale di François. Si sentì assalire dal panico. La maniglia si stava muovendo, Alphonse sarebbe entrato a breve nella stanza. Le passarono mille pensieri frenetici per la testa. No, non poteva permetterlo, il cameriere non avrebbe dovuto assolutamente vedere François in quello stato. Quindi doveva occuparsene in fretta. Ignorò il capogiro che sentì nell'alzarsi di scatto e in due passi raggiunse la porta.

«Alphonse, è un bene che tu sia qui. Il signore ha la febbre» disse controllando a fatica la voce.

«Febbre? Oh, capisco. Chiamo il medico?»

Alphonse aveva già un piede dentro la porta e fece per entrare. Barbe gli si parò davanti.

«No, niente medico per adesso.»

«Allora le porto dell'acqua e un panno per gli impacchi.»

«Più tardi. Per prima cosa vai a chiamare Adèle Dubois.»

«Adèle Dubois? La sarta?»

«Esatto, lei. Sai dove abita?»

«Sì, certo, ma mi ci vorrà almeno una mezz'ora. E se dicessi a Céline…»

«Non ti ho chiesto la tua opinione, Alphonse.» Barbe rispose con tono così secco che si spaventò da sola. Non sapeva come fosse riuscita a conferire tanta autorità alla sua voce. «Vai a chiamare Adèle Dubois. E non una parola, sia ben chiaro, non una parola con nessun altro! Non voglio che si scateni il panico in casa per un'innocua febbriciattola.»

Lo guardò da sopra la candela con aria eloquente, come se dietro la febbre ci fosse qualcosa di tutt'altro che innocuo, e notò come lo sguardo del ragazzo si fece di colpo ansioso.

«Certamente, Madame. Mi metto subito in marcia.»

Dopo che il cameriere se ne fu andato, girò la chiave nella toppa. Le tremavano le gambe. Si appoggiò alla porta respirando a fatica e da lì poté vedere di nuovo il corpo senza vita del marito. Iniziò a sentirsi male, ma era felice che le fosse venuto in mente di far chiamare Adèle. Si fidava della vedova Dubois come quasi di nessun altro.

Attese finché il malessere si quietò un poco e sentì una stanchezza pesante come il piombo caderle sulle spalle. Non avrebbe sostenuto un'altra occhiata al marito defunto, quindi andò nella stanza adiacente nella quale c'era il letto di François e ci si raggomitolò sopra. Nel calore delle coperte, la sua anima sembrava ancora presente. Tutto emanava il profumo di François.

2

Quando Barbe si svegliò, sentì i suoi genitori che stavano discutendo.

«Che cosa ci troverà Barbe in quella donna?» risuonò la voce pungente di sua madre.

Si accorse subito di non trovarsi a casa sua in Rue de l'Hôpital, bensì all'Hotel Ponsardin dai suoi genitori, sdraiata nel suo letto d'infanzia e avvolta in lenzuola appena lavate. Osservò stupita il baldacchino a righe blu e grigie e, senza muovere la testa, capì dalla luce che penetrava nella stanza che doveva essere tardo pomeriggio.

Perché?, si chiese, non ancora del tutto tornata in sé, prima che la consapevolezza la colpisse con forza: François era morto. Il pensiero era estraneo e irreale, doveva ancora fare presa in lei.

«Lascia stare, Adèle è una brava persona» sentì rispondere suo padre. «Sei per caso gelosa?»

Quindi litigavano per via di Adèle Dubois. Distorti come da una sorta di nebbia, piano piano i ricordi le tornarono in mente. Grazie all'aiuto di Adèle, quella notte era riuscita effettivamente a nascondere la vera causa della morte di François al personale domestico. Nella mente di Barbe apparivano immagini sporadiche di Madame Dubois e di come aveva ripulito François.

Poi di François, che giaceva sul letto, dei suoi genitori e di sua sorella con quell'espressione seria, in silenzio accanto all'uomo.

E poi della sepoltura. Del rito funebre celebrato nella cattedrale di Notre-Dame. Della benedizione del parroco, purtroppo di nessuna consolazione.

E della bara che scivolava sempre più in profondità. Consacrata alla terra…

Alla fine si era ammalata. Tutti temevano per la sua vita.

Barbe non sapeva esattamente se fossero passati giorni o settimane. Davanti agli occhi le passavano persone e ricordi. Suo padre al suo capezzale che le teneva la mano. Suo fratello Baptiste, impettito nell'uniforme della Guardia che la osservava con espressione preoccupata. Sua sorella Clémentine, in piedi sulla soglia che si asciugava le lacrime con un fazzoletto. E accanto a lei la piccola Mentine, con gli occhi spalancati per il terrore. Barbe allungò la mano verso sua figlia, ma non le permisero di avvicinarsi.

François. È sempre al suo fianco. Gli parla…

«Gelosa?» sentì esplodere la voce della madre. «Di quella persona? Nicolas, la chiama addirittura per nome come se fosse la sua migliore amica!»

Barbe, ben lucida per la prima volta da molto tempo, rimase immobile nel letto. Se sua madre si rivolgeva al marito dandogli del lei, la cosa doveva essere seria.

La cara Adèle Dubois. Suo padre conosceva la sarta sin dai tempi della scuola a Épernay. Da piccola, Barbe si era figurata una romantica ma altrettanto infelice storia d'amore fra la bella Adèle e suo padre, come quelle che leggeva con passione nei romanzi cavallereschi. Ovviamente prima che i suoi genitori si sposassero. Molto prima della leggendaria incoronazione di Re Luigi XVI a Reims, in occasione della quale suo padre era stato il primo presidente della commissione di incoronazione. Ma lui era un mercante e nella scala sociale si trovava al di sopra di Adèle, quindi aveva preso in moglie Jeanne-Clémentine Huart-le-Tertre, sua madre. Un matrimonio di convenienza, ma comunque nel pieno rispetto l'uno dell'altra. Adèle, che nel frattempo si era trasferita a Reims, aveva sposato un fabbro. Solo poche settimane dopo il matrimonio, l'uomo era deceduto. Da allora, circa venticinque anni addietro, era rimasta vedova, viveva da sola e senza figli.

«Come puoi parlare di lei in questo modo? Con tutto quello che le dobbiamo!» disse il padre.

«Si immischia, ecco cosa fa!»

«Sia lodato il Signore che si immischia. Hai completamente scordato cosa ha dovuto passare tua figlia? Quale dolore ha dovuto affrontare? Adèle Dubois è rimasta al suo fianco, ora dopo ora. Quando siamo arrivati noi, due giorni dopo, le abbiamo dovuto ordinare di tornare a casa per riprendersi.»

«Non sta dando troppa importanza alla sua amichetta?»

«Non è la mia "amichetta", è un'amica di famiglia. Senza di lei nostra figlia sarebbe la vedova di un suicida. Sarebbe diventata lo scherno della città, e anche noi.»

La voce di suo padre era stentata. Era molto vicino a dare in escandescenza. *La vedova di un suicida*. Così aveva detto. Barbe chiuse gli occhi e continuò a origliare.

«E se vent'anni fa Adèle non si fosse immischiata, probabilmente Barbe non sarebbe più in vita.» Suo padre alludeva a una storia accaduta quando era ancora una ragazzina.

«Dato che la menziona: quella persona, all'epoca, agì in modo del tutto arbitrario» rispose sua madre.

«Quella "persona", come la chiami, è una cittadina molto stimata a Reims. Possiede una casa e dà occupazione a dieci sarte. Anche se questo a te forse non piace, la vedova Dubois non ha fatto assolutamente niente di male.»

«Esatto, una donna che fa affari. Non è affatto consono» rispose impassibile sua madre. «È un'arricchita e non sarà mai al nostro pari. E non creda che mi sia sfuggito che lei l'ha incoraggiata in questo. L'ha aiutata. Chissà per quali motivi di fondo.»

«Ha fatto tutto da sola» rispose a bassa voce suo padre. A quanto pareva era un argomento di cui non voleva parlare. Ma sua madre non demordeva.

«Si è semplicemente portata nostra figlia a casa sua, e solo il giorno dopo ce ne ha dato notizia!»

«Di questo abbiamo già discusso una decina di volte! E secondo te, cosa avrebbe dovuto fare? Avrebbe dovuto mettersi in cammino con nostra figlia sottobraccio durante il temporale? In Rue Cèrés? E poi con tutta la calma del mondo bussare alla porta dell'Hotel Ponsardin? Un'idea geniale! Per quanto mi riguarda, sono felice che non lo abbia fatto. L'unica cosa giusta era portarla con sé e nasconderla lì.»

«Portarla con sé? L'ha rapita dal convento! E io sono morta mille volte dall'ansia.»

«Come mi ha ripetuto molto spesso. Sì, l'ha presa dal convento, ma su mio espresso desiderio. Se proprio devi condannare qualcuno, condanna me allora!»

Sua madre non rispose e Barbe azzardò un'occhiata verso i suoi genitori che erano in piedi alla finestra. Sua madre aveva abbassato la testa e suo padre fissava il giardino senza dire una parola. Li osservò da sotto le ciglia, notò le ciocche grigie nei capelli della madre e l'imponente statura del padre. Si sentì travolgere da un'improvvisa sensazione di affetto e amore. Non le piaceva arrabbiarsi con sua madre. Non aveva idea che quell'avvenimento fosse motivo di litigio fra i due. Ciò che era accaduto nell'estate 1789, quando aveva undici anni e Adèle Dubois l'aveva salvata la prima volta.

Da quando aveva memoria, Barbe era sempre andata più d'accordo con il padre che con la madre. Allora, in quell'estate a cui avevano alluso i suoi genitori, lui era via da un mese. Quanto aveva sentito la sua mancanza! Non era nel suo stile abbandonare l'attività a se stessa così a lungo, ma i cittadini di Reims lo avevano eletto rappresentante, quindi aveva dovuto essere il loro portavoce durante l'assemblea nazionale indetta da Re Luigi XVI. Era stato un grande evento. La prima assemblea nazionale dopo centosessanta anni! Suo padre non aveva certo potuto rifiutare il voto dei cittadini di Reims. Era rinomato per la sua responsabilità verso la città e per la fedeltà al sovrano. Oltre a ciò, la triste situazione economica stava avendo un impatto negativo anche sul suo commercio di stoffe. Il sostegno del re alla Guerra d'Indipendenza americana aveva gravato troppo sul bilancio nazionale. I miseri guadagni e le tasse sempre più alte non solo influivano sull'atmosfera nella popolazione, ma minacciavano persino di trasformarsi in una carestia. Era ben chiaro che qualcosa dovesse cambiare.

All'epoca Barbe era solo una fanciulla ingenua, la sua vita quotidiana era ben distante dalla scena politica. Studiava al collegio della scuola di suore dell'Abbaye St.-Pierre-les-Dames che, come il battistero, non esisteva più da tempo, cosa di cui si dispiaceva molto. Si ricordava ancora con chiarezza il dormitorio, l'odore di paglia, lino e lana, le storie che le ragazze si sussurravano di notte di nascosto, contravvenendo alle regole.

Andava volentieri a scuola. Alcune delle suore avevano appena superato l'età dell'infanzia e là aveva amiche con cui poteva ridere e chiacchierare. A differenza della maggior parte delle sue compagne, le piaceva persino l'uniforme scolastica, perché le risparmiava di indossare il corpetto e tutti quegli indumenti da appuntare goffamente, i nastri, i fiocchi e gli ornamenti per capelli. Una volta a settimana si lasciava intrecciare i capelli da una delle compagne e indossava una cuffietta bianca, e questo era quanto. Amava in particolare intrattenersi con la sorella giardiniera, che sapeva così tante cose sulle piante e sul loro impiego. Anche le storie sui santi e i passi della Bibbia erano di suo gradimento. E ovviamente far di calcolo. Era talmente brava che seguiva di nascosto le lezioni più avanzate, che si tenevano nella stessa sala alla stessa ora. In realtà sarebbe stata ancora più contenta di andare a scuola se le avessero permesso di imparare il latino, come a suo fratello, o non le avessero imposto continuamente lavori manuali. Che tormento!

Ma quell'estate era tutto diverso e avrebbe trascorso di sua volontà l'intera giornata a rammendare calze, se solo le avessero permesso di tornare a casa. Invece, per tutti i mesi di maggio, giugno e anche metà luglio, dovette rimanere nel convento. Un ordine del padre, che si diceva essere ancora a Parigi, anche se all'epoca non ne comprendeva il nesso. Non sapeva che il suo adorato padre nelle settimane precedenti era diventato un nemico della parte di popolo più povera. Dal punto di vista della gente, Nicolas Ponsardin era una persona abietta tanto quanto la nobiltà, tutti i baroni, duchi, conti e contesse, che alloggiavano volentieri all'Hotel Ponsardin e che acquistavano da lui stoffe pregiate. Di certo era ricco come loro, probabilmente anche di più. E lei, Barbe, la figlia maggiore, sarebbe stata una facile vittima su cui vendicarsi.

Nessuno le aveva mai parlato di tutte quelle cose, le scoprì solo molto più tardi. Insieme alle altre studentesse componevano dei versi in rima. Ognuna di loro, tutte figlie delle famiglie più abbienti della città, contribuì a far girare le voci che a Parigi i popolani e i contadini si stessero sollevando di nascosto, ma alla fine rimasero solo tali.

Il 18 luglio 1789, la vita di Barbe era cambiata radicalmente. Aveva dormito fino a tardi, aveva quasi mancato la preghiera del mattino, era giunta in chiesa solo all'ultimo minuto e si era inginocchiata sulla panca accanto alle compagne senza dare nell'occhio. Le suore nel coro erano sedute come sempre in due file, una di fronte all'altra, e cantavano le preghiere e i salmi per le lodi con voci melodiose. Di solito apprezzava le ore di preghiera nella cappella del convento, ma quel giorno le risultava difficile concentrarsi. Osservò le suore nelle loro tonache nere, notò gli sguardi che vagavano qua e là, lo sfogliare di pagine che non dovevano essere sfogliate, un tocco alla cuffietta per nascondere una ciocca invisibile. Inoltre, c'era molto più rumore del solito. Davanti alla porta d'ingresso si sollevò un vero e proprio tumulto. Voci confuse, zoccoli di cavalli, strepitii e grida.

All'improvviso, la porta laterale in fondo alla chiesa si aprì con un clangore metallico. Barbe si guardò dietro le spalle e notò che Sorella Bernadette era entrata e si stava dirigendo verso le ragazze inginocchiate sulla panca. Si voltò di scatto e tornò a fissarsi le mani giunte. Poco dopo, la sorella portinaia si fermò proprio accanto a lei e si inginocchiò. Una subitanea speranza iniziò a farsi strada in lei. Forse fuori dalla porta c'era suo padre che era venuto a prenderla.

«Venga con me» le disse Sorella Bernadette.

La suora si allontanò a passi rapidi, la condusse verso l'uscita sul retro nel cortile baciato dal sole mattutino e da lì in portineria, la cui finestra era talmente minuscola che non si vedeva quasi niente e le ci volle un momento affinché notasse la donna in piedi in un angolo. Dopo una seconda occhiata, riconobbe Adèle Dubois. Nonostante la delusione che non fosse venuto suo padre a prenderla, fu così felice di vedere un volto fidato della sua cerchia familiare, che le si gettò al collo.

«Mio padre è tornato?» domandò Barbe guardandola.

«Ho qui con me una lettera da parte sua, che ho consegnato alla reverenda. Pensa molto a lei e la saluta.»

«Ma è qui anche lui?» chiese Barbe. Il volto della sarta si incupì.

«No, Mademoiselle, non è ancora tornato. Ma mi ha inviato qui a prenderla.»

Sentì di nuovo i rumori che provenivano dall'esterno. La portineria si affacciava su una strada secondaria, ciononostante si sentiva anche da lì il caos della città.

«Dobbiamo affrettarci. Venga, Mademoiselle, si metta questo.»

Barbe guardò sorpresa l'indumento che le aveva dato la sarta. Era un camice da contadino informe, solo guardandolo si poteva percepire quanto avrebbe graffiato la pelle. Anche Adèle era abbigliata in modo più semplice del solito. Sembrava una donna del mercato, indossava uno scialle a tre punte di stoffa spessa e un grembiule da poco.

«Perché siamo vestite così?»

«Risponderò più tardi alle sue domande, Mademoiselle.»

Adèle le porse nuovamente l'abito, mentre nell'altra mano aveva degli zoccoli. Barbe non era convinta.

«Mademoiselle Ponsardin, faccia ciò che le dice la vedova Dubois e indossi quegli abiti. Le spediremo le sue cose più avanti» si intromise a quel punto Sorella Bernadette.

Pochi minuti dopo, le due scesero in strada tenendosi per mano e sentirono la porta del convento chiudersi due volte alle loro spalle. Scrutarono la strada. Lungo le mura del convento, ricoperte di edera e vite rampicanti, non si vedeva anima viva.

«Bene» disse la donna con sollievo «mi segua.»

Trascinò la ragazza dietro di sé finché arrivarono sulla via principale, dove furono quasi travolte da due uomini che correvano in direzione della cattedrale. Brandivano bastoni e forconi come fossero armi. Arrivarono altri uomini dall'angolo della strada e iniziarono a gridare fortissimo, poi altri si riversarono in strada. Barbe vide le lame di falci, asce e scuri scintillare al sole, e tutti indossavano lo stesso copricapo rosso.

Iniziò a tremare per la paura.

Più si avvicinavano al centro, più le strade erano affollate. Non lontano da loro, qualcuno iniziò a suonare il tamburo a ritmo dei marcianti.

«Che succede? Dove stanno andando tutti?» chiese ad Adèle.

«Al palazzo del vescovo» le rispose.

L'ira di quegli uomini scosse molto Barbe. Allora era vero! C'era una rivolta, e non solo a Parigi, anche lì a Reims! Voleva solo tornare a casa in Rue Cérès. Ma arrivate al punto in cui avrebbero dovuto svoltare, la donna la trascinò in una stradina laterale che portava nella direzione opposta.

«Si fermi, di qua è più lunga» ansimò Barbe.

«No, andiamo a casa mia» ribatté secca la vedova Dubois. Era troppo. Barbe iniziò a piangere e a opporsi. Senza rifletterci troppo, la sarta l'afferrò per il braccio. Barbe era minuta per la sua età, ma dato che gridava e si dimenava, per l'esile donna rappresentava un peso immane.

«Si dia una calmata e non si agiti» sibilò Adèle stringendola così forte da farle male. Barbe, che non aveva mai visto la donna arrabbiarsi, si afflosciò fra le sue braccia e…

3

«Buongiorno, Madame Clicquot!»

Barbe aprì gli occhi. Seduta sul suo letto c'era Adèle Dubois. «Buongiorno? È già giorno?» chiese con voce flebile. Era confusa e dovette sforzarsi per cacciare via tutti i ricordi d'infanzia che le erano tornati in sogno.

«Ma sì. Ha dormito quattordici ore. E da ieri non ha più la febbre. La cosa mi rallegra molto.»

«Che bello vederla qui, Adèle» rispose Barbe ancora un po' intontita. Non era più abituata a parlare, quindi la sua voce suonava roca ed estranea. Si schiarì la gola e tentò di alzarsi, ma non ci riuscì. La vedova l'aiutò sistemandole il cuscino e le porse una tazza di tè. «Mia madre quindi l'ha fatta entrare.»

«So essere molto convincente quando voglio» rispose la donna sorridendo. Barbe cercò la sua mano. «Ma non è stato facile.»

«Le porgo le mie scuse per mia madre. Non lo fa con cattiveria, è solo che…»

«Non deve spiegarmi niente, Madame. Non importa. Tra l'altro ho il compito di nutrirla» aggiunse con un occhiolino e indicò una scodella con del brodo fumante sul comodino.

«Ancora un attimo, Adèle. L'ho fatta chiamare per ringraziarla. Non ero in me quella notte...» Le mancò la voce non appena le tornò in mente l'immagine di François che giaceva sulla scrivania senza vita. La ricacciò all'istante e continuò: «Ma una cosa la so: senza di lei, non ce l'avrei mai fatta. Non lo dimenticherò mai».

«Ma era ovvio che venissi» le rispose Adèle calma.

«È una brava persona, Adèle. Mi ha già salvata ben due volte da brutte situazioni.»

Adèle scosse la testa. «Non lo dica nemmeno. È passato moltissimo tempo. E non farà altro che agitarsi così.»

Ma Barbe non si lasciò confondere. «Ho addirittura sognato quel giorno. Solo due ore dopo che venne a prendermi, ci fu un assalto al convento. Adèle, chi può dire che cosa sarebbe successo se non fosse arrivata in tempo.»

«Be'...» disse mentre prese la scodella. «È andato tutto bene alla fine. Su, ora deve mangiare.»

«Se proprio devo» rispose Barbe lanciando un'occhiata al brodo fumante. «Non ho affatto appetito, ma me ne dia un po'. Quanto tempo sono stata malata?»

«Tre settimane.»

«Tre settimane?» ripeté Barbe sgomenta. «Che giorno è oggi?»

«La prima domenica dell'Avvento. I suoi genitori sono in chiesa a pregare per lei.»

«Oh mio Dio.» Barbe allontanò il cucchiaio. «E che ne è di Mentine? Come sta? Dev'essere ancora spaventata a morte! E l'azienda? Chi si sta occupando degli affari?

Siamo in attesa di alcune consegne. Il cantiniere ha bisogno di istruzioni e gli operai devono essere pagati. Devo andare subito a casa e controllare i conti!»

Adèle le accarezzò il braccio con dolcezza. «Mentine è da sua sorella. Sta bene. Sa come sono i bambini, quando giocano tutti insieme e sono impegnati, è difficile distrarli. E si dimentichi dell'azienda, per favore. Deve prima tornare in forze.»

«Dimenticare gli affari? Ma non posso assolutamente! Che ne è di Louis Bohne? Ci sono novità da parte sua?»

«Suo padre mi ha riferito che sta tornando. Però non sarà qui prima di metà dicembre» disse Adèle con un sospiro e mise a posto il cucchiaio. «È un bene che voglia parlare di questo, comunque.»

«Lo voglio. Devo farlo. Mi dica, Adèle, che la mia testa al momento è un po' sottosopra: a chi appartiene l'azienda François Clicquot adesso?»

La donna la guardò con espressione seria. «Appartiene a lei, Barbe, dato che è la vedova di Monsieur Clicquot e pertanto ne ha le capacità. Di fronte alla legge, ne ha il diritto.»

«Quindi è tutto vero» disse Barbe, mentre i pensieri iniziavano a ricollegarsi nella sua mente. Suo marito era morto e le aveva lasciato l'azienda vinicola in eredità. «Ma questo non è *del tutto vero*. Per essere precisi, l'azienda appartiene a me e a mio suocero. Ci ho pensato. Nei giorni successivi alla morte di François ci ho riflettuto a lungo. Però avevo molto timore e prima che potessi fare o anche solo decidere qualcosa, mi sono ammalata. Nessuno mi ha parlato di questo. Né mio padre, né mio suocero e neanche mio fratello.»

«Non era ancora il momento adatto.»

«No, non è solo quello. Temo che non appoggeranno la mia decisione di condurre l'azienda perché sono una donna. Lo pensano davvero, Adèle. Credo che la mia famiglia tenterà addirittura di impedirmelo. Glielo leggo in faccia.»

Adèle scosse la testa. «Di suo padre non ne sarei poi così sicura. Da quando lo conosco, ha sempre apprezzato le sorprese.» Esitò prima di proseguire: «Ma per quanto riguarda suo suocero Philippe Clicquot, le do ragione, anche se per altri motivi. Ne ho sentito parlare al mercato. È convinto che il vino abbia portato solo sventure al figlio. È quindi probabile che non voglia averci più niente a che fare».

«Ma è un'idea completamente sbagliata. François amava il vino! Si tratta proprio di questo. Anche solo in sua memoria devo mantenere l'azienda.»

«Non si dimentichi che il mondo non ha in serbo molto di buono per le donne che vogliono guadagnarsi il proprio denaro.»

Barbe le afferrò il braccio e la guardò dritto negli occhi. Si sentiva abbandonata. «Me lo sta sconsigliando? Proprio lei?»

«Sì, proprio io. Esattamente perché tengo a lei, non posso in coscienza consigliarle di proseguire. Sarebbe tutto molto più facile, per lei, se cedesse l'azienda.»

«Forse *non voglio* che sia facile. Credo di potercela

fare. Nell'ufficio di mio padre ho imparato molto. E ne capisco di vino tanto quanto ne capiva François. Lui lo sapeva, si fidava di me» aggiunse con voce sommessa. «E non posso deluderlo.»

«Comprendo le sue ragioni, Barbe, e credo a ogni sua parola. Le auguro con tutto il cuore di farcela. Ma dovrà lottare. Le metteranno i bastoni fra le ruote. Ne vale davvero la pena? Potrebbe risposarsi e condurre una vita comoda.»

«È una cosa così auspicabile? Una vita comoda?»

«Per la maggior parte delle persone è l'unica cosa che conta.»

«Intende per la maggior parte delle donne. Gli uomini si accontentano molto di rado. Anche lei ce l'ha fatta, Adèle, e non è stato facile.»

«È per questo che glielo sto dicendo» rispose la sarta con tono persuasivo e serio. «So di cosa parlo. Lei è giovane e ricca. Troverà un altro uomo che l'amerà.»

«Ma come posso amare un altro uomo come amavo François? Era una persona speciale ed entrambi abbiamo unito le nostre forze nel commercio dei vini. Lui capiva quanto fosse importante per me. Sapeva cosa faceva battere il mio cuore.»

«*Cosa* le fa battere il cuore, Barbe?»

Barbe si voltò verso la finestra, dove la luce del mattino giocava con la tenda di lino bianco e dove il giorno prima avevano litigato i suoi genitori.

«Ho idee, programmi; ecco cosa fa battere il mio cuore. Voglio cambiare le cose e renderle migliori. Voglio produrre il miglior spumante di tutta la regione dello Champagne. E inoltre» Barbe voltò la testa e guardò la donna negli occhi «voglio che mio padre sia fiero di me. Proprio come lo è di lei.»

«Di me? Perché dice così?»

«Perché *è* così, Adèle. È fiero di quello che è riuscita a costruire. Può anche essere conservatore e realista – e sì, so che con lei posso parlare apertamente – ed è anche ovviamente cattolico fino all'osso. Il matrimonio è sacro per lui, ma è anche un uomo di larghe vedute. È amorevole e tenero. Nel suo cuore c'è spazio per molte persone.»

«Oh» rispose Adèle con le guance arrossate e per una volta, forse la prima nella sua vita, le sembrò imbarazzata. Barbe la osservò. Adèle Dubois era una donna attraente, di carnagione chiara e con i capelli castano scuro, quasi intoccati dal grigiore, labbra rosse e un sorriso accattivante. Gli abiti neri, che non aveva mai abbandonato in tutti quegli anni, le donavano alla perfezione. Barbe non l'aveva mai vista così bella fino a quel momento e per un attimo la osservò con gli occhi di un uomo. Era evidente: Adèle era una donna desiderabile anche oltre i cinquant'anni.

«Mi sentirei molto meglio a saperla dalla mia parte, Adèle.»

«Sono sempre dalla sua parte, Barbe, lo sa. Indipendentemente da quello che deciderà di fare.»

«Lo speravo.» Le strinse la mano. «Se posso contare sul suo supporto, allora mi imbarcherò in questa battaglia.» Si scrutò l'abbigliamento. «Ma di sicuro non in camicia da notte. Ho bisogno di abiti nuovi. Abiti neri.»

Adèle la osservò con espressione seria, ma subito dopo spuntò un accenno di sorriso sulle sue labbra.

«Ha ragione» disse prendendo la scodella. «Appena starà meglio prenderemo le misure.»

4

Ci vollero alcuni giorni perché Barbe si riprendesse anche solo per riuscire a scendere ogni tanto dal letto. La preoccupazione per l'azienda non le dava tregua, ma ce n'era una ancora più grande per lei: sua figlia Mentine, che si era trasferita da sua sorella dalla morte del padre e a cui non sembrava mancare poi tanto. Era andata a trovarla, accompagnata da Clémentine, e con la sua dolce vocina le aveva raccontato le esperienze a casa della zia, ma seduta sul letto della madre si annoiava velocemente.

«Che ho fatto di sbagliato?» chiese Barbe a sua sorella. «Mi ha dimenticata del tutto?»

«Ma cosa stai dicendo? Mentine è ancora piccola. È comprensibile che le piaccia il cambiamento e che adori la baraonda che regna in casa nostra. Ed è innamorata del piccolo. Sii felice che si sia ripresa così presto, era afflitta quando stavi male.»

«Davvero?» sospirò Barbe, non convinta. «Sembra quasi non sentire la mancanza del padre. Non ha domandato di lui neppure una volta.» Neanche lei parlava di François con Mentine di sua iniziativa. Tutti in famiglia le avevano consigliato di non nominarlo in presenza della piccola. Barbe era molto combattuta fra il desiderio di non turbare la figlia e il bisogno di custodirne in lei la memoria.

«È del tutto normale» la tranquillizzò Clémentine. «Il legame tra una figlia e il padre non è così stretto, e non dimenticare che François era spesso in viaggio.»

«Hai ragione. Ma è dura comunque.»

«Non prendertela così a cuore e guarda il lato positivo. Mentine è uno spirito sereno.»

Barbe la guardò con gratitudine. La tranquillità che emanava era contagiosa. Clémentine aveva ventidue anni ed era sposata da cinque. Il marito Jean-Nicholas Barrachin, direttore delle poste, aveva già un figlio di ormai otto anni, di cui la donna si era fatta ovviamente carico, così come della gestione della casa. Nel frattempo era diventata madre. Il loro bambino, Marcel, aveva pochi mesi. Anche se per Barbe era un po' difficile ammetterlo, vivere con sua sorella aveva effetti molto positivi sull'anima di Mentine. Stare con altri bambini le faceva davvero bene.

«Ti invidio, sorellina, lo sai? Sembra che ti riesca tutto facile. Ma io temo che Mentine mi stia scivolando via. Non posso certo forzare il suo affetto. Chi lo sa meglio di me? A differenza tua, per mamma io non ho mai fatto niente di buono.»

Clémentine rise. «Macché! La malattia ti ha ingrigito l'animo. Tu pensi troppo, cara sorella. Mentine ti vuole bene! E anche mamma. Ora pensa a rimetterti in salute e quando non sembrerai più l'ombra di te stessa, tutto il resto si sistemerà da sé.»

In effetti, Barbe era cambiata molto, a malapena si riconosceva nell'immagine riflessa nello specchio. Era la metà, il suo viso era più spigoloso e i grandi occhi erano cupi e in fuori. Per la prima volta nella sua vita, incarnava l'immagine di una dama che, secondo le idee dell'alta società, doveva essere eterea e fragile. Ma ciò non era assolutamente nei suoi piani e tutte le chiacchiere sul recuperare con calma la facevano arrabbiare ogni giorno di più. Ma poiché rispecchiavano effettivamente la realtà dei fatti e riusciva a malapena a raggiungere il giardino con le sue forze, solo per sedersi al sole per un po' avvolta in una coperta, accettò che le stessero tutti con il fiato sul collo. Per rimettersi il prima possibile, riprese a mangiare: zuppe, frutta, biscotti. Mentre sua madre prima riteneva che mangiasse troppo poco, ora lo considerava sin troppo, e tutto quel cibo le pesava sullo stomaco. Quando suo padre andava a farle visita, lo implorava con qualsiasi scusa di andare in azienda a dare un'occhiata ai conti. Ma lui sosteneva che il consuocero avesse la situazione sotto controllo e che dovesse rimandare tutto a dopo la guarigione. Una mattina la sorprese con una proposta: «Tua madre e io siamo dell'opinione che all'inizio dell'anno ti gioverebbe andare due o tre mesi al Sud, per recuperare le forze. Che ne pensi della Sicilia?».

Barbe fissò il padre a bocca spalancata, il quale si accorse subito di aver detto qualcosa di sbagliato e abbassò lo sguardo. Era ovvio che fosse stata sua madre ad aver scelto lui come messaggero. Come aveva potuto pugnalarla alle spalle così?

«In viaggio per due mesi? Per voi ogni mezzo è buono per allontanarmi dalla mia azienda, non è vero?» disse fredda.

«No, piccola, cosa te lo fa pensare? Tua madre e io vogliamo solo che tu guarisca.»

«Se mamma desidera che io vada in Sicilia, dovrà dirmelo di persona, perché anche tu, papà, sai bene quanto tutto ciò sia assurdo. È già troppo tempo che sono qui con le mani in mano!»

L'uomo scosse la testa. «Tua madre non riesce a immaginare che tu voglia dirigere un'azienda.»

«Lo so bene. E tu, papà?» Gli prese la mano e lo spinse a guardarla negli occhi. Suo padre era sempre stato il genitore di più larghe vedute fra i due. «Sii onesto e parla con me. Che piani ha mio suocero?»

Alzò le spalle. «Non lo so» rispose. «Philippe è molto chiuso, è difficile anche avvicinarlo. Di sicuro ha fatto qualcosa che non era rimandabile, per quanto ne so ha pagato tutti i fornitori e anche gli operai fino alla fine dell'anno. Però non mi ha rivelato i suoi programmi per il futuro.»

«Ma com'è possibile? Siete vecchi amici» esclamò Barbe. «E io sono sempre sua nuora; perché non viene a trovarmi?» Non riusciva a comprendere.

«La morte del figlio lo ha segnato nel profondo. Evita qualsiasi compagnia e si tiene alla larga da tutti coloro che potrebbero ricordargli la tragica perdita. Non è più se stesso.» Suo padre appariva afflitto. Barbe sentì che le stava dicendo la verità e che la sua resistenza si stava sgretolando.

Gli strinse la mano. «Posso contare su di te?» gli chiese con voce dolce e persuasiva. «Mi darai il tuo supporto per continuare a gestire l'azienda?»

«Ma è davvero ciò che vuoi?»

«È esattamente ciò che voglio, altrimenti non te lo chiederei.»

«Sono felice che tu sia di nuovo...» iniziò, poi un singhiozzo lo interruppe e i suoi occhi luccicarono per la commozione. Quando riprese a parlare, la sua voce era roca. «Tu non sai quanto ci siamo preoccupati. Quanto *mi sono* preoccupato.»

Barbe era commossa, ma non poteva tirarsi indietro in quel momento. «Mi aiuterai?» gli chiese un'altra volta.

«Farò ciò che posso. Ma dovrai convincere Philippe delle tue intenzioni, non ti puoi permettere di pagargli la sua parte.»

Non era la risposta che Barbe aveva sperato. Ma cosa credeva? Non poteva pretendere che le desse il denaro necessario per rendersi indipendente dal suocero. Ciononostante avrebbe potuto offrirsi. Sarebbe stata la prova che la sosteneva sul serio. Ma era ben chiaro che suo padre non volesse davvero che prendesse quella strada. Disillusa da questa consapevolezza, gli strinse un'altra volta la mano.

«No, non me lo posso permettere. Grazie comunque, papà.»

Sei settimane dopo l'infausta notte in cui trovò il marito senza vita, Barbe rientrò in casa sua in Rue de l'Hôpital.

Aveva atteso quel momento con ansia, ma allo stesso tempo lo aveva temuto, poiché le cure dei suoi genitori, per quanto si fosse opposta, erano comunque un buon appiglio. Le grandi stanze immerse nel silenzio della sua dimora, invece, racchiudevano ricordi infinitamente tristi che doveva affrontare.

Era strano ritrovarsi a casa. A quanto pareva, Clémentine e sua madre si erano occupate di tutto: i servitori avevano pulito i pavimenti, preparato il pane, lavato la vasca, acceso il fuoco nel camino e sistemato le camere con lenzuola pulite. Le sembrava che stessero cercando di nascondere il fatto che ora c'erano meno persone da accudire. Ascoltò con attenzione i racconti della sua cameriera, Céline, che aveva prontamente assunto la direzione domestica, si sorbì le lamentele della cuoca, mentre rifletteva con preoccupazione, ma anche con decisione, sul fatto che avrebbe presto dovuto licenziarla. La bambinaia sarebbe rimasta. Aveva infatti deciso di lasciare Mentine ancora un altro paio di settimane da sua sorella, almeno fino a quando non avrebbe risolto le questioni più urgenti, ma poi sarebbe tornata a casa con lei. Si sentì avvolgere da una sensazione di dolcezza nel pensare alla figlia. Clémentine aveva avuto ragione nel sostenere che Mentine, migliorando, aveva perso il suo abituale riserbo. Le stava sempre intorno e la ricopriva di baci, come faceva prima. Ma sarebbe stato egoista da parte sua riprenderla subito con sé, poiché non le avrebbe potuto dedicare molto tempo. Se voleva salvare l'attività vinicola, aveva bisogno di tutte le sue forze, come le aveva predetto Adèle.

Barbe fissava il fuoco nel camino del salotto. Rifletté su cosa farne di Alphonse, il cameriere di suo marito, che quella notte era andato a chiamare Adèle. Di sicuro se lo immaginava, ma era chiaro che non sarebbe più servito perché François non c'era più. *E la cuoca ce l'avrebbe fatta anche con una semplice domestica di supporto*, si disse lanciando un'occhiata ai biscotti da tè che le avevano portato. Se solo fosse stato facile gestire l'azienda come lo era gestire la casa. Andò nell'ingresso dove erano ancora appesi il cappotto e il copricapo del consorte e rimase in piedi davanti alla porta dell'ufficio. Le fu impossibile mettere un piede dentro la stanza; sentiva già il cuore batterle all'impazzata. *Un passo alla volta*, pensò, e si diresse in giardino. Suo suocero aveva già pagato i fornitori di mosti, come le aveva riportato suo padre. Barbe aveva un brutto presentimento al riguardo. Ma forse era perché vedeva ancora tutto nero. Per prima cosa, avrebbe parlato con il cantiniere Mathieu e poi avrebbe deciso. Quella distrazione le avrebbe fatto bene.

Aprì la pesante porta in legno con guarnizioni in ferro che conduceva alla cantina dei vini e si fermò un attimo. Amava quel posto. Già da bambina, l'avventura più emozionante era esplorare la cantina dell'Hotel Ponsardin, che era molto più antica della casa stessa. Le piaceva l'atmosfera misteriosa delle alte mura, in contrasto con lo splendido mondo dei suoi genitori, in cui tutto era studiato per impressionare. Là sotto le pareti non erano ricoperte di seta, bensì grezze e sghembe. Non c'erano argenti scintillanti né pavimenti splendenti, era invece sempre un po' polveroso. Dato che la cantina era fresca anche d'estate, i suoi genitori la utilizzavano come dispensa per cibi e vino e il notevole vantaggio di un luogo del genere era evidente quando suo padre e sua madre avevano ospiti importanti, come accadeva spesso. Era affascinante sparire da un rumoroso gruppo di persone e rifugiarsi in quella silenziosa e buia stanza con il soffitto a volte, in cui si sentiva solo il tintinnio delle chiavi. Barbe si opponeva sempre al divieto che le aveva imposto sua madre, incapace di capire il suo entusiasmo, e scendeva lei stessa invece di mandare la servitù.

Come le aveva spiegato suo padre, già i Romani avevano estratto calcare in quelle zone per utilizzarlo come materiale da costruzione o come calce per fare la malta. Forse era la spiegazione per cui si contavano addirittura tre piani sotterranei. In tutta Reims c'erano cantine che a volte si collegavano tra loro, come quella dell'hotel e la sua, dove si trovava in quel momento. Erano unite da un passaggio chiuso da una porta di legno.

Barbe e François si erano persino sposati in quella cantina. Nel 1798, anno delle loro nozze, il cattolicesimo era ancora vietato e molte chiese erano state profanate dai rivoluzionari negli anni precedenti. Dato che né per lei né per la sua famiglia era pensabile un matrimonio senza benedizione divina, la cerimonia si era tenuta nel sottosuolo e in segreto. Un piccolo gruppo di invitati, composto dai parenti più stretti e pochi amici, si era riunito al lume tremolante delle candele e aveva ascoltato le parole del parroco, evidentemente molto nervoso e frettoloso nel concludere la cerimonia. Quell'inusuale luogo, secondo François, era un presagio, un segnale che si sarebbero dovuti concentrare sul commercio di vini. Barbe, innamorata com'era, aveva accettato con tutto il cuore, e non avrebbe fatto un passo indietro proprio ora!

Il ricordo non fece altro che rafforzare la sua decisione, quindi si concentrò di nuovo sul presente. Regnava il silenzio. Una lanterna solitaria bruciava in un angolo. Respirò l'amato profumo di uva fermentata mischiato a quello freddo e acre che proveniva dalle mura in calcare. Poi prese una torcia da un cesto e la accese. Per fortuna, a differenza di molte altre aree della sua attività, i processi della cantina non erano un territorio nuovo per lei. Lì sapeva come muoversi e amava vedere le botti in file ordinate. Ma sopra ogni cosa adorava la catasta di bottiglie raccolte nel terzo piano sul retro. C'erano molteplici partite con spumante quasi fatto e alcune con bottiglie già pronte. Inoltre, nella cosiddetta cantina di sboccatura, venivano rimossi i depositi, una sorta di sabbia fine che si produceva durante la fermentazione e che rendeva il vino torbido e antiestetico. Il vino spumeggiante veniva controllato alla luce delle candele e travasato in nuovi recipienti per cercare di eliminare il più possibile quei depositi. In alternativa, si poteva tentare di scolarli, concentrandoli prima nel collo della bottiglia. Infine, le bottiglie destinate alla vendita venivano riempite con acquavite o liquore, e nuovamente tappate e sigillate.

Entrambi i metodi, il decantaggio, come viene chiamato il travaso del vino, e la sboccatura, cioè l'eliminazione dei depositi, avevano i loro vantaggi. Un grosso problema era che il vino perdeva parzialmente, o addirittura del tutto, il frizzantino. Un altro problema era che spesso rimaneva torbido. Anche se quelle fini briciole non distorcevano il gusto, risultavano comunque un elemento di disturbo per i clienti. Tutti desideravano un vino limpido e schiumoso e non un liquido sgradevolmente torbido nel bicchiere. Tuttavia, fino a quel momento nessuno aveva trovato una soluzione migliore.

Quello era uno dei compiti che la attendevano e che rendevano indispensabile una visita in ufficio: doveva assicurarsi che il vino venisse preparato per la vendita, così che gli ordini rimanenti potessero essere consegnati. A causa della morte di François e della malattia era molto in ritardo e non aveva idea se il cantiniere Mathieu avesse svolto i suoi compiti nelle ultime settimane. Se suo suocero non se n'era occupato, era possibile che nessuno avesse fatto niente, e a quel punto Mathieu avrebbe potuto sostenere che nessuno gli aveva detto cosa fare.

Barbe sospirò. Se solo Louis Bohne fosse già arrivato! Con il suo aiuto si sarebbe sentita molto meglio. Su di lui poteva fare affidamento.

Attraversò la sala anteriore, luogo previsto per un torchio, ma a Reims non ne esistevano, anche se Barbe ne avrebbe voluto uno. Le piaceva essere presente per la pressatura, vivere quel momento, annusare e assaporare le preziose uve che davano il loro meglio. Ma non ne sarebbe valsa la pena. Il vigneto più vicino era a più di un'ora di distanza ed era più opportuno trasportare il vino o i mosti piuttosto che l'uva. Ciononostante, preferiva acquistare le uve in grandi partite invece che già pressate, poiché in quel caso non avrebbe saputo di che qualità si trattasse. Voleva vedere i grappoli prima che venissero pigiati ed era convinta che solo attraverso un'accurata selezione si potesse produrre un vino davvero eccellente. In quell'anno erano rimasti in viaggio insolitamente troppo, in un periodo in cui sarebbero dovuti essere presenti per la vendita di spumante in cantina. E a causa della malattia, aveva perso altre importanti settimane. A quel punto poteva solo sperare per il meglio. E anche nell'energico aiuto dei collaboratori.

Ma dov'erano tutti?

«Mathieu?» chiamò quando entrò nella stanza accanto, ma ancora non si vedeva anima viva. Sentì delle voci provenire da lontano e in effetti, mentre si avvicinava, vide sei operai seduti a una botte impegnati a giocare a carte. Sbalordita, osservò la scena illuminata da una candela e una lampada, finché gli uomini, che solo in quel preciso momento si erano accorti di lei, non balzarono in piedi impauriti.

«Madame Clicquot, è tornata?» disse uno di loro togliendosi in tutta fretta il berretto dalla testa. Barbe lo conosceva, ma non gli venne in mente subito il nome.

«Sì, e sono molto sorpresa. Non dovreste occuparvi della sboccatura?»

«Sì, dovremmo, ma non sapevamo…»

Barbe lo interruppe impaziente. «Dov'è Mathieu?»

L'uomo alzò le spalle ma rispose prudente con una specie di domanda.

«Al Blue Chien?»

«Ah.» Barbe annuì. Allora andava male proprio come aveva temuto. Le Blue Chien era una taverna e Mathieu era un inetto. Fece una rapida riflessione. Era ovviamente arrabbiata, ma quegli uomini non ne avevano colpa. Erano comunque lì e non alla taverna come il cantiniere. Barbe si schiarì la voce, raddrizzò la schiena per sembrare un po' più alta e sperò che nessuno notasse la sua insicurezza. Era importante che gli uomini la prendessero sul serio, altrimenti sarebbe stata perduta.

«Comunque, non siete pagati per non fare niente» disse guardandoli uno a uno. «Ma siete qui, e questa è una cosa buona. Molto buona! Tu sei Didier, giusto?» chiese a colui che aveva parlato per primo, dato che le era venuto in mente il nome. «Nel frattempo, è nato il vostro bambino?»

«Sì, da tre settimane.» Didier balbettò un po', visibilmente sorpreso dal cambiamento di direzione della conversazione.

«Come sta tua moglie? È andato tutto bene?»

«Sì, grazie. Sia la mamma sia il bambino sono in salute.»

«È un maschio o una femmina?»

«Un maschio.»

«Che bello. Ti faccio le mie congratulazioni di cuore. Porta i miei saluti a tua moglie, per favore, e domattina presto vieni da me in ufficio.»

«In ufficio?» disse Didier con gli occhi sgranati.

«Certo. Ho un regalo per il piccolo.» Barbe gli sorrise, fece una pausa poi tornò a guardare gli altri. Per François il contatto personale con gli operai era importante e nessuno avrebbe dovuto rimproverarle per non aver mantenuto tale abitudine. Inoltre, aveva così ottenuto la piena attenzione di quei lavoratori, che avevano seguito il discorso in silenzio. «Inizierete subito con la sboccatura, Philippe, Michel, Robert e...» Si fece dire il nome dei due che non conosceva, fece un amichevole cenno con la testa a entrambi e indicò i compiti, sentendosi sempre più sicura di sé a ogni parola. La combinazione di severità e indulgenza mostrava i suoi effetti. Tutti si misero all'opera.

«E tu, Didier, mostrami le botti consegnate per ultime, per favore. Voglio controllare i mosti.»

«Sì, certo, subito» disse Didier e la condusse verso una fila di botti che prima non aveva notato perché erano state trasportate in una cantina diversa da quella pianificata. Be', quella non era poi una catastrofe. Prese un bicchiere da una nicchia e versò un po' del liquido da una delle prime botti. Sopra c'era scritto il nome Sillery in gesso. Era uno dei vigneti più vicini e anche uno dei migliori che aveva comprato. Ma quando assaggiò il succo riposto lì da circa sei settimane, le venne un colpo. Ciò che era lì dentro non era sicuramente un mosto della prima pressatura. Era almeno la quarta o anche la quinta. Ci avrebbe potuto ricavare giusto un semplice vino da tavola. Gettò via il resto, provò la botte accanto, anch'essa contrassegnata Sillery, e ottenne lo stesso risultato.

Imprecò fra sé e comprese subito cosa fosse successo. A quanto pareva, anche a Sillery era arrivata la notizia della morte di Monsieur Clicquot, e abbastanza in tempo per riuscire a scambiare mosti buoni con altri decisamente inferiori. Solo che loro avevano pagato per quelli buoni – se n'era assicurato il suocero – purtroppo senza verificarne la qualità. E ciò che avrebbe dovuto ricevere Barbe era probabilmente andato alla concorrenza.

Assaggiò il contenuto di tutte le botti e scoprì che in quelli di Mailly e Verzenay non c'era niente di sbagliato. I mosti dei suoi vigneti di Villers, Sermier e Bouzy non erano lì, ma rimanevano *in loco* per la prima fermentazione, venivano poi riempiti ermeticamente in nuove botti e solo dopo trasportati; a volte anche subito dopo essere stati imbottigliati, una delle tante cose che era intenzionata a cambiare. Solo lì nella sua cantina aveva il pieno controllo sulla procedura. Voleva imparare a capire meglio come il vino si modificasse nelle botti e nelle bottiglie nel corso del processo di fermentazione, e aveva in programma di fare qualche esperimento con additivi per la finitura dello spumante. La fresca temperatura costante nella sua cantina, che variava solo di pochissimi gradi a seconda della profondità a cui si trovavano le varie stanze, era sostanzialmente la condizione perfetta per la produzione del vino. Voleva sfruttare ancora di più quel vantaggio. Sentì prudere le mani per l'impazienza e la voglia di fare, tanto che si era quasi scordata di Didier, il quale nel frattempo trascinava i piedi per terra.

«*Bien*» disse appoggiando il bicchiere che aveva ancora in mano. «Didier, vai al Blue Chien e di' a Mathieu che sono tornata. Poi procedi subito con la sboccatura.» Rimase sorpresa anche lei della fermezza della sua voce, poiché sentiva che le forze appena recuperate stavano già svanendo.

Mezz'ora più tardi, dopo aver ispezionato le bottiglie a metà processo e quelle già pronte, averne calcolato la quantità approssimativa e aver dato istruzioni agli uomini, tornò con le gambe tremolanti nella corte, dove l'attendeva sua madre.

«Barbe, sapevo che ti avrei trovata qui» disse con espressione seria. «Ti sei ripresa e alzata dal letto da poco. Ti ammalerai di nuovo se continui così!»

«Hai pienamente ragione, mamma» le rispose, riuscendo persino a sorriderle. Quel giorno, lo percepiva con chiarezza, non avrebbe più portato niente di costruttivo. E, soprattutto, doveva imparare a gestire le forze se voleva avere successo. Un litigio con sua madre era una di quelle cose che avrebbe potuto tranquillamente evitare in quel momento.

«Vieni, andiamo in salotto. Beviamo un caffè insieme?»

5

Il mattino successivo, Barbe faceva colazione da sola in sala da pranzo. L'imponente orologio a pendolo in fondo alla stanza segnava le otto e trenta e scandiva il silenzio con un ticchettio regolare. Davanti a lei, la brocca di caffè, un croissant, il pane, il burro, la marmellata di lamponi, del prosciutto appena affettato e un uovo si perdevano nel grande tavolo.

Barbe prese un pezzo di pane, lo intinse nel caffè e osservò le sette sedie vuote intorno al tavolo. Erano in legno di noce, eleganti e semplici, con un'arpa intagliata sullo schienale e rivestite in scintillante seta; al muro erano appesi specchi coordinati e sotto di essi c'era una consolle con un costoso vaso da fiori cinese, un regalo di matrimonio. Lei e François avevano arredato la casa al loro trasferimento. Il gusto moderno per la moda e i mobili era una delle poche cose buone che Napoleone aveva portato fino a quel momento. Le forme semplici avevano sostituito la giocosità e l'opulenza che erano state tanto popolari sotto Luigi XVI ed era stata felice che François si fosse mostrato d'accordo nell'eliminare il vecchio arredamento ereditato dal nonno.

Ma a cosa servivano delle belle sedie se nessuno ci si sedeva? Prese il coltello da burro, nonostante non provasse molto appetito. D'inverno era troppo freddo per mangiare in giardino. Magari avrebbe chiesto a Céline di portarle la colazione in camera nei giorni a venire. Almeno fino a quando Mentine non fosse tornata a stare con lei. Quella vista di prima mattina era troppo deprimente.

Si era svegliata molto meno riposata di quanto avrebbe voluto, si sentiva invece esausta e quasi di nuovo malata, cosa che poteva attribuire al fatto che quel giorno non avrebbe potuto evitare di entrare in ufficio. Doveva farlo, c'erano da sistemare i documenti nello scaffale, scegliere gli ordini e le fatture non pagate e scoprire chi era in debito con lei: doveva prendere rapidamente dimestichezza con la contabilità di François. Niente le era sembrato più terribile dalla sepoltura. Non per i numeri, i conti li sapeva fare, ma per il luogo in cui si trovavano quei numeri, e dove aveva trovato il corpo del marito.

Barbe aveva appena tagliato l'uovo quando Alphonse entrò nella stanza rimanendo con rispetto sulla soglia.

«*Bonjour*, Madame» le disse.

Barbe alzò lo sguardo sorpresa. Il giorno prima Céline le aveva riferito che il cameriere aveva sfruttato il suo giorno libero per far visita alla famiglia. A quanto pareva, era tornato in tempo. Lo osservò. Aveva un volto gradevole, quasi privo di barba, anche se il mento era un po' appuntito. I capelli erano pettinati ordinatamente e persino le mani sembravano curate. Barbe sospirò. Aveva l'aspetto di un ragazzo per bene. Sarebbe stato molto difficile licenziarlo.

«*Bonjour*, Alphonse. Mi dica.»

«Volevo chiederle se gradisce leggere il giornale che portavo sempre a suo marito.»

«Il giornale? Sì, certo, è davvero un pensiero premuroso. Me lo dia.»

Alphonse annuì, entrò e le porse il vassoio su cui aveva ripiegato con cura il quotidiano. Barbe si pulì le mani con il tovagliolo prima di prenderlo.

«Dato che sei già qui, Alphonse, vorrei parlare con te di una cosa. Tu sei stato di sicuro nell'ufficio. Intendo dopo che il signore... dopo la sua dipartita.»

«Sì, Madame. Sono stato nell'ufficio per sistemare.»

«Se non ricordo male, regnava una grande confusione lì dentro. Tutti i fogli erano sparsi sul tavolo.»

«Ho impilato e catalogato tutto come lui mi aveva mostrato.»

«Ah.» Lo guardò curiosa. «Lo aiutavi?»

«Solo occasionalmente. Suo marito si era accorto che ero interessato.»

«Quindi vuol dire che sei in grado di leggere e contare?»

«Sì, Madame, se me lo permette.»

«Ma certo che lo permetto.» Aveva catturato l'interesse di Barbe. «Anzi, raccontami un po' di te. Dove hai imparato a leggere?»

«Ho frequentato per tre anni il ginnasio. Mio padre desiderava che diventassi parroco.»

«E poi sei diventato un servitore.»

«Quello era prima che morisse. Mia madre non poteva

più permettersi il denaro per la scuola. Ho due fratelli e una sorella e nel frattempo è morta anche lei.»

«Sei il maggiore?»

Alphonse annuì. «Ho sedici anni.»

«E chi si occupa di voi?»

«Nessuno, Madame. Io, Madame. E mia sorella, ha quattordici anni e si prende cura dei due più piccoli.»

Barbe fu toccata dalla sua storia. Non se lo era immaginato. E neanche che il ragazzo avesse frequentato il ginnasio; suo marito non aveva mai menzionato la cosa. D'altro canto, erano solo poche settimane che Alphonse lavorava lì, prima della morte di François. Lo osservò più attentamente. Aveva un'aria seria, che probabilmente era dovuta alla responsabilità che già doveva accollarsi e che sembrava in grado di riuscire a sopportare. Forse avrebbe potuto trovargli uno scopo. In caso negativo, lo avrebbe tenuto finché il ragazzo non avrebbe trovato un altro posto.

«Grazie, Alphonse. Dopo la colazione andiamo nell'ufficio. Così puoi spiegarmi il metodo.»

«Sì, Madame. Naturalmente, Madame, spero di non aver...»

«No, è tutto a posto. Non era inteso assolutamente come un rimprovero. Vieni da me fra un'ora.»

Dopo che Alphonse se ne fu andato, Barbe mangiò l'uovo con molto più appetito di prima e stava per sfogliare il giornale quando entrò sua sorella Clémentine, con cappello e mantella. Alle sue spalle una concitata Céline, che portava un pacchetto e non aveva fatto in tempo ad annunciare la visita.

«Buongiorno, cara sorella. Oh, che bella tavola, ci speravo proprio... sto morendo di fame! Guarda un po' cosa ti ho portato.» Clémentine indicò il grande pacco nelle braccia di Céline. «Ieri nel tardo pomeriggio è venuta a trovarmi Madame Dubois e aveva anche due abiti per te. Avrebbe voluto portarteli lei stessa, ma le ho detto che ci avrei pensato io. È ciò che le avevi commissionato, vero? Sto scoppiando dalla curiosità di vedere cosa ha cucito per te.»

«Qualcosa di nero. Decisamente non per i tuoi gusti» sospirò Barbe e Clémentine, che nell'euforia del discorso si era tolta cappello e mantella e aveva rivelato un elegante abito in seta blu scuro, la guardò stupita e allegra.

«Be', sei già tornata pungente come prima. Ne sono lieta, a quanto pare stai davvero molto meglio» disse sedendosi al tavolo accanto alla sorella.

Barbe sorrise. «Scusa. Il commento è solo colpa del mio pessimo umore. Sono stata cattiva con te, ma sono molto felice di vederti.»

«Non ti preoccupare, chi parla molto come me è anche abile a incassare» rispose impassibile Clémentine.

«Céline, per favore, porta il pacco nel guardaroba. E ci serve un altro coperto, e anche un altro uovo» disse Barbe dopo aver notato lo sguardo affamato negli occhi della sorella. «Come sta Mentine?»

Aveva sperato di vedere entrare anche la figlia dietro la sorella e a Clémentine non sfuggì la nota afflitta nella sua voce.

«L'avrei portata con me, ma stava giocando così beatamente con il piccolo che non ho voluto allontanarla. Davvero, sta bene.»

Barbe inghiottì la delusione e strinse la mano della sorella.

«Lo so quanto è felice con te e te ne sono molto grata.»

«Vorrei solo che accettassi anche tu il mio invito a trasferirti da noi. Abbiamo posto a sufficienza, non devi stare qui da sola.»

«Lo so, e come promesso, verrò regolarmente a cena da voi. Ma devo prima chiarire la situazione dell'azienda e tutto ciò che è collegato. Quindi, sputa il rospo, cosa ti porta fuori di casa così presto?»

«Mi hai scoperta, effettivamente ci sono novità.» Fece una pausa carica di aspettativa, poi si lasciò andare a un grande sorriso. «Pensa un po', sono di nuovo incinta!»

«Oh, ma è fantastico, le mie più sentite congratulazioni.» Barbe abbracciò la sorella, le diede un bacio su entrambe le guance e la osservò commossa. La gravidanza arrivava molto vicina a quella precedente, Marcel aveva solo pochi mesi, ma sapeva quanto sua sorella avesse desiderato un altro figlio. «Tuo marito lo sa già?»

«No, glielo dirò stasera. Finora lo sa solo mamma. Sono così eccitata!»

«Mamma? Non mi ha detto niente al riguardo. Non è da lei mostrare una tale riservatezza.»

«L'ho pregata io di non farlo perché volevo assolutamente dirtelo di persona. Tra l'altro, è molto preoccupata per te. Mi ha raccontato che ieri ti ha trovata nella cantina.»

«Sì, è vero. Temo che non ne sia stata entusiasta.»

«Non riesce a capirti.»

«Nessuno ci riesce.»

«Io sì.»

«Come, scusa? Tu?» Barbe guardò sorpresa la sorella, che stava addentando un croissant. Era così piena di vita e spensierata che Barbe difficilmente l'avrebbe ritenuta capace di riflettere a lungo sull'argomento. O per lo meno non aveva mai mostrato interesse per le questioni commerciali.

«E se mamma e papà non fossero di vedute così antiquate, ti capirebbero anche loro» continuò Clémentine.

«Mamma *e* papà? Avevo sperato che papà mi avrebbe capita. Ma secondo te la vede proprio come lei?» le chiese.

«Papà non sarà così male come mamma, ma non vuole litigarci. E una dama come te che vende vino? Be', bisogna ammettere che quantomeno è insolito. Di sicuro la vede così anche lui.»

«In tutta la campagna ci sono molte vedove indipendenti e autonome. Ho già conosciuto donne contadine, viticoltrici e commercianti di vino.»

«In campagna. Ecco la differenza. Quelle donne provengono da un ceto sociale completamente diverso. Tu sei la figlia di un mercante, provieni da una famiglia altolocata...»

«... della cui reputazione sembrano interessarsi tutti adesso» terminò la frase Barbe con amarezza. «Mi stai dicendo che non mi capiresti?»

«Sì che lo faccio.»

«Ah, e cosa avresti capito, di preciso?»

«Che non ti piacciono solo gli affari, ma che ami anche la produzione del vino. L'aspetto artigianale del lavoro. Nient'altro finora ti ha dato altrettanta gioia» affermò Clémentine.

Sorpresa dalla semplicità con cui la sorella aveva esposto tale dichiarazione, Barbe la osservò mentre prendeva impassibile la caraffa e si versava il caffè, per poi servirsi anche del pane. Dato che non aggiunse alcuna spiegazione, le disse: «È vero, amo la produzione del vino. Ma come ci sei arrivata?».

«Pensaci» rispose sorseggiando il caffè. «Quali roseti nel giardino dell'hotel crescono meglio? Quelli che hai piantato e curato tu. Mi ricordo perfettamente: avevi sempre le unghie sporche di terra e mamma si infuriava ogni volta perché non volevi indossare i guanti. Le viti sulle nostre mura producono ancora i grappoli migliori della città. E l'arancio nel giardino invernale è morto subito dopo che te ne sei andata.»

«Hai notato tutte queste cose» disse Barbe completamente sbalordita.

Clémentine diede un morso al pane imburrato e chiuse per un secondo gli occhi estasiata. Barbe sorrise. Erano proprio quelle emozioni genuine tipiche del comportamento da signora di Clémentine che la rendevano così attraente agli occhi di Barbe, e probabilmente anche agli occhi di molti. In quel momento si aprì la porta e Sara, la domestica, apparve con un secondo coperto ormai inutile, dato che Clémentine si era già abbondantemente servita. Dopo che se ne fu andata, Clémentine proseguì con la spiegazione.

«Solo perché a me non piace lavorare in giardino e mi sono sempre tenuta alla larga dalla contabilità, non vuol dire che non capisca cosa conta per te. Dopotutto, faccio ciò che mi sta a cuore. È un caso che coincida con quello che tutti si aspettano da me. Avere ospiti, per esempio. Oh, quanto amo accogliere le persone! Ed è un peccato che ci siano così pochi balli a Reims.»

«E non dimenticare i bambini» aggiunse Barbe. «Sei un'ottima madre.»

«Giusto. Potrei trascorrere l'intera giornata insieme ai bambini. Non mi annoierei mai.»

Barbe si commosse all'improvviso. Aveva il sospetto di non aver tenuto abbastanza di conto Clémentine e i problemi che avrebbe potuto avere. Molto ingiustamente, come si accorse d'un tratto, fino a quel momento aveva considerato sua sorella un po' superficiale e forse anche un po' ingenua. Magari ingenua lo era, ma in modo impavido, dato che era l'ultima persona da cui si era aspettata supporto.

«A me piace vivere e a te lavorare» Clémentine riepilogò il suo punto di vista. «E non è affatto una cosa riprovevole. Purtroppo mamma e papà non mi ascoltano quasi mai. Ma io espongo la mia opinione, di questo puoi esserne certa.»

«Te ne sono grata. Non sai quanto significhi per me.» Ed era vero. Sapere che sua sorella era dalla sua parte era una sensazione meravigliosa.

«Ora basta con questi discorsi, prima che inizi a piangere per la commozione e per tutte queste smancerie fra sorelle.» Clémentine ripose il tovagliolo sul tavolo. «Che ne dici di andare a provare gli abiti?»

6

Non fu facile per Barbe adattarsi alla sua nuova vita da vedova. Le giornate iniziavano con una colazione solitaria e si protraevano per lunghe ore trascorse sui libri contabili, fino alle cene con la famiglia a casa di sua sorella. Neanche la dolcezza di Mentine e le chiacchiere con Clémentine riuscivano a distrarla dalle preoccupazioni. Non riusciva a sopportare di stare in ufficio e pertanto aveva pregato Alphonse di trasferire tutte le scartoffie dell'azienda in un'altra stanza, per evitare di lavorare nel luogo dove era morto François. Si trasferì in un ufficio provvisorio, circondata dal cortile e con vista sulla cantina. Grazie al prezioso aiuto di Alphonse, dopo solo una settimana aveva già controllato ed evaso metà delle pratiche in sospeso. Negli ultimi mesi François non era stato proprio attento con le fatture e anche dopo una terza verifica era giunta alla medesima conclusione: la situazione finanziaria non era particolarmente rosea.

Ovviamente poteva provvedere al proprio sostentamento grazie al suo patrimonio. Possedeva abbastanza terreni che garantivano entrate regolari, oltre a una pensione annuale da parte del padre, che le loro famiglie avevano concordato al momento del matrimonio in modo che potesse sopravvivere da vedova con la figlia. Ma non era sufficiente per riportare a galla il capitale dell'azienda. François non aveva saldato le fatture per le bottiglie, per i tappi, persino per i mosti dell'anno passato e per i trasportatori. Invece, aveva sborsato una somma più elevata per dello spumante già pronto che però, a quanto pareva, non era mai andato in commercio e che Barbe non riusciva nemmeno a trovare in cantina. Sommato a tutto ciò, alcuni clienti erano ancora in debito, denaro che avrebbe riscosso con molta fatica. Aveva in programma di parlarne con Louis Bohne non appena fosse tornato a Reims, ma non era ancora arrivato e, soprattutto, non poteva più permettersi i suoi servizi né di pagarlo. Era una situazione complicata e confusa.

Per lo meno aveva anche molti crediti, dato che il libro delle commissioni era più pieno di quanto potesse anche solo sperare. Cinquantamila bottiglie erano pronte per la consegna e non appena gli operai avessero terminato la sboccatura, avrebbe potuto inviarne ulteriori ventimila o anche cinquantamila e inserirle in contabilità. Con quell'entrata e ciò che rimaneva dall'anno precedente, sarebbe riuscita a pagare almeno una parte dei debiti. Era fattibile, ma ancora il denaro non c'era. Aveva principalmente ordini.

Un'altra cosa che la affliggeva era la conversazione in sospeso con suo suocero Philippe Clicquot. Aveva provato a incontrarlo tre volte, e tutte e tre le volte era stata congedata con la scusa che la moglie era malata o che lui fosse assente o troppo impegnato. Suo padre aveva ragione, la stava evitando e dato che possedeva il trenta per cento dell'azienda, la rendeva impotente. Desiderava ardentemente parlarci per chiarire la situazione e allo stesso tempo temeva che, non appena gli avesse esposto i problemi finanziari, avrebbe dovuto ammettere che François non aveva condotto gli affari in maniera ottimale. Non voleva fare una cosa simile né al marito deceduto né al suocero. Ma senza il supporto del padre di François, si sarebbe ritrovata presto una fila di creditori alla porta.

Dopo una settimana circa dal suo ritorno a casa, Barbe decise di incamminarsi verso la cattedrale nella vaga speranza di trovare nella preghiera le risposte alle sue tante domande. Il sole era già basso nel pallido cielo di dicembre e faceva anche molto freddo, ma così aveva almeno un motivo per indossare la grande mantella con cappuccio che Adèle Dubois le aveva cucito e che la proteggeva completamente da sguardi curiosi. Si decise per passare da Rue Cérès dove abitavano i suoi genitori per poi prendere Place Impériale, con le classiche facciate chiare e i porticati esterni tutto intorno. Pensò con malinconia alla sfarzosa statua del re che prima si trovava nel centro della piazza. Da ragazza era rimasta spesso lì in piedi a osservarla, tanto che si ricordava ogni dettaglio, in particolare il docile leone con la criniera selvaggia e la cornucopia dalla quale fuoriuscivano non solo grano, uva e altri frutti, bensì anche monete d'oro. Il bronzo era stato fuso quando Barbe aveva quindici anni e il ricordo di quella vista le sembrò un ritratto sereno di tempi migliori.

Barbe si lasciò la piazza alle spalle, svoltò in Rue du Cloître e dopo altri due minuti si stagliò davanti ai suoi occhi la facciata nordoccidentale della cattedrale. Le strade e le case della città erano così fitte intorno all'edificio che lasciavano spazio solo a stretti passaggi e ogni volta era sorprendente veder apparire quella gigantesca costruzione così all'improvviso. Rimase immobile di fronte alla statua del Redentore nel transetto occidentale. Gli abitanti di Reims lo chiamavano *beau Dieu*, bel Dio, e anche a lei quel Cristo che emanava una tale pace e fiducia era molto caro. Osservò il volto gentile della statua. La mano destra era sollevata in segno di benedizione, mentre nella sinistra sosteneva una sfera che simboleggiava il suo regno sul mondo. Il baldacchino sopra la testa era affiancato da rappresentazioni del Giudizio Universale e dell'Inferno. Da un lato c'era Abramo che guidava le anime salvate, nell'altro c'era un diavolo con un ampio didietro e le gambe di una capra che stringeva una catena con cui teneva imprigionati i peccatori che attendevano di essere gettati nelle fiamme. Nella parte superiore era rappresentata la Resurrezione. I morti uscivano dalle loro tombe come giocosi e spensierati bambini. Come spesso accadeva, Barbe pensò piena di sollievo e gratitudine che François era stato sepolto in terra consacrata, si fece il segno della croce e si diresse verso l'ingresso della cattedrale. Percepiva la presenza di santi, vescovi, angeli, profeti e re più di quanto li vedesse. Più di duemila immagini adornavano la facciata dell'edificio.

Barbe aprì il grande portone ed entrò e, come sempre,

l'enorme interno la lasciò senza fiato. Ogni volta non vedeva l'ora di percepire fisicamente quella meraviglia, creata da mani umane in onore dell'Altissimo, con ogni fibra del suo corpo. E anche se era la figura divina a essere ammirata e lodata, Barbe era sopraffatta anche dall'aspetto terreno della cattedrale: di cosa erano capaci le persone che aspiravano a grandi cose e si spingevano oltre i limiti del pensabile! E lei desiderava solo essere un po' più coraggiosa e temeraria, come coloro che avevano costruito quel monumento, che avevano avuto una visione e l'avevano trasformata in realtà.

Si abbassò il cappuccio e attraversò la navata centrale. Le colonne si innalzavano alla sua destra e alla sua sinistra con molteplici puntoni e con l'eleganza di giovani e flessibili tronchi d'albero. Gli ultimi raggi di sole della giornata penetravano attraverso la finestra occidentale inondando l'ambiente di una luce rossastra che dava l'illusione di calore, nonostante la temperatura all'interno fosse bassa quanto all'esterno.

Oltre a lei dentro la cattedrale c'erano una decina di fedeli, ma nella navata laterale davanti all'altare con la Pietà in marmo al quale si avvicinò, non c'era nessuno. Si inginocchiò per pregare in quel punto e osservò, come già mille volte prima di allora, il corpo di Cristo deceduto fra le braccia della madre. Aveva sperato di trovare una qualche pace e tranquillità in quella vista familiare, ma come ben presto si rese conto, fu l'esatto contrario. Invece, vide la pena della madre di Dio nello sguardo rivolto al cielo e le sembrò improvvisamente di percepire il peso del defunto François, come quella sera in cui lo aveva spogliato e lavato insieme ad Adèle. Al ricordo della sua pelle pallida e fredda, si sentì travolgere da una sensazione di orrore, le venne un capogiro, si alzò e fece per andarsene senza lanciare un'altra occhiata alla Pietà. Stava per uscire dalla cattedrale quando notò un'altra statua della Vergine Maria in una nicchia. La figura quasi a grandezza naturale portava il bambin Gesù sul braccio sinistro, senza il minimo sforzo, come se non pesasse niente, ed emanava una forte dignità. Barbe osservò il volto del bambino che sembrava voler parlare con la madre e scosse involontariamente la testa, stupita e confusa da quanto fosse stata stravolta dalle sue sensazioni in poco tempo. Si sedette su una sedia, prese il rosario e iniziò a pregare. Dopo cinque minuti un uomo che era due file davanti a lei si alzò in piedi e, non appena si girò, riconobbe il volto ingrigito dal dolore di suo suocero.

«Philippe.» La sua voce riecheggiò chiara fra le pareti spoglie e i pilastri. Dall'occhiata che le diede, voltandosi, si accorse che non l'aveva riconosciuta subito. «Philippe, papà! Sono io, Barbe.» Non lo aveva ancora mai chiamato papà, ma quel modo familiare di rivolgersi le venne del tutto naturale. Posò la mano tremolante sul suo braccio. La figura imponente del suocero era solcata dalle rughe ed era incurvata, come se fosse invecchiato di dieci anni. La guardò distratto, poi le sorrise.

«*Bonsoir*, Barbe.»

«Come va?»

«Va, in qualche modo» le rispose Philippe. La sua voce era roca e malferma e, nonostante tutti i suoi sforzi, Barbe avrebbe voluto strapparsi il cuore dal petto solo a guardarlo. Le dispiaceva tantissimo. Era ovvio che Philippe Clicquot fosse un uomo distrutto. Avrebbe preferito non dargli quell'ulteriore peso, ma non poteva più rimandare il discorso sulle ultime volontà di François. Ricacciò giù l'ondata di compassione che le stava crescendo dentro, dato che aveva bisogno di tutto il coraggio che aveva per dirgli ciò che doveva. Forse non avrebbe avuto un'altra occasione.

«Devo parlare urgentemente con lei, papà.»

«Parlare? Di cosa, mia piccola? Di cosa vuole parlare? Per alcune perdite non ci sono abbastanza parole.»

Barbe trattenne il respiro. Era così stravolto dalla tristezza che non aveva pensato minimamente agli affari. Poteva capirlo, ma lei aveva bisogno dell'azienda vinicola per elaborare il proprio dolore. Tutti i suoi pensieri e le sue azioni giravano intorno a quella cosa, era la sua vita. Quasi balbettò quando proseguì: «Lo sa già. Si tratta dell'azienda di François, il nostro commercio di vini».

«Ah, già, il vino» rispose accarezzandole la mano. Il suo sguardo irrequieto si posò brevemente su di lei. «È finita.»

Barbe sentì la disperazione crescere. Si sforzò di rimanere tranquilla e ragionevole. «So quanto le manca François, papà. Manca anche a me, lo amavo molto. Ma proprio per lui non dobbiamo mollare. Lui vorrebbe che l'azienda andasse avanti. Non lo pensa anche lei?»

«È possibile, è possibile» rispose Philippe, senza però sembrarne troppo convinto.

«I clienti attendono gli ordini e...» *I creditori il denaro*, avrebbe voluto aggiungere, ma bloccò le parole. Avrebbe dovuto prenderla da un'altra angolazione. «Il nostro spumante, lo spumante di François, era molto apprezzato» disse invece. «I clienti pagano un buon prezzo, fino a tre franchi a bottiglia, forse anche di più. François era riuscito a ottenere così tanto. Ne era molto fiero, e lo sono anch'io.»

Philippe l'aveva ascoltata immobile e in silenzio, ma nei suoi occhi lesse che aveva capito bene le sue parole. Lasciò passare interminabili secondi prima di riprendere il discorso.

«La sua richiesta è rispettabile, mia piccola. Ma lasci perdere. Non ha senso. Così tanto denaro e fatica, e per cosa? In tempi così incerti sarebbe lo stesso che puntare tutti i soldi al tavolo da gioco.»

«Oh no, non è vero!» balbettò Barbe, ma il suocero aveva già ricominciato a parlare e la sua voce era diventata ferma e rigida.

«Durante gli anni della rivoluzione, i clienti hanno perso la testa oppure una fortuna. E altri vivono in Paesi già sconfitti da Bonaparte. Come si può concludere affari in questo modo? Se solo François fosse rimasto nel commercio di tessuti! L'esercito ha bisogno di uniformi. Ma lo spumante? Che cosa ha portato a mio figlio?»

Barbe notò che gli occhi dell'uomo si stavano riempiendo di lacrime e non provava nemmeno a nasconderlo. Non poteva lasciarlo così. Doveva farsi venire in mente qualcosa per convincerlo.

«Vede tutto in modo troppo negativo, caro papà. François ha individuato molte cose in maniera corretta. L'Inghilterra è complicata, è vero. Ma lui si è concentrato sulla Russia, e i russi sono entusiasti del nostro spumante, entusiasti di Clicquot. Inoltre, i Paesi sconfitti da Bonaparte non sono necessariamente maldisposti nei confronti della Francia. Tutto il contrario. Là si apre per noi un nuovo mercato in nome della libertà, dell'uguaglianza e della fraternità. A breve tornerà Louis Bohne dalla Russia con nuovi ordini. Mi lasci tentare. Sono sicura di poter portare avanti l'attività come avrebbe voluto François.»

«Come avrebbe voluto François... E come sarebbe di preciso? Di certo, ha voluto il meglio. Ma ha fallito. Lasci perdere. So che mio figlio ha accumulato dei debiti. La situazione è senza speranza, è giunto il momento di arrendersi. Lui avrebbe dovuto prendere questa decisione già anni fa, forse allora non si sarebbe... forse adesso sarebbe ancora...»

Philippe si interruppe. Scosse la testa con le spalle che sussultavano e le labbra che tremavano. Poi si asciugò occhi, fronte e bocca con un fazzoletto, mentre Barbe era rimasta lì, incapace di reagire e senza parole.

«Non è colpa sua, piccola, non è colpa sua» le disse dopo essersi ripreso. «Non si sforzi e non si arrovelli così tanto quella bella testolina. Venderemo ciò che è rimasto e rimanderemo il vino a metà produzione ai viticoltori.

Mi mandi Mathieu, in caso abbia altre domande, e lasci perdere tutto. Se alla fine rimane qualcosa, di cui dubito altamente, riceverà la sua parte. So che sarà una madre premurosa per la mia nipotina, così come è stata una moglie premurosa per François. Lei non ha nessuna colpa, Dio solo lo sa. Che il Signore la benedica, piccola» terminò il discorso, le posò brevemente la mano sulla spalla e la lasciò lì.

Incapace di pronunciare una parola, Barbe lo guardò allontanarsi. Era come se le avessero dato un colpo in testa. La chiacchierata era andata ancora peggio di quanto avesse temuto. Se solo avesse spiegato la terribile situazione in cui versava l'azienda, ne avrebbero potuto parlare e trovare una soluzione insieme. Ma non l'aveva presa sul serio. L'idea che avrebbe portato avanti lei l'impresa del figlio era così estranea per lui che non gli era nemmeno passato per la mente di ascoltarla. E invece, si affidava proprio a quel Mathieu! Come aveva potuto pensare, anche solo per un secondo, di avere una possibilità?

Fece avanti e indietro per alcuni istanti, si sedette di nuovo e ripose nella manica il rosario che aveva stretto con tanta forza da farsi venire i segni sulla pelle. Avrebbe potuto piangere per l'impotenza che sentiva. Ma poi, dopo un po', percepì una nuova sensazione farsi strada dentro di lei, anche se non riusciva a comprendere cosa fosse esattamente. Arrivava a ondate, si espandeva dentro di lei e poi rientrava.

Era sollievo? Era semplicemente la tentazione di abbandonare tutto?

Si alzò tremando per il freddo. Dovevano essere le sette passate, dato che nel frattempo fuori si era fatto buio, e senza la luce del sole la cattedrale diventava inquietante. Nell'oscurità della chiesa, brillava solo il volto della statua di Maria illuminato dalle candele. Fece un cenno con la testa verso la madre di Dio e si diresse lentamente verso l'uscita.

7

La casa di sua sorella era ben illuminata, ma sembrava deserta. La domestica la salutò e le prese la mantella per poi scomparire subito. Barbe era lì così spesso che non veniva trattata come un'ospite, bensì come una residente. Nel salotto arredato con comode panche ad angolo luccicavano molte candele accese, ma non c'era nessuno, quindi Barbe andò al secondo piano alle camere dei bambini. Lì trovò Mentine, seduta su un tappeto insieme al nipotino Augustin, impegnati a giocare con due cavallini di legno e qualche soldatino.

«*Maman, maman!*» esclamò Mentine. «Guarda che cosa ho!»

«*Bonsoir, ma chérie, bonsoir,* Augustin» disse Barbe inginocchiandosi accanto alla figlia, poi la strinse fra le braccia e non appena i loro corpi si incontrarono si sentì pervadere da una sensazione di calore. Affondò il viso nei capelli biondi della piccola e respirò il suo dolce profumo infantile.

«Oh, ma sono bellissimi» le disse quando si riprese. «La criniera dei cavalli è perfetta. Non li avevo mai visti.»

«Ce li ha regalati zio Baptiste.»

«Vostro zio? È per caso...»

«Sì» udì rispondere una voce alle sue spalle. Si voltò di scatto e vide effettivamente suo fratello alla finestra, che non aveva notato fino a quel momento, e si avvicinò per abbracciarlo.

«Baptiste, che sorpresa! Sono così felice di vederti» gli disse mentre si allungava per dargli un bacio sulla guancia.

«Sono felice anch'io. E mi rincresce molto non essere stato presente al funerale. François era un buon amico e un brav'uomo. Mi dispiace tantissimo.»

Il suo sguardo e il dolce tono di voce esprimevano compassione, poi le strinse la mano nella sua. Barbe ricacciò indietro le lacrime che minacciavano di uscire ogni volta che le veniva ricordata la morte del marito.

«Sei stato accanto al mio letto quando ero malata» gli disse per cambiare argomento.

«Sì, è vero, non pensavo che te ne fossi accorta.»

«Invece sì. Per molto tempo pensavate che non ce l'avrei fatta. Ma non ci si libera tanto facilmente delle erbacce» scherzò Barbe con coraggio. «E tu? Eravamo tanto in pena per te dopo aver sentito di Austerlitz.»

«Come hai detto tu, non ci si libera facilmente delle erbacce» le rispose il fratello, ma senza che il sorriso gli raggiungesse gli occhi.

Lo osservò con attenzione, le guance fresche di rasatura con basette ben definite, i capelli con un taglio alla moda e l'uniforme con gradi e bottoni scintillanti.

«Il mio caro fratellino, granatiere della Guardia Imperiale» disse Barbe, all'improvviso piena di orgoglio. «E ho ancora davanti agli occhi l'immagine di te che giocavi a fare il cavaliere per il giardino. L'uniforme ti dona, fratellino. E dimmi, andate davvero in battaglia con quei pantaloni bianchi?»

«La *Grande Armée* ha anche dei compiti di rappresentanza da svolgere, cara sorella.»

«Considerando che non hai mai voluto entrare nell'esercito, hai fatto molta strada.»

«Sbagliato. Era papà che non voleva che intraprendessi la carriera militare» la corresse Baptiste stringendosi nelle spalle.

«Sì, ha bisogno di te qui, lo ripete in continuazione» disse Barbe osservando il fratello pensierosa.

«Papà vorrebbe che mi congedassi il prima possibile e mi dedicassi interamente all'azienda.»

«E... lo farai?»

Baptiste si schiarì la voce e lasciò passare un po' di tempo prima di rispondere: «Ci sto lavorando».

Barbe scosse la testa. Suo fratello non era di molte parole quel giorno. Sospettava che avesse visto e provato cose sul campo di battaglia che lo preoccupavano più di quanto volesse ammettere.

«E com'è che sei qui, allora? Devi aver cavalcato come un diavolo. Sei la prima guardia dell'Imperatore di ritorno a Parigi?»

Baptiste si lisciò le pieghe dell'impeccabile uniforme con aria seria. «Per così dire.»

«Quanto ti tratterrai?»

«Fino a poco dopo Natale.»

«Sei già stato a trovare Thérèse? È qui?»

«Le ho fatto una breve visita ma non si sentiva bene. È rimasta a casa.»

«Sei in congedo dal fronte e lasci la tua consorte incinta a casa da sola il giorno del tuo ritorno? Non è così che si fa» lo rimproverò Barbe.

«Ha capito, dovevo consegnare un messaggio importante» disse strofinandosi il mento. «Tu non l'hai ancora saputo?»

«Saputo cosa? Non farti estorcere le parole, Baptiste. Sono appena arrivata e giù in salotto non c'era nessuno.»

Mentine faceva galoppare i cavalli sulla gonna di Barbe, che la prese in braccio e le diede un bacio sulla morbida guancia.

«Nostra sorella e suo marito sono in biblioteca insieme a mamma e papà» disse Baptiste.

«Ci sono anche mamma e papà? Ma bene, vorranno sicuramente parlarmi un'altra volta della Sicilia. Questa ancora mi mancava.»

«Sicilia?» le chiese Baptiste aggrottando le sopracciglia.

«Un'idea fissa di mamma. Vuole spedirmi laggiù per un soggiorno di cura. Oh, Baptiste, se solo sapessi quanto è terribile tutto ciò! François mi manca ogni giorno. E anche i miei affari non navigano in buone acque.»

«Quali affari?» Per un attimo la guardò irritato. «Ah, intendi il commercio di vini di François. Certo, me n'ero quasi dimenticato. Ti porto i saluti di Louis Bohne.»

«Hai visto Louis? Quando? Dove?»

«Due giorni fa in una pensione. Il suo cavallo zoppicava, aveva in programma di prendere la diligenza. Penso che sarà qui al massimo dopodomani.»

«Dio sia lodato, è la prima buona notizia da chissà quanto tempo!»

«Sono un po' in ansia, non so se la seconda notizia del giorno ti piacerà altrettanto.» Baptiste le sorrise con le sopracciglia sollevate.

«Ma tu sai rendere qualsiasi cosa davvero elettrizzante.»

«E questa lo è davvero, soprattutto per mamma. Forse riesci a calmarla un po'. Per quanto mi riguarda, dopo tutti quei drammi avevo bisogno di una pausa e ho pensato di portare dei regali ai bambini.» Scompigliò i capelli a Mentine. «Lasciala qui con Augustin, cara sorella, la bambinaia sta mettendo il piccolo a dormire e poi sarà subito di ritorno. Così noi due potremo tuffarci nella tana del leone e scoprirai tutto.»

«Che cosa state dicendo? Napoleone Bonaparte verrà qui?»

Barbe era in biblioteca e guardò tutti sbalordita. I suoi genitori, suo cognato Jean-Nicholas Barrachin e sua sorella Clémentine erano riuniti al grande tavolo nel centro della biblioteca sul quale erano sparsi alcuni fogli, come se fosse un comando di guerra. A quanto pareva, prima del suo arrivo la situazione si era surriscaldata, l'atmosfera era carica di tensione. Tutte le lampade e le candele accese creavano ombre danzanti e anche i ciocchi nel camino scoppiettavano così forte che sembravano voler partecipare alla discussione.

«Sì, l'Imperatore e la consorte, un paio di alti ufficiali e presumibilmente anche un piccolo seguito» si lamentò sua madre. «E pensa un po', Barbe, fra soli tre giorni! L'Imperatrice Giuseppina ha già lasciato Parigi. Come possiamo riuscirci? Che cosa pensavano? *Mon Dieu!*»

Aveva il viso tempestato di macchie rosse.

«Avrei dovuto rifiutare, mamma?» domandò Baptiste che era entrato dietro di lei e stava appoggiato al muro con le braccia incrociate al petto. Il suo tono lasciava intendere che non era la prima volta che poneva quella domanda.

«Non essere sciocco, Baptiste. Rifiutare l'Imperatore; come ti viene in mente! Ma come dovremmo fare?» ripeté, poi si asciugò il collo con un fazzoletto e si accasciò su una sedia.

«Perché farà una sosta qui a Reims?» chiese Barbe mentre versava un bicchiere di vino a sua madre e si sedette accanto a lei.

«Reims non gli interessa affatto. È solo un incontro fra l'Imperatrice e l'Imperatore, in una piccola cerchia e senza suscitare scalpore. Una *rentrée* fra amici» spiegò Baptiste.

«Buoni amici» borbottò suo padre e Barbe lo guardò accigliata. Sapeva che stava facendo buon viso a cattivo gioco. Se fosse stato per lui, i Borboni sarebbero tornati sul trono già da tempo. Ma il suo atteggiamento pragmatico aveva sempre salvato i loro averi, e forse anche le loro teste. Non solo quello, negli ultimi anni gli aveva persino fatto guadagnare un patrimonio e una certa influenza.

«Ma perché non a Épernay? Pensavo fosse molto amico di Jean-Remy» chiese Barbe, che non era particolarmente ben disposta nei confronti dell'Imperatore né di Jean-Remy Moët, il più acerrimo concorrente di François.

«A causa delle forti piogge estive le strade sono messe ancora peggio che qui» rispose il cognato mentre spostava i ciocchi nel camino con un attizzatoio per alimentare le fiamme.

«Non credo proprio sia quello il motivo» disse sua madre sussultando offesa. «L'Hotel Ponsardin offre il miglior alloggio, le sale più grandi e le camere più ampie. *Mon Dieu*, le camere! Devono essere ancora preparate a dovere!» Afferrò un giornale che era sul tavolo e iniziò a sventolarsi.

«Mia amata Jeanne, hai davanti un uomo che ha già accolto dei re. Sarà tutto pronto anche per l'Imperatore» disse Nicolas con tono fermo e un po' teatrale. Ma sua moglie non si lasciò tranquillizzare tanto facilmente.

«Quando venne a Reims due anni fa, avevamo ricevuto un preavviso di settimane, e a quell'epoca non era Imperatore, bensì solo console» si lamentò la donna e sventolò il giornale con più forza. «Fu appuntato un comitato apposito per pulire edifici e strade!»

«Giusto, e anche uno per i fuochi d'artificio e uno per la festa in Place Impériale» aggiunse Baptiste dandosi un contegno per accentuare le sue parole. «Ma, cara mamma,

Bonaparte ha richiesto un ricevimento ristretto. Era desiderio dell'augusta consorte andargli incontro e lui ha esaudito quel desiderio, tutto qui. Del tutto informale. Sia l'Imperatore sia l'Imperatrice sono felici di rivedersi e per questa occasione hanno scelto la casa di papà. Dovresti esserne fiera e felice!»

«Niente bandiere?»

«Appenderemo un tricolore alla casa, mamma. Ma meno persone sono a conoscenza della sua visita, meglio è.»

«Come possiamo tenere segreto il suo arrivo? È impossibile!»

«Ora basta» suo padre interruppe lo scambio. «Ascoltate. Il sindaco sapeva già dell'arrivo a Reims dell'Imperatore prima ancora che lo rivelasse Baptiste. Quindi non lo si può certo definire un segreto. Ciò non significa che ci si aspetti da noi un'accoglienza degna di una visita di Stato, questo è ciò che intendevi, Baptiste?»

Il ragazzo annuì.

«Ma vorranno di sicuro mangiare qualcosa» esclamò sua madre, che non si lasciava tranquillizzare così velocemente.

«Ovviamente» continuò suo padre. «Quindi pensiamo in modo pragmatico. Barbe, puoi mettere a disposizione un po' del tuo personale?»

«Certo. Potete averli tutti. La cuoca preparerà qualcosa da servire, da me ha così poco da fare.»

«Bene. Siamo quattro famiglie. Se ci uniamo tutti, sarà un gioco da ragazzi.»

«Se solo avremo abbastanza cibo» si intromise sua madre.

«Non preoccuparti, mamma» disse Clémentine, che sembrava essere l'unica ad apprezzare quell'agitazione. «Sono già stata in dispensa e la situazione è buona. Abbiamo le provviste per Natale. E sicuramente anche voi. Thérèse è sempre organizzata alla perfezione, non è vero, Baptiste? Utilizzeremo solo ciò che era previsto per i giorni di festa, e se il nostro Natale sarà un po' più scarno, è solo un piccolo sacrificio, per come la vedo io.»

«La cantina dei vini è comunque piena. Abbiamo ancora molte dozzine di bottiglie di spumante di Moët» disse suo padre.

Barbe credette di non aver sentito bene.

«Di Moët? Perché non di Clicquot?» domandò.

«Napoleone Bonaparte conosce e ama il vino di Moët. Con tutto l'ottimismo possibile, non potremmo permetterci di correre un rischio» le rispose.

«Di quale rischio parli?» chiese Barbe sentendo il sangue ribollirle in viso.

«Esatto» si intromise Clémentine. «Di quale rischio parli? Papà, lo spumante di Barbe è eccezionale, perché non serviamo quello?»

«Ora basta con questa storia. Se dico che serviremo il Moët, allora serviremo il Moët. Baptiste, quando avevi detto che sarebbe arrivata la lista degli ospiti?»

«Domani a mezzogiorno, papà» rispose il fratello che non si era affatto accorto di quanto il commento del padre avesse colpito la sorella. Nessuno sembrò essersene reso conto. Solo Clémentine guardò la sorella con aria compassionevole.

Durante la cena, Barbe non prese quasi parte alla discussione della famiglia, cosa che nessuno sembrò notare eccetto la sorella. Il commento del padre le aveva fatto tornare alla mente la delusione della conversazione avuta con il suocero. Non solo non era riuscita a salvare l'onore del marito e dell'azienda, ma quel pomeriggio era stato distrutto anche il suo sogno personale. A nessuno sembrava importare di ciò che avevano costruito lei e François. Nessuno voleva ascoltare le sue idee. Nessuno vedeva il mondo come lo vedeva lei.

Mentre i suoi parenti delineavano i dettagli di quell'incontro familiare e festoso in onore di Napoleone e Giuseppina, e sua madre aveva acquisito fiducia appassionandosi al fatto che la sua famiglia sarebbe stata al centro di un evento di importanza nazionale, Barbe cercò di immaginarsi quale futuro la attendesse. Ma lontana dall'attività commerciale, si vedeva sempre e solo come una zitella che faceva la calza o come un fenomeno da baraccone presso la sorella, mentre curava l'orto e coltivava qualche vite sul muro della casa. Tuttavia, pensò amareggiata, anche come vecchia capricciosa con le unghie sporche sarebbe stata socialmente più accettata e integrata di un'imprenditrice.

8

Louis Bohne arrivò prima di quanto predetto da Baptiste. Il pomeriggio successivo era già davanti alla sua porta. Barbe era alla scrivania del nuovo ufficio, da cui aveva una buona visuale su tutto ciò che accadeva nella corte di fronte. La stanza, ancora arredata in modo spartano con semplici pannelli di legno e con il fatiscente soffitto a stucchi, era situata in una costruzione scollegata dal resto della casa, cosa che non le dispiaceva, anzi. In quel modo poteva controllare chiunque arrivasse nella corte, così che nessuno, che fossero fornitori o domestici, potesse piombare all'improvviso a disturbarla. Ma, per come la vedeva Barbe, Louis Bohne non apparteneva realmente alla cerchia dei dipendenti, nonostante l'azienda finanziasse i suoi viaggi. Era più un amico, che però insisteva per entrare dalla porta posteriore come un subordinato.

Lo osservò dalla finestra. Si tolse il cilindro dalla testa e si passò la mano nei capelli rossicci, poi si rimise il cappello, lisciò le pieghe sulla giacca, spolverò gli stivali e bussò alla porta. Era dimagrito, ma rimaneva comunque un po' tarchiato. Era così sollevata di rivederlo che volle assaporare quel momento di silenziosa osservazione. Solo quando Céline gli aprì la porta, si alzò e si diresse a passi rapidi verso la finestra, la aprì e lo chiamò.

«Louis! Monsieur Bohne, *bienvenue*! Sono qua.»

Alzò lo sguardo verso di lei sorpreso.

«Madame Clicquot Ponsardin, *bonjour*» le disse togliendosi il cappello e facendo un inchino. «Di ritorno dai miei viaggi e al suo servizio.»

Barbe sorrise. «Prego entri, Louis, la porta è aperta.»

Pochi secondi dopo, Louis era di fronte a lei nell'ufficio di fortuna, a cui si accedeva direttamente dalla corte tramite un piccolo ingresso.

«*Mon cher* Louis, che bello che sia tornato» lo salutò con gioia e fra di loro calò un insolito silenzio. La riunione ebbe quell'effetto non solo su di lei, ma anche su di lui, notò Barbe. Era cambiato tutto e in quell'istante la mancanza di François divenne ancora più evidente.

«Deve raccontarmi tutto ciò che ha visto» disse Barbe, nel tentativo di riempire in modo allegro quel silenzio. «Andiamo subito nel salotto, qui non ho ancora una seconda sedia, ma glielo volevo mostrare comunque. È ottimo come ufficio, non trova? Cioè, in realtà non ho proprio bisogno… in ogni caso, vorrei far dipingere i pannelli di bianco, magari con il bordo dorato.»

Continuò a parlare ancora un po', lo aggiornò su alcuni dettagli rimandando così il momento in cui avrebbero parlato di François. Louis l'ascoltava attento, annuiva con cortesia, ma non riusciva a toglierle gli occhi di dosso. Barbe abbassò la testa e si rese conto quanto potesse essere insolito per lui vederla così, vestita completamente di nero e con la cuffietta bianca sulla testa. Le prese la mano.

«Madame, cara Barbe. Le porgo le mie più sentite condoglianze» disse, e la voce rotta da un tremolio lasciò intendere quanto fosse commosso. «La notizia della scomparsa del suo adorato marito nonché mio caro e fidato amico, come fortunatamente posso ritenermi, mi ha sconvolto profondamente.»

Barbe deglutì e Louis fece una breve pausa prima di proseguire.

«So quanto poco valore hanno le parole di fronte a una tale perdita. Pertanto sono venuto qui quanto prima per starle vicino. Stia certa che sarò a sua disposizione, come lo ero per suo marito. Qualsiasi cosa necessiti da parte mia, consigli, conoscenze, esperienze o capacità, sono sempre al suo servizio.»

Barbe percepì la pressione e il calore crescente della sua mano. La sua sincera compassione, la cordialità e la fiducia incondizionata le fecero piacere, ma le provocarono anche un nodo alla gola.

«Oh, Louis, la ringrazio e sono molto felice che lei sia qui» gli rispose, e quell'allegra leggerezza nella sua voce era completamente scomparsa. «E le sue parole hanno un gran valore per me.» Si liberò dalla stretta di mano, si strofinò gli occhi e fece un respiro profondo. Subito dopo si era ripresa. «Venga. Andiamo su in salotto e beviamoci un caffè insieme. Anzi, rimanga a cena» gli disse mentre lo guidava nel cortile, dove si bloccò all'improvviso. «Ah, dimenticavo. Ho prestato la cuoca ai miei genitori.»

Louis si schiarì la voce. «Immagino che sia per l'accoglienza all'Imperatore.»

Barbe era sbalordita. «Lei ne è al corrente?»

«Suo fratello, che ho incontrato lungo il percorso – le ha portato i miei saluti, vero? – me lo ha rivelato in confidenza. Ovviamente non l'ho detto a nessuno.»

«Tutti conoscono la sua integrità, Louis. Non è forse il segreto del suo successo?»

«Lei è troppo gentile, mia cara.» Fece una piccola pausa e si schiarì di nuovo la voce prima di continuare: «Suo fratello mi ha addirittura invitato».

Davvero sorpresa, Barbe lo osservò. «Invitato? Al ricevimento per Bonaparte?»

«Sì, be'» tossicchiò imbarazzato. «A quanto pare, si è sparsa la voce che sono in ottimi rapporti con la famiglia dello Zar.»

«Louis, è diventato tutto rosso, non è da lei. C'è qualcosa che la turba?» Sorrise, ma poi tornò subito seria. «Spero che nessuno si aspetti che spifferi qualche segreto. Non è una spia di Napoleone, vero?» chiese con aria preoccupata.

«Lo spero anch'io. Principalmente ho avuto a che fare con la giovane Zarina. Di solito, nella sua corte non si parla di segreti di Stato.»

«*Mon cher* Louis, sembra molto eccitante» disse Barbe avvicinandosi a lui mentre attraversavano lentamente la corte verso la porta d'ingresso. «Deve assolutamente raccontarmi le sue esperienze. Allora, cosa ne dice di rimanere a cena qui? Anche se posso solo prepararle qualcosa con le mie modeste capacità culinarie. Che ne pensa del *foie gras*? Si dà il caso che io sappia fare un ottimo pan brioche e non ho mai l'opportunità di lavorare in cucina senza la cuoca che mi sta con il fiato sul collo. La prego, rimanga! Mi renderebbe molto felice.»

La visita di Louis rese il pomeriggio di Barbe diverso dal solito. Mandò Céline, l'ultima rimasta del personale, all'hotel del padre e fu felice che sua madre la considerasse ancora troppo debole per aspettarsi la sua presenza. Quindi lei e Louis rimasero soli in casa. Le venne in mente che non era mai accaduto che si trovasse da sola, neanche con François. Tuttavia, la cosa non le sembrò affatto indecorosa né strana. Louis le era fidato come un fratello. Era una cosa buona averlo al suo fianco.

Prima di tutto, preparò l'impasto per il pan brioche, così che avesse il tempo per lievitare, e Louis le chiese di poterla accompagnare in cucina per accendere il fuoco. Era in effetti un'ottima idea, poiché doveva cuocere a una temperatura omogenea per riuscire al meglio. Aggiunse farina, lievito, latte, zucchero e burro, chiacchierando mentre mescolava e impastava e Louis riempiva la stufa con la legna per avere un fuoco della giusta misura.

«Mi racconti della corte dello Zar. Sembra che ci sia stato spesso. Per me è incredibile» disse Barbe.

«Non c'è poi tanto di eccezionale laggiù. La Zarina ha nostalgia di casa e il mio accento del Baden le ricorda la sua patria, capisce? Questo è quanto. Mi ha pure pregato di chiamarla con il suo nome tedesco, Luise» le raccontò.

«Ah, si chiama così? Ho sempre pensato che il suo nome fosse Elisabetta» notò Barbe.

«*Yelisaveta*, giusto. Ma l'ha cambiato dopo la conversione al credo russo-ortodosso.»

«Quindi voi due siete Louis e Luise» lo stuzzicò Barbe.

«Ludwig e Luise, per la precisione.» Rise fra sé. «Questa cosa le faceva piacere e ammetto che mi abbia lusingato. La mia presenza la allietava, soprattutto perché il suo consorte era spesso lontano. Credo che talvolta si senta un po' sola.»

«Ma certo, lo Zar doveva andare al fronte ovviamente.»

«Lo può ben dire. Napoleone Bonaparte tiene il mondo intero con il fiato sospeso. Devo ammettere che, dal punto di vista di un commerciante che viaggia, la sua politica è una catastrofe.»

«La chiama politica? Io la definirei megalomania. Lo ha mai incontrato di persona?»

«Chi? Bonaparte? No, l'incontro qui sarà per me la prima volta. Ma per lei no, ne deduco?»

«È già stato ospite dai miei genitori in un paio di occasioni, l'ultima due anni fa, di sicuro l'ha sentito dire. La prima volta, era ancora un ufficiale semplice. Poco oltre i vent'anni, basso, con capelli e occhi scuri. L'uniforme gli donava molto e mia madre rimase assai impressionata da lui, era davvero esaltata. Ma a me non piacque molto. François non glielo ha mai raccontato?»

«No, in realtà no.»

Barbe inclinò la testa pensierosa. «Credo che non ricordasse volentieri quell'incontro. Napoleone Bonaparte era molto sicuro di sé e François, be', era infastidito dal fatto di non avere nulla da raccontare riguardo al fronte.» Sorrise triste. «Durante la cena, Napoleone si pavoneggiava di aver riconquistato Toulon dall'occupazione degli Alleati da solo.»

«Cosa che gli ha comportato la promozione a Generale di brigata.»

«Jean-Remy Moët era con lui. I due si conoscevano dall'accademia militare. All'epoca, Moët desiderava espandere il suo commercio di vini e voleva acquistare le migliori vigne di mio padre, situate a Chigny-le-Montagne.»

«Ma sono ancora in suo possesso. Non gliele vendette?»

«Si immagini se fosse avvenuto!» esclamò Barbe e impastò il pan brioche con più forza. «Ma io mi opposi. Mio padre mi aveva promesso quei vitigni come dote già da anni. Pensava che lo avessi dimenticato. Quel giorno giurai a mio padre che avrei prodotto il miglior vino di tutto lo Champagne se mi avesse lasciato Chigny-le-Montagne.»

«E c'è riuscita, Barbe» le disse Louis mentre aggiungeva legna.

«Lei esagera, Louis, ma grazie. Io e François lo abbiamo fatto insieme. Oh, quanto è penoso. Volevo ascoltare le sue storie di viaggio e invece ora sto parlando di me. Mi racconti altro di lei e della Zarina. È affascinante e bella come tutti dicono?»

«Oh, sì, lo è. È molto aggraziata ed elegante e ha un

animo aperto e cordiale. Del resto, è cresciuta in condizioni modeste. Viene da Karlsruhe, a soli tre giorni di viaggio dalla mia città natale, Mannheim. La rende una persona quasi normale» scherzò Louis.

«La ammiro per come si sa comportare con semplicità anche nelle cerchie più alte, Louis. E non mi venga a dire che è solo per la nostalgia di casa della Zarina. Tutti si fidano di lei. Come fa?»

«Sono una persona onesta» disse sorridendo imbarazzato per l'autoelogio. «Oltre a ciò, serve una buona combinazione di autocoscienza e modestia. La cosa importante è non dare mai la sensazione alle persone di ceto più alto di ritenersi loro pari. Se ciò accade, non la inviteranno più. Si deve risultare piacevoli, ed essere preparati per qualsiasi argomento venga affrontato, e vale sia per le donne sia per gli uomini. A ciascuno secondo il suo *plaisir*. Tuttavia, è pericoloso divertirsi troppo, perché rende imprudenti e ci si lascia trasportare.»

«Sembra stancante. Le dà gioia?»

«Apre molte porte e sì, mi dà gioia, perché mi piace essere un bravo venditore. E no, non venderei l'anima. È piuttosto un gioco.»

«Un gioco, dice? Nessuna controversia?»

«Chiamiamola concorrenza. Tutti vogliono essere primi, me compreso.»

«E conosce anche molte lingue, è vero? Francese, tedesco, russo… qualcun'altra?»

«Inglese, italiano e spagnolo. Ma non solo. Ho già condotto conversazioni in greco senza comprendere una sola parola della lingua» disse ridendo. «Se si è sinceramente interessati alle persone, si può andare d'accordo ovunque. Inoltre, non guasta avere con sé qualcosa di attraente, come lo spumante Clicquot. In Russia lo apprezzano particolarmente. Non so bene cosa abbia fatto con quello dell'ultima annata, ma va giù che è una meraviglia. Non importa quante bottiglie riesce a preparare, in Russia avranno il loro mercato.»

Barbe, con le mani e il grembiule ricoperti di farina, coprì l'impasto pronto con un canovaccio e sospirò. «Oh, Louis. Gli affari. Dobbiamo parlare anche di questo. Ma non è facile per me. È una grande preoccupazione.»

Louis la guardò turbato. «La capisco. Il ricordo di François è assai doloroso per lei. Mi perdoni, è stato sciocco da parte mia toccare l'argomento già da oggi.»

«No, non posso proprio aspettare, dato quanto mi pesa. Glielo devo dire.»

Mentre cercava le parole giuste, andò a lavarsi le mani in una ciotola con acqua calda che Louis le aveva preparato. Poi si tolse il grembiule e si voltò verso di lui.

«Louis, mio caro amico. Purtroppo dovrò chiudere l'attività. L'azienda non esisterà più.» Deglutì a fatica. «Ecco, adesso l'ho detto.»

Louis si alzò dallo sgabello. Era diventato pallido. Non aveva di sicuro contemplato una tale rivelazione. «Ma no, Barbe, e poi perché? No, questo no! Non può farlo.»

«Cosa posso o non posso fare, purtroppo non lo decido io, né lei. *Devo* farlo.»

«Chi le ha detto questo? La sua famiglia?»

«Glielo chieda, se vuole. Mio suocero, mio padre, mio fratello, mia madre… credo che mi considerino tutti una pazza. L'unica che vede le cose in modo un po' diverso è mia sorella Clémentine. Ma non mi è molto utile. E la cosa peggiore è che riesco anche a comprenderli.»

«Cioè? Cosa riesce a comprendere?»

«Per mio suocero, il commercio di vini è un gioco rischioso. E anche lei ha ammesso che i tempi sono duri.»

«Sono duri, ma non impossibili. Mollare adesso vorrebbe dire perdere un grande vantaggio. In Russia, nessuno dei suoi concorrenti gode di una reputazione eccellente come Clicquot.»

«François Clicquot, forse. Io sono Barbe-Nicole, Louis. Nessuno comprerà niente da me.» Barbe aveva aumentato il volume della voce. Le delusioni dei giorni e delle settimane precedenti si ripresentarono come un fiume in piena.

Louis tacque e la osservò pensieroso. «Sa» disse dopo un po' con voce dolce «mi ricordo perfettamente quando conobbi François a Basilea. Mi raccontò di lei la prima sera che trascorremmo insieme. Non dimenticherò mai come brillavano i suoi occhi. L'amava molto. E la ammirava anche. "Una come nessun'altra", così la descrisse. Era appassionato e pieno d'amore. Ardeva dal desiderio di costruire qualcosa con lei al suo fianco. E io non credo che avrebbe voluto che abbandonasse proprio adesso!»

A quelle parole, Barbe sentì stringersi il cuore. «Oh, non me lo dica. Non ne ha idea. Se non avesse voluto che abbandonassi, allora non avrebbe, non si sarebbe…»

Si interruppe e si voltò per non fargli vedere le lacrime. Louis non poteva sapere cosa era successo davvero, come era morto François. Le era sembrato troppo rischioso menzionare l'argomento nelle loro lettere.

«Intende dire che non sapessi niente della sua malinconia?» lo sentì dire piano alle sue spalle. «Oh, Barbe, ne ero a conoscenza. Era mio amico, davvero. E quando ho appreso della sua morte, per prima cosa ho temuto che...»

«... che si fosse ucciso» terminò lei la frase e si girò con un movimento brusco. «Lo ha fatto, Louis, ha fatto proprio quello. Si è sparato una pallottola in testa e io lo odio per questo!» esclamò improvvisamente fuori di sé, incapace di controllarsi. La rabbia e la disperazione per François che l'aveva lasciata sola le erano ristagnate dentro e la natura comprensiva e compassionevole di Louis aveva riportato tutto in superficie. Rimase in piedi davanti a lui, con le spalle che sobbalzavano e i pugni serrati, singhiozzando e tremando, e quando Louis si avvicinò a lei e la prese fra le braccia per confortarla, non si allontanò.

«Tranquilla, tranquilla» le ripeté accarezzandole la schiena. «La capisco, la capisco bene.»

«Oh, Louis» disse Barbe appoggiandosi al suo petto. Rimasero così per molti minuti, finché i singhiozzi si placarono e si staccò da lui. Louis voleva guardarla in volto ma Barbe girò la testa. «No, per favore, è penoso.»

«No che non lo è. Non ce n'è motivo» le rispose. Anche lui sembrava sconvolto. Le porse un fazzoletto.

«Grazie» gli disse, «e grazie anche per essere un così buon amico.»

Più tardi quella sera, dopo che Barbe si era lavata il viso e le palpebre gonfie con acqua fredda mentre Louis la aspettava in salotto e fumava un sigaro, sedettero a cena in sala da pranzo. Lo sfogo emotivo avvenuto in cucina l'aveva travolta come una tempesta, ma ora si sentiva molto meglio. Addirittura meglio che nelle settimane passate. Probabilmente era dovuto al fatto che per la prima volta aveva espresso non solo la tristezza che sentiva nei confronti di François, ma anche la rabbia. Aveva preparato la tavola accuratamente. Il pan brioche caldo era fragrante; era da tempo che non le veniva così buono. Mangiarono e bevvero, poi raccontò a Louis della conversazione della sera precedente a casa di sua sorella.

«Capisce, Louis? Mio padre servirà lo spumante di Moët al ricevimento per l'Imperatore in casa sua. Può vedere cosa ne è della reputazione di Clicquot qui a Reims.» Non era più infuriata, sembrava quasi timida. «Se fossi morta io e François fosse ancora in vita, la cosa sarebbe andata di certo diversamente.»

«Non deve parlare così, Barbe, mi mette angoscia. Ma su una cosa ha ragione: non si tratta di lei né del suo vino. Tutto l'opposto. A mio parere, in entrambe c'è la chiave per il successo.» Louis sollevò il bicchiere e osservò il contenuto perlato. «Me lo confida il segreto di questo vino?»

Barbe ne prese un sorso, chiuse gli occhi per un momento e ne assaporò il gusto. Si ricordava ancora benissimo di come trascorreva le giornate a sperimentare in cantina alla ricerca della miscela perfetta, con gran disappunto di Mathieu. Era ancora in grado di riconoscere i cinque differenti vini che aveva mescolato in quel Cuvée. Assaporò l'aroma dei diversi acini, della pesca e del sambuco, nonché la lieve acidità. Aprì gli occhi e guardò Louis con un sorriso triste.

«Il vino è come la musica» disse. «Ogni singola nota, da sola, crea una bella melodia, per quanto leggera e fugace. Ma suonando allo stesso tempo con tonalità diverse, su strumenti differenti e prestando attenzione a come tutti si coordinano fra loro e alle armonie, allora quella stessa semplice melodia può accendere una vera e propria tempesta di suoni.»

«Quindi, ha composto questo Cuvée? Una sinfonia in bicchiere! Se è così, non deve fare nient'altro. È un'artista.»

«Fortuna del principiante» gli rispose Barbe. «Come già sa, il raccolto del 1802 è stato piuttosto ricco e buono, e abbiamo impiegato solo le uve di primissima qualità.»

«Non si nasconda, mia cara. È tutto perfetto. Il gusto, il colore, uno splendido rosato, e anche la schiuma è più fine e solleticante del solito.»

«Mi rallegra che lo abbia notato. Ho osservato gli operai durante la rimozione dei depositi. Erano troppo lenti e non richiudevano la bottiglia abbastanza rapidamente. Quindi abbiamo fatto delle prove e ho ordinato di cambiare la procedura. Il problema non è ancora minimamente risolto, ma ci stiamo lavorando.»

Louis annuì. «Lo deve fare, assolutamente. Non deve rinunciare. Un vino del genere potrebbe renderla famosa.»

«Oh, Louis, è troppo gentile. È tutto molto più facile

da sopportare se si hanno delle persone vicino con cui condividere le proprie preoccupazioni.»

Louis scosse la testa. «Se solo potessi esserle davvero di aiuto.»

«Già mi aiuta ascoltandomi. Se solo tutti mi capissero bene quanto lei. Se solo riuscissi a dimostrarlo a tutto il mondo...» In quel momento le venne in mente qualcosa che la fece interrompere.

«Cosa? Che succederebbe se potesse dimostrarlo a tutto il mondo?» la spronò Louis.

«Allora niente potrebbe più ostacolarmi. Louis, ecco cosa!» Appoggiò il bicchiere e lo guardò, ma senza realmente vederlo, dato che le era appena nata un'idea nella testa. «È esattamente quello» ripeté.

«Cioè? Che le passa per la mente, Barbe? A cosa sta pensando?»

«Lo dimostrerò!» Barbe balzò in piedi e con la stessa impetuosità con cui in cucina aveva lasciato che le lacrime sgorgassero libere, si lasciò trasportare da quell'audace lampo di ispirazione. Non era una sera per fredde considerazioni. Era il momento per essere coraggiosa e fidarsi delle proprie sensazioni.

«La ringrazio, Louis. Ora so come riuscirci!»

«Di che mi sta ringraziando? Come vuole riuscire a fare cosa?» domandò Louis. In quell'istante, sentirono delle voci provenire fuori dalla sala da pranzo.

«Sono tornati i miei servitori» disse Barbe invece di rispondergli. Louis si alzò, ma non riuscì a nascondere la sua preoccupazione.

«Mi ha incuriosito molto, cara Barbe. Ma è quasi mezzanotte. Forse è meglio che vada.»

«Ma certo, caro Louis. Non avrei dovuto trattenerla così tanto» gli disse. La lunga conversazione con Louis, i suoi complimenti sullo spumante e l'idea folle che le era venuta in mente l'avevano lasciata viva e sveglia come non le accadeva da molto tempo. Negli occhi di Louis lesse quanto il suo amico avrebbe voluto scoprire cosa avesse causato quel repentino cambio di umore. Ma decise che avrebbe sorpreso pure lui. Avrebbe sorpreso tutti.

9

Ci volle un po' prima che la casa tornasse a essere tranquilla dopo che Louis Bohne se ne fu andato. L'insolita attività all'Hotel Ponsardin aveva messo in agitazione tutto il personale di Barbe e Céline, che la aiutava a svestirsi, era in vena di chiacchiere. Le raccontò delle tende e delle tovaglie e imprecò nei confronti di Anni, la cameriera di sua madre, che si riteneva troppo raffinata per lucidare l'argenteria. Barbe, con i pensieri che vagavano altrove, alla fine la interruppe. Le disse di andare a letto e che la mattina avrebbe potuto dormire una mezz'ora in più del solito. Ne sarebbe venuta a capo anche da sé.

Finalmente sola, infilò la vestaglia sopra la camicia da notte, rimase a lambiccarsi il cervello davanti alla toeletta e ripassò il suo piano ancora una volta. Era rischioso e temerario. E soprattutto faticoso. *È una follia, lascia stare*, le diceva una vocina dentro di lei. *Non hai niente da perdere*, le suggeriva un'altra voce, e rimase attaccata a quella. Che cosa aveva da perdere? Il suo spumante era eccezionale, glielo aveva confermato persino Louis quella sera, quindi non avrebbe compromesso in alcun modo l'accoglienza dell'Imperatore e dell'Imperatrice né la reputazione dei suoi genitori. Nel peggiore dei casi, la sua azione sarebbe passata inosservata e senza conseguenze. Nel caso in cui lo spumante da lei prodotto avesse ricevuto il riconoscimento che sperava, però, il suo futuro avrebbe potuto prendere una piega diversa.

Barbe sentì l'eccitazione farsi strada dentro di lei. Sentiva che la sua decisione era reale e irrevocabile e cominciò a sciogliere i capelli. Il volto riflesso nello specchio era ancora un po' pallido, ma le guance erano rosate per il fermento e le brillavano gli occhi. Era stupita di vedersi in quel modo; girò un po' la testa di lato per osservare il profilo, sbrogliò i capelli dorati e si tranquillizzò. Li pettinò fino a farli risplendere, prese le ciocche fra le dita e le acconciò in una treccia. François amava i suoi capelli. Durante il loro primo anno di matrimonio li aveva spesso portati sciolti o con una grande treccia come quella sera. Il suo amato François. Tutto ciò che faceva, lo faceva per lui.

L'orologio nel frattempo segnava quasi l'una. Barbe aprì la porta di uno spiraglio. In casa tutto taceva. A quanto pareva, erano tutti a letto, anche la cuoca e la domestica che fino a poco prima sistemavano le pentole e rimettevano a posto la confusione che si era creata. Sotto la vestaglia indossava un abito da casa grigio che doveva essere rattoppato da tempo. Odorava un poco di muffa, ma andava bene, e nelle spaziose tasche poteva riporre un acciarino e le chiavi. Sistemò la gonna e si infilò un paio di stivaletti in pelle consumati. Poi si coprì con uno scialle e si mise in cammino.

Quando aprì la porta che dava sul cortile, rimase

qualche secondo immobile per respirare l'aria fresca. Brancolare per la casa nel buio della notte le ricordò la sera in cui aveva trovato François ed era felice che il freddo l'avesse riportata al presente. Attraversò la corte, arrivò all'ingresso della cantina ed entrò. Nel chiudersi la porta alle spalle i cardini cigolarono e si ritrovò da sola con la candela in mano nel silenzio cupo, l'unico rumore era il suo respiro.

Iniziava la parte più difficile dell'impresa: per prima cosa, doveva trovare la strada giusta. Quella cantina era un vero e proprio labirinto, molto più profondo di quanto era abituata a percorrere per la produzione dello spumante. Doveva però trovare il collegamento sotterraneo con l'hotel, proprio quel luogo dove lei e François si erano sposati e dove suo padre conservava le bottiglie più preziose. Aveva solo quella notte a disposizione, poiché il giorno successivo suo padre avrebbe probabilmente messo in fresco le bottiglie destinate al servizio. A quel punto sarebbe stato troppo tardi e non avrebbe più potuto mettere in atto il suo piano.

Accese una lampada, prese un carretto in legno dall'angolo e proseguì trascinandoselo dietro. Al primo tentativo sbatté in un vicolo cieco. Svoltò e tentò di nuovo, girò due volte a destra, rifletté un secondo e poi si decise per una terza apertura nel muro sulla sinistra: ottimo, dietro l'angolo c'erano alcuni gradini sui quali poteva far scorrere il carretto e che conducevano a un corridoio più in basso, nel quale, grazie alla sua modesta statura, poteva ancora stare in piedi.

Non riusciva quasi a vedere dove stava andando, le ragnatele continuavano a caderle davanti al viso e il carrello quasi vuoto rimbombava sgradevolmente dietro di lei. Dopo circa venti metri, quello stretto passaggio sfociò in un'altra stanza. Il corridoio, leggermente più largo, portava un po' più in alto. Era un passaggio comodo e, nonostante là sotto facesse molto freddo, Barbe era sudata quando finalmente giunse davanti all'imponente porta. Prese le chiavi dalla tasca e dopo qualche tentativo fallito trovò quella giusta. La grande chiave arrugginita girò molto facilmente nella serratura, una, due volte, ma la porta non si apriva. Provò a muovere la maniglia, ma senza successo. Solo quando ci mise tutto il suo peso, la porta si spalancò all'improvviso.

Barbe entrò e illuminò l'interno. Il cuore, che già le stava battendo con violenza nel petto, iniziò ad aumentare ancora di più il ritmo. Era arrivata all'obiettivo, la cantina di suo padre, il luogo dove conservava le cose di valore, e c'era ancora il tavolo da lavoro che all'epoca fu usato come altare per le sue nozze. In uno degli scaffali con la scritta "Moët" trovò le bottiglie che cercava, in perfetto ordine. Tirò un sospiro di sollievo e si rese conto che aveva trattenuto inconsciamente il respiro fino a quel momento. Erano lì.

Quando si avvicinò e illuminò le file di bottiglie, constatò che, come aveva sperato, non erano molto differenti dalle sue. Anche la miscela di resina e cera utilizzata per sigillare i tappi era dello stesso colore, per quanto potesse vedere nella poca luce.

Deglutì e chiuse gli occhi per un istante. Non era una vera e propria follia ciò che stava facendo? Doveva essere diventata pazza! Ma poi ripensò alla fermezza con cui suo padre aveva rifiutato di servire il suo spumante al ricevimento per l'Imperatore e aveva deciso per quello di Moët. Pensò al suocero, che stava per annientare il lavoro di una vita del figlio, e sentì quell'ondata di rancore farsi di nuovo strada dentro di lei.

Si trattava proprio di quello. Era esattamente il motivo per cui si trovava in quella cantina. Talvolta si doveva essere preparati a percorrere strade non convenzionali e quindi avrebbe messo in atto il suo piano: avrebbe sostituito le bottiglie di Moët con le sue.

Con occhio esperto, ne stimò la quantità. Ce n'erano almeno sei dozzine, il che significava una grossa mole di lavoro, soprattutto perché avrebbe dovuto superare diversi gradini. Per fortuna aveva con sé il carretto, anche se purtroppo era vuoto. Si infuriò con se stessa perché avrebbe dovuto trasportarlo un'altra volta. Tuttavia, poteva già caricarne una parte.

Barbe aveva appena iniziato a riporre le bottiglie nel carretto quando in lontananza sentì dei passi e delle voci riecheggiare sulle pareti. Si immobilizzò per lo spavento. I rumori si avvicinarono rapidi, udì la risata di una donna e subito dopo la voce ambigua e insistente di un uomo: «Vieni, vieni, mia dolce puledra…» e le parole successive furono coperte dalla risatina della donna.

Barbe notò poi uno spiraglio di luce sul pavimento davanti all'ingresso della cantina, che era sbarrata da un cancello di ferro, e non le rimase tempo per pensare. Con due rapidi passi si nascose dietro a uno scaffale, rimase aderente al muro e spense la lampada proprio nel momento giusto, poiché poco dopo vide due figure apparire nel cono di luce fuori dal cancello. La donna aprì la porta con la chiave e poi entrambi caddero nella stanza, più che entrarvi, dirigendosi intrecciati verso il tavolo. Barbe li spiò attraverso lo scaffale e notò con gran sollievo che il carretto era nell'ombra, invisibile, ma allo stesso tempo si accorse anche con orrore che non aveva chiuso la porta da cui era entrata e da lì passava un filo di luce. Tornò con l'attenzione sulla coppietta e riconobbe il volto accaldato di Anni. Proprio Anni, l'altezzosa cameriera di sua madre di cui Céline si era tanto lamentata!

Barbe si premette la mano sulla bocca, mezza sciocccata e mezza divertita, mentre sentiva i respiri crescere sempre più violenti. L'uomo, probabilmente uno dei servitori, anzi no, non era un servitore, bensì Patrick, l'imponente cocchiere dei suoi genitori, le dava le spalle. Aveva sollevato Anni sul tavolo, le aveva tirato su la gonna e si era posizionato fra le sue gambe con i pantaloni calati. Barbe sentiva brividi e vampate. I due erano così impegnati che non temeva di essere scoperta, ma ciò a cui assisteva alla luce della lanterna, che catturava la sua attenzione in modo tale da non poter distogliere lo sguardo, le fece accaldare il viso. Senza volerlo, il suo stesso respiro si adeguò al ritmo dei gemiti più forti di Anni, così come ai movimenti regolari e, dopo un po', sempre più veloci dei fianchi di Patrick.

Non durò molto. Anni urlò, le sue cosce con le calze bianche si allungarono verso l'alto e Patrick si accasciò un po' su di lei prima di indietreggiare e tirarsi su i pantaloni. Subito dopo si alzò anche Anni, tirò il suo amante verso di sé e gli stampò un bacio sulla bocca, si sistemò l'abito sul décolleté e si lasciò aiutare da Patrick per scendere dal tavolo. I due poi scomparvero altrettanto rapidamente come erano arrivati, fortunatamente senza notare la porta aperta sul retro, e lasciarono di nuovo Barbe da sola nel buio.

Prima di riaccendere la lampada attese fin quando le voci si furono dissolte, poi uscì da dietro la cantinetta e guardò il tavolo che un tempo era servito da altare con il cuore che ancora batteva forte. Notò che la superficie non era affatto polverosa come gli scaffali intorno, bensì sembrava lucidata e scintillante. Probabilmente non era la prima volta che quei due sfruttavano la cantina come rifugio d'amore. Barbe scosse la testa e pensò a sua madre, che aveva una così alta considerazione della sua Anni, perché, come le piaceva ricordare, aveva servito una duchessa e si era portata dietro quelle buone maniere. E cosa avrebbe detto suo padre se avesse saputo che le sue bevande così costose erano accessibili a chiunque? Alla fine le venne da chiedersi se anche lei avrebbe mai più vissuto una notte d'amore…

«Ora basta, al lavoro» si disse a voce alta non appena quel pensiero la sfiorò. Si rimboccò le maniche, si tolse lo scialle che la intralciava legandoselo in vita e, mentre continuava a caricare le bottiglie nel carretto, le tornò in mente Louis Bohne e lo sguardo con cui la osservava, triste per la morte di François, ma comunque pieno di amore. Ma era solo un amico, niente di più. E soprattutto lei era vedova.

Una vedova con un nuovo piano.

10

Il giorno successivo all'ora di pranzo, che era quello precedente all'arrivo dell'Imperatore e dell'Imperatrice, Barbe andò all'hotel di famiglia percorrendo la normale strada. Non era un percorso lungo. Doveva solo uscire dalla corte di casa sua e svoltare dietro l'angolo per raggiungere l'entrata anteriore in Rue Cérès, oppure, come spesso faceva in estate, sgattaiolare nel giardino da un cancello laterale di cui possedeva le chiavi.

Amava la casa dei suoi genitori, con quell'aspetto molto signorile, una delle più sfarzose di tutta Reims e costruita con le stesse pietre chiare della cattedrale. Conosceva tutti gli ingressi e le porte nascoste e sapeva persino quale valvola accanto a quale camino si doveva aprire per origliare dal piano superiore i discorsi che si tenevano nelle stanze padronali al pian terreno. Dato che aveva sempre nascosto di essere al corrente di tali dettagli, non aveva mai potuto scoprire se quel congegno di ascolto fosse un incidente nato da un errore oppure fosse intenzionale. Era molto probabile che suo padre avesse previsto i difficili tempi della politica quando aveva fatto costruire la sua prestigiosa villa, non solo come residenza della famiglia e dell'azienda ma anche come alloggio per i reali, e avesse preso provvedimenti di conseguenza.

Nella corte, che pullulava di persone affaccendate, incontrò il cocchiere Patrick con la sua bella livrea. La salutò portandosi la mano al cappello con un'espressione eccessivamente altezzosa. Le venne subito in mente il suo posteriore nudo e dovette sforzarsi per non abbassare lo sguardo per l'imbarazzo e mantenere la testa alta mentre gli passava dinanzi. Si lasciò aiutare dal portiere a sfilare il cappotto mentre si impegnava a togliersi il ricordo dalla mente e poi fu attratta da un nuovo busto in marmo, posto su un piedistallo nell'atrio che, a quanto pareva, durante la notte aveva preso il posto di quello di Voltaire. Barbe si avvicinò per osservarlo. Rappresentava l'Imperatore da giovane, con il caratteristico naso, la fossetta sul mento e la corona di alloro sul capo. L'artista aveva riprodotto alla perfezione persino l'arrogante smorfia sulla bocca. Barbe sollevò un po' lo sguardo per scrutare dentro quegli occhi vuoti. Poi si allontanò e salì al primo piano. Un servitore che si trovava già lì per lucidare un lampadario a muro scese dalla scaletta e le aprì la porta del salotto.

Barbe entrò. La luce penetrava dalla lunga serie di finestre alte a cui erano appese delle tende color giallo pallido, quindi la stanza con i pannelli in legno bianco sembrava calda e chiara nonostante le cupe giornate invernali. Sui pannelli erano intagliati fiori, animali e ogni tipo di creature fantastiche. Da piccola aveva trascorso molto tempo a delineare gli intagli con le dita e a immaginarsi storie con le figure rappresentate, per lo meno fin quando veniva scoperta e rispedita nella camera dei bambini. Suo padre aveva fatto dipingere la parte anteriore della stanza di un blu tenue, arricchito da decorazioni dorate, che facevano sembrare il salotto ancora più spazioso. Parte delle graziose sedie, divani e canapè erano rivestiti con arazzi che rappresentavano scene delle fiabe di La Fontaine. Completavano il quadro le meravigliose e pesanti tende in broccato e consolle alle pareti, così come due tavolini ad angolo cesellati sui quali erano posati dei vasi orientali, e i preziosi tappeti. Suo padre non si intendeva solo di affari con lana e tessuti, bensì aveva un gusto squisito e quello era una grande parte del suo successo. È leggendaria la storia di come, dopo la morte del Re Luigi XV, avesse saggiamente ordinato la produzione di magnifici tessuti di seta a proprie spese, sapendo che l'incoronazione del nuovo sovrano era imminente e che la cattedrale e tutte le sale di ricevimento avrebbero dovuto essere decorate di conseguenza. L'onere finanziario era stato notevole, ma i suoi calcoli avevano funzionato. Quando arrivarono gli ordini dalla corte reale, era molto più avanti dei suoi concorrenti e poté accaparrarsi quasi tutti gli incarichi ai migliori prezzi di vendita. Senza contare che tutte le donne e anche gli uomini avevano avuto bisogno di abiti per l'occasione. Quelli erano stati anni d'oro per il mercante di stoffe Nicolas Ponsardin, e soprattutto il motivo per cui si era fatto costruire una villa privata che ricordava un castello reale più che la sede di un mercante.

Barbe si sfilò i guanti. Sua madre e sua sorella Clémentine erano sedute a un tavolino vicino al camino e su una sedia accanto alla finestra notò la cameriera Anni, impegnata in un lavoro di cucitura.

«Eccoti qua! Come stai, tesoro? Spero meglio. Eri molto silenziosa all'ultima cena» la salutò sua madre distrattamente.

Barbe si avvicinò e notò la lista di nomi che le due donne stavano seguendo per l'organizzazione dei posti a sedere per il ricevimento. Clémentine si alzò e le diede due baci sulle guance, le sorrise con aria complice e socchiuse un po' gli occhi.

«Molto meglio, grazie, mamma» le rispose chinandosi per darle un bacio mentre era impegnata con la sistemazione dei tavoli.

«C'è un giovane Napoleone nell'ingresso. Come ci è riuscito così velocemente papà?» chiese Barbe con tono vivace, sedendosi su una poltrona nel tentativo di nascondere quanto fosse stanca. La notte prima non aveva dormito quasi per nulla e aveva lavorato così duramente come mai nella sua vita. Le dolevano le braccia e sentiva i muscoli bruciare a ogni passo. Aveva dovuto fare quattro viaggi andata e ritorno con il carretto pieno, quindi otto in totale, e ogni volta aveva dovuto caricare e scaricare le bottiglie su e giù per i gradini, pregando e sperando che andasse tutto liscio, che niente si rompesse o esplodesse. Ma alla fine ce l'aveva fatta. Quando era rientrata in casa, esausta e stravolta, aveva incontrato la cameriera incaricata di accendere il camino la mattina, una minuta ragazza ingenua, che tutti ignoravano quando apriva bocca.

Barbe era sicura che nessun altro avesse notato la sua assenza durante la notte e quindi la sua maggiore preoccupazione era solo di ammalarsi di nuovo per lo sforzo estremo.

«Il busto è un regalo del sindaco» disse sua madre.

«Un regalo di Monsieur Tronsson-Lecomte? Molto generoso da parte sua. Papà deve aver contribuito alla sua elezione più di quanto voglia ammettere» lo canzonò Barbe. «Come procedono i preparativi, mamma? Va tutto come dovrebbe?»

«Intendi eccetto aver ricevuto la lista degli invitati troppo tardi?»

«Va alla grande» si intromise Clémentine. «Vedrai, in sala da pranzo è quasi tutto allestito. Rimangono da lucidare i bicchieri e piegare i tovaglioli. Ma l'argenteria risplende come fosse nuova. E il menù...»

«È una tragedia» la interruppe sua madre. «Ci sono solo otto antipasti invece di dodici.»

«Sono più che sufficienti, mamma» la interruppe Clémentine. «Bonaparte non si metterà certo a contare gli antipasti.»

«E poi ci sono solo dieci portate» proseguì sua madre imperterrita.

«Ma quattro zuppe» ribatté Clémentine. «E una quantità sufficiente di tacchino, coniglio, anatra, piccione e inoltre rombo, carpa e salmone...»

«Suona molto invitante» disse Barbe posando una mano sul braccio della madre. «Sarà fantastico, mamma, ne sono sicura. Quanti ospiti sono in tutto?»

«Quaranta, di più è impossibile, la tavola sarà riempita fino all'ultimo posto. Otto vengono dalla lista dell'Imperatrice, dodici da quella dell'Imperatore, rimangono solo venti posti per la famiglia e gli ospiti d'onore di Reims.»

«Fammi vedere.» Barbe si chinò sulla pianta dei tavoli. «A capotavola ci sono Imperatore e Imperatrice, ovviamente, qui ci siete tu e papà, Baptiste insieme agli ufficiali, Clémentine e Thérèse... ma io dove mi siedo?»

«Oh, Barbe, non ti abbiamo considerata.»

«Non mi avete considerata?»

«Hai perso tuo marito da poche settimane, mia cara. Immaginavo che volessi evitare un evento del genere. Non solo perché sei vedova da poco, ma anche perché, se ricordo bene, non sei una grande ammiratrice di Napoleone. Inoltre, non dovresti affaticarti. E non ci sono più posti disponibili.»

«Ma, mamma» disse Barbe, sentendosi congelare all'improvviso, nonostante il caldo nella stanza, «se lo ammiro oppure no non è importante. Anche papà non lo apprezza in modo particolare, però...»

«Fai silenzio» la zittì sua madre con le sopracciglia inarcate e lo sguardo diretto verso la sua cameriera alla finestra, che dondolava i piedi sotto la gonna.

«Ma è tutta un'altra cosa» continuò Barbe sottovoce. «È l'Imperatore e viene a casa nostra. È ovvio che voglio essere presente.» Guardò Clémentine con sguardo supplicante. Sua sorella aggrottò la fronte, ma a quanto pareva, aveva capito.

«Sai, mamma» disse indicando la sistemazione dei tavoli. «Te lo volevo dire già da un po': mi preoccupa la prozia Mireille-Jeanine. L'ultima volta sembrava molto confusa, non trovi anche tu? Chissà che cosa combinerà. Ti ricordi quando venne da noi qualche settimana fa, indossando scarpe estive e senza mantella, nonostante il freddo e la neve? Dovetti darle un paio di stivali e un cappotto caldo, altrimenti non sarebbe più tornata a casa. E la maggior parte del tempo dice cose senza senso.»

«Uhm» sospirò sua madre concentrandosi sulla lista e poi rivolgendo un'occhiata scettica verso sua figlia.

«Mireille-Jeanine è la zia preferita di vostro padre. A parte questo, non mi perdonerebbe mai di non essere stata invitata.»

«*Era* la zia preferita» la corresse Clémentine. «Finché non ha fatto arrostire il pavone che papà aveva ricevuto in regalo dall'emissario della Camera di Commercio Catalana.»

«Un pavone? Davvero?» chiese Barbe divertita e allibita. «Questa storia non l'ho ancora sentita.»

«Ma è vera. Il pavone era entrato nella sua proprietà. A sua discolpa si può solo dire che faceva davvero molta confusione. Inoltre, non sapeva che appartenesse a papà. Il pavone assomiglia al fagiano come sapore.»

«Lo hai assaggiato?»

«No, però ce l'ha raccontato la zia. Altrimenti non ne avremmo saputo niente. In ogni caso, mamma» disse Clémentine rivolgendosi di nuovo a sua madre, «la vecchia zia nel frattempo è talmente confusa che non si accorgerà nemmeno di non esserci stata. La convincerò che invece c'era, così ci crederà.»

Sua madre continuava a fissare la sistemazione dei tavoli.

«E va bene... Probabilmente hai ragione. La sua presenza costituisce un rischio.» Intinse la piuma nell'inchiostro, cancellò il nome della zia e lo sostituì con "Barbe".

11

Il ricevimento si avvicinava e Barbe era ogni minuto più agitata. L'illustre società che era attesa aveva esigenze elevate e sapeva apprezzare un vino eccezionale, pertanto sperava che il suo spumante facesse scalpore. Magari l'Imperatore stesso avrebbe avuto buone parole! Era risaputo quanto Napoleone prediligesse i vini dello Champagne e sempre più spesso premiava personalmente i prodotti che facevano onore all'Impero francese, come le sete e i broccati locali. Alla base di quella scelta c'erano anche considerazioni di carattere economico. Dall'epoca di Luigi XVI e dalla costruzione della Reggia di Versailles, la corte reale aveva ottenuto un'influenza che aveva portato vantaggi alle merci francesi. Soprattutto i beni di lusso erano considerati eccezionali in tutta Europa e nel mondo, cosa che aveva favorito il mercato. Tuttavia, gli anni della rivoluzione avevano messo fine a quello sviluppo e le guerre successive avevano aggravato gli effetti negativi per l'economia. Perciò l'Imperatore si adoperò per contrastare almeno il declino, continuando a coltivare lo stile di vita francese per renderlo visibile a tutti e a diffonderlo nel mondo. Se si fosse anche solo degnato di elogiare lo spumante di Barbe, suo padre e suo suocero non avrebbero potuto più fingere che la sua azienda vinicola fosse solo una fra le tante. A quel punto avrebbero semplicemente dovuto riconoscere che valeva la pena continuare.

Ma quando sarebbe stato il momento giusto per dire la verità a suo padre? Nelle lunghe ore che precedevano il ricevimento, Barbe si sentiva a volte travolgere dal bisogno di rivelargli tutto. Poi invece riteneva più vantaggioso attendere e lasciare che le cose facessero il loro corso. E così, un po' angosciata e un po' speranzosa, quel pomeriggio si diresse all'hotel dove stavano già arrivando i primi ospiti.

Per fortuna nessuno si aspettava che Barbe si impegnasse in chiacchiere. Rimase con discrezione sullo sfondo e non fu disturbata. Osservò suo fratello che si intratteneva con aria seria, quasi superiore, vicino agli ufficiali. Altri ospiti sembravano un po' imbarazzati. Lì in provincia, la mondanità era talvolta equiparata all'arroganza. I cittadini di Reims erano fieri di sé stessi e della loro città. Era un po' un paradosso: volevano essere deferenti nei confronti degli alti governanti senza mettersi in evidenza, ma anche senza negare il proprio valore, il che a volte portava a comportamenti piuttosto contraddittori.

Alla fine, Barbe fu coinvolta in una conversazione da una conoscente, strinse forte il bicchiere di vino che era stato servito come aperitivo e ascoltò la disquisizione sulla benedizione della gravidanza e della maternità. Per fortuna, non dovette intromettersi quasi per niente nel discorso, bensì mostrare un'espressione attenta. «Non so come sia per lei, ma io non sono una di quelle donne la cui carnagione soffre durante la gravidanza. Al contrario...» blaterava Madame Villeroy accanto a lei mentre Barbe lasciava vagare furtivamente lo sguardo. Per sua felicità, vide Louis Bohne entrare dalla porta laterale, seguito da un longilineo ufficiale francese che, a giudicare dalle decorazioni sul petto, doveva essere una persona importante. Lo seguì mentre attraversava la folla di gente e notò che salutava da tutte le parti e riceveva reazioni amichevoli e sorrisi. Era amato a Reims. Non era un uomo particolarmente attraente, con i capelli rossicci e radi arricciati intorno alle tempie e un principio di pancia, ma aveva una presenza e un'affabilità che faceva battere il cuore a tutti.

Poi se lo ritrovò di fronte.

«Buonasera, Madame Clicquot» disse con tono formale e con quel suo tipico piccolo inchino baldanzoso, «sono molto lieto di vederla» imitando con grande precisione l'accento còrso dell'Imperatore. Barbe rise e si guardò alle spalle. Gli altri ospiti erano talmente immersi nei loro discorsi che non si erano accorti di niente. Lo minacciò con un dito. «Stia attento, amico mio» disse piano. «Non si scherza sull'Imperatore.»

«Solo fra di noi, Madame» le rispose sorridendo.

«Allora lo ha incontrato? Com'era? Che impressione si è fatto su di lui?

«L'impressione di un uomo che sa quel che vuole» rispose Louis. «Decisamente affascinante. Forse un po' stanco, che non è da meravigliarsi dopo una battaglia vinta e un lungo viaggio.»

«Ma cosa voleva Bonaparte da lei? È ciò che supponevamo?»

«Comprendo la sua curiosità, ma purtroppo non posso far trapelare niente. Posso dirle questo: era un po' sorpreso di scoprire che non sono francese. A quanto pare nessuno gli aveva rivelato questo particolare.»

«È molto facile scordarsi di questa cosa, Louis. Qui a Reims non ci pensa nessuno. Per fortuna non siamo la Prussia.»

«È vero. Il principe elettore del Baden, fresco di nomina, Karl Friedrich, è certamente ben disposto nei confronti dell'Imperatore dei francesi. Del resto, non c'è da stupirsi, il suo dominio è quasi il doppio del precedente margraviato. Bonaparte si è dimostrato molto accomodante.»

«Quindi Napoleone è stato addirittura felice di scoprire che lei viene dal Baden? Forse sarebbe stato meglio che fosse prussiano; ora potrebbe pensare che lei gli deve qualcosa.»

«Può essere. Che pensi ciò che vuole. Ma se me lo chiede, sono in debito con una sola persona.»

«E sarebbe?» domandò Barbe.

«Lei, Madame» rispose semplicemente Louis.

Barbe si sentì arrossire e cercò una replica adatta, ma fu risparmiata poiché in quel momento si aprì la porta. Un cortigiano con una parrucca che sembrava provenire dai tempi dei Borboni annunciò con grandi gesti l'arrivo dell'Imperatore e dell'Imperatrice, e si inchinò insieme a tutti i presenti.

«Come all'epoca» le sussurrò Louis quando sollevò di nuovo la testa. Barbe non rispose. Osservò l'Imperatrice Giuseppina; sembrava più giovane dell'età che aveva. Era molto bella e distinta, con il collo lungo e le spalle rotonde e spioventi e, considerando che l'occasione era stata definita "informale" da tutti, era vestita in modo decisamente elegante. Indossava un abito di seta color crema a vita alta, la parte inferiore decorata con ricami elaborati, uno strascico abbinato con la stessa decorazione e un diadema di perle in testa. Forse era per fare impressione sul suo sposo, che probabilmente non vedeva da mesi. Anche lui mostrava il suo gusto per la moda: indossava l'uniforme della Guardia, adornata da una nuova coccarda abilmente pieghettata, che di certo sarebbe stata in vendita ovunque già dalle settimane successive. Suo padre stava sicuramente prendendo appunti.

Dopo un momento di silenzio, gli ospiti ripresero i loro discorsi, seppur un po' più ovattati di prima. Due ufficiali si misero in mezzo a Barbe e Louis separandoli, ma quasi non se ne accorse, poiché la sua attenzione era attratta da tutt'altro: un uomo si avvicinò all'Imperatore e all'Imperatrice e iniziò a chiacchierare con loro. Quell'uomo non era altro che Jean-Remy Moët. Indossava anch'egli l'uniforme, motivo per cui non lo aveva notato prima fra i presenti.

Barbe rimase senza fiato. Non aveva considerato una sua apparizione, poiché era convinta di non averlo visto nella lista degli ospiti. Forse lo aveva invitato personalmente l'Imperatore. Moët era alto e slanciato e portava i capelli come molti dei presenti, accuratamente acconciati sulla fronte. Aveva profonde rughe intorno al naso e delle grandi borse sotto gli occhi, ma nel complesso era di bella presenza. Aveva circa una decina di anni meno di suo padre ed era altrettanto ambizioso. Aveva iniziato di recente i lavori per costruire una villa nel suo terreno a Épernay. Una volta ultimata, avrebbe di sicuro fatto concorrenza all'Hotel Ponsardin. Ma nonostante trovasse il suo atteggiamento sempre un po' altezzoso, Barbe dovette riconoscere che era tutt'altro che superbo. Ciò che aveva ereditato dal padre, lo aveva trasformato in un considerevole patrimonio grazie al sudore, all'abilità e al duro lavoro.

Non pensò più a quali effetti avrebbe potuto avere la sua presenza in quella serata poiché era giunto il momento della cena e il vicino di tavolo Alexandre Ruinart, uno zio da parte di sua madre, venne verso di lei e le porse il braccio. Si ritrovò seduta di fronte al sindaco Tronsson-Lecomte, un personale conoscente dell'Imperatore, come gli piaceva sottolineare, e naturalmente non c'era nessuno a Reims che non sapesse già che Giuseppina de Beauharnais aveva passato la notte nella sua casa di Rue de Buche l'anno precedente.

Accanto alla moglie Marie-Caroline erano seduti Jean-Remy Moët e consorte e, di fronte, Barbe e Nicolas-Louis Delamotte che, come Moët, era uno dei concorrenti di François nel settore vinicolo. A differenza di Moët, Delamotte le piaceva. Erano vicini di casa, le cantine confinavano, anche se l'accesso era stato murato già da anni. La moglie di Delamotte, Marie-Perette, una persona cordiale e simpatica con molto senso dell'humor, era la cognata e migliore amica di sua sorella Clémentine. Fu proprio Marie-Perette a coinvolgere Barbe in una conversazione.

«In autunno sono stata a Parigi. La mia amica voleva assolutamente che la accompagnassi a un paio di balli, ma cosa posso dire, mi sono annoiata a tutti.»

«Com'è possibile?» chiese Barbe. «Clémentine adora i balli e mi dice sempre che qui a Reims ce ne sono troppo pochi.»

«Lo so. Tormenta sempre anche me e forse ha persino ragione. Ma se me lo chiede, i parigini non sanno proprio come si festeggia. Sono troppo preoccupati di ciò che gli altri pensano di loro.»

«Qui non è poi tanto diverso. Sarei felice se non dovessi preoccuparmi dei pettegolezzi della gente» sospirò Barbe.

«Allora sia felice di non vivere a Parigi. Là è ancora peggio. Inoltre, l'aria qui è migliore. Ma tutto sommato mi sono divertita. Le devo parlare dell'apertura ufficiale dell'Opéra...» e raccontò l'impagabile storia di una cantante che durante l'esecuzione del punto cruciale della sua aria era caduta dalla pedana e aveva fatto crollare le quinte. Quella conversazione rese la serata di Barbe un po' più divertente e quando fu il momento del discorso e dei ringraziamenti ufficiali, per i quali furono alzati in aria i bicchieri pieni, si sentiva del tutto serena.

Dopo il breve discorso consumarono la portata principale e bevvero del vino fermo, poiché lo spumante, come era consuetudine in tali eventi, veniva servito al culmine della serata con il dessert. Le conversazioni in tutti i tavoli scorrevano vivaci. Jérôme-Alexandre Fourneaux, un uomo dell'età di suo padre che si occupava di tessuti e vino come la famiglia del suo defunto marito, le rivolse la parola a proposito del suo abito. Aveva scelto un pudico ma elegante vestito da vedova, il cui décolleté e maniche erano ricoperti di un nuovo tipo di tessuto a macchina proveniente dall'Inghilterra, che secondo Adèle Dubois si chiamava *tulle*. Era meravigliosamente morbido e gonfio, ma anche altrettanto trasparente, tanto che la sua pelle bianchissima risplendeva al di sotto.

«Madame Dubois è l'unica che ha a disposizione questo *tulle* in tutto lo Champagne» spiegò Barbe. «Anche mio padre ha già tentato di scoprire dove lo abbia ottenuto. Ma rimane un suo segreto.»

Fourneaux annuì e Barbe sorrise. Il mercante di vini, che anche François aveva già rifornito, le ricordava vagamente Patizel, il viticoltore delle sue vigne a Bouzy. Come lui, aveva un grosso naso nodoso e labbra sottilissime, e lo si immaginava più facilmente in un campo piuttosto che in un salotto. Era sorprendente che avesse una qualche conoscenza di cose così delicate come i tessuti pregiati.

La porta si aprì di nuovo e quattro camerieri portarono due giganteschi secchielli di ghiaccio, dentro a cui c'erano tre dozzine di bottiglie di spumante e sulle quali sibilavano e scintillavano piccoli fuochi d'artificio. Gli ospiti mormoravano, di tanto in tanto si udivano degli applausi e poi fu aperta la prima bottiglia, al che il padre di Barbe si alzò e si avvicinò al tavolo dove erano seduti Napoleone e Giuseppina e i loro più stretti confidenti e amici. Prese una bottiglia e con un coltello rimosse il cordoncino e la cera che sigillavano il tappo. Una volta aperto, lo spumante iniziò a fluire da solo dalla bottiglia, mentre Nicolas Ponsardin lo tratteneva con il pollice. Suo fratello Baptiste, anch'egli in piedi, afferrò un calice di cristallo per raccogliere il vino che spruzzava come una fontana non appena il tappo era schioccato via dalla bottiglia.

Il gruppo di ospiti al tavolo si era nel frattempo trasformato in una folla ridente, tutti urlavano e applaudivano felici; indipendentemente dalle origini, campagna o città, ufficiali o mercanti, tutti sollevarono i bicchieri per accaparrarsi un po' di quella bevanda frizzante. Quando l'Imperatrice Giuseppina si alzò sorridendo per aiutare personalmente il suo sposo ad aprire una delle bottiglie, la situazione divenne incontrollabile. Gli ospiti si alzarono in piedi, tolsero le bottiglie dalle mani dei camerieri che avrebbero dovuto stapparle e da ogni lato si sentirono schioccare tappi, mentre lo spumante colava su mani, tavoli e piatti.

Fino a quell'istante nessuno aveva assaggiato nemmeno un sorso, perché per quanto entusiasmante, era un momento che non si poteva gustare da soli, ma solo in compagnia, soprattutto in presenza di un Imperatore e un'Imperatrice; quindi, nell'attimo in cui tutti i calici furono riempiti e Bonaparte alzò il suo, calò subito un silenzio carico di attesa.

«All'Imperatrice, la mia meravigliosa e tanto amata Giuseppina» disse Napoleone festoso.

«All'Imperatrice» risposero tutti in coro e poi si portarono i bicchieri alla bocca.

Il cuore di Barbe batteva folle. Prese un sorso, spinse le bollicine frizzanti sul palato che scoppiettando emanarono quel dolce e fresco aroma. Poi osservò Moët mentre sorseggiava dal suo bicchiere: notò lo stupore nei suoi occhi e come si precipitò a berne un altro sorso, per poi esaminare la bottiglia sul tavolo di fronte a sé.

In tutta la sala, dopo il breve momento di silenzio in cui anche l'Imperatrice bevve, si sollevò un mormorio. Barbe vide lo scintillio negli occhi e l'estasi sui volti, lanciò un'occhiata verso Louis che la osservava a sua volta con gli occhi spalancati e notò come l'Imperatore, che si era appena riempito il secondo calice, propose un altro brindisi.

«Carissimi amici» esordì, scegliendo una forma confidenziale che sottolineava ancora di più l'atmosfera particolare in sala. Tutti si zittirono immediatamente, poiché nessuno voleva perdersi ciò che Napoleone aveva da dire.

«Carissimi Monsieur e Madame Ponsardin, mio caro Baptiste! Io e Giuseppina ringraziamo voi e la vostra famiglia per l'ospitalità. Possiamo assicurare a voi e ai cittadini della splendida Reims che non esiste altro luogo al mondo in cui preferiremmo essere in questo momento. Poiché solo qui, nella regione dello Champagne, ci sono vitigni del genere, solo qui viene compresa appieno la produzione di un vino di tale qualità e bontà. E lo posso affermare a buon diritto, dato che io stesso provengo, come sapete, da una famiglia che da generazioni produce e apprezza il vino. Quella nel mio bicchiere è veramente una bevanda divina. Cari amici, un brindisi allo Champagne.»

Sollevò nuovamente il bicchiere e tutti lo imitarono gridando: «Allo Champagne», una seconda e anche una terza volta, «Allo Champagne», perché piaceva il nome che l'Imperatore aveva appena usato spontaneamente, equiparando il paesaggio al vino: "*le Champagne*". Uno dei camerieri si apprestò a versare ancora spumante nel bicchiere dell'Imperatore, ma questi rifiutò, prese da solo una bottiglia già aperta e versò la bevanda nel suo calice e in quello dell'Imperatrice, poi sollevò un'altra volta il bicchiere e diede un bacio sulla fronte a Giuseppina che lo stava osservando sorridente e si voltò verso il tavolo di Moët: «Mio caro Jean-Remy, con questa bevanda» disse indicando il calice che aveva in mano, «si è davvero superato. Uno champagne degno di un'Imperatrice. Le commissiono tremila bottiglie per la mia meravigliosa Giuseppina. Evviva l'Imperatrice!».

«Evviva l'Imperatrice!» rispose la folla, che nel frattempo si stava divertendo molto, l'entusiasmo era irrefrenabile. Si sentivano cori di «Bravo, Napoleone!», «Bravo, Moët!», «Evviva l'Imperatrice!», «Allo Champagne!» provenire da ogni lato della stanza e i camerieri non facevano altro che stappare nuove bottiglie e riempire i calici. Barbe guardò Moët e notò con soddisfazione che stava ancora osservando la bottiglia nella sua mano con stupore. Quando l'Imperatore alzò la mano, tornò il silenzio.

«Cari amici, abbiamo combattuto una grandiosa battaglia» proseguì il discorso. La battaglia di Austerlitz rimarrà nei libri di storia come un eccezionale trionfo. Possano gli ufficiali vittoriosi della *Grande Armée* portare la gloria di questa battaglia combattuta con onore in tutto l'Impero francese e nel mondo. E possano tutti brindare alla battaglia, all'Impero e al loro Imperatore con lo champagne. Mio caro Jean-Remy, le commissiono ulteriori dodicimila bottiglie per gli ufficiali vittoriosi della *Grande Armée.*»

«Agli ufficiali vittoriosi della *Grande Armée*!» rispose la folla in coro, «Lunga vita a Moët!», «Bravo, bravo!», ma Moët non si unì al brindisi, cosa che fu notata nonostante l'atmosfera chiassosa, dato che era al centro dell'attenzione come l'Imperatore, e quando si schiarì la gola e iniziò a parlare, gli ospiti si invitarono a vicenda al silenzio.

«Egregia eccellenza, la ringrazio per le sue parole e per il suo generoso ordine. Temo solo che non potrò soddisfare il suo desiderio. Questo...» Moët si schiarì di nuovo la voce e inclinò il bicchiere verso la luce per osservare attentamente le bollicine perlate, «questo *Champagne* è davvero eccellente. Non ho mai bevuto uno spumante così limpido, così rinfrescante e così...» si soffermò un secondo prima di proseguire, «così frizzante. Tuttavia, con mio sommo dispiacere, devo ammettere che l'onore non appartiene a me. Questo vino non proviene dalla mia casa.»

«No?» domandò sbalordito l'Imperatore e tutti si guardarono l'un l'altro e dentro i loro bicchieri, poi assaggiarono di nuovo quell'ottima, ma anche misteriosa, bevanda. Il padre di Barbe tentò di parlare per chiarire la faccenda, ma non riuscì a dire nulla e, poiché tutti stavano parlando in modo confuso, nessuno sentì Barbe che cercava di prendere la parola. Solo quando Louis Bohne, che non aveva smesso di guardarla nemmeno per un secondo, fece tintinnare un cucchiaino sul bicchiere, la folla si quietò e l'attenzione si spostò su di lui. Ma questi scosse la testa, indicò con un gesto cortese verso Barbe e disse: «La prego, Madame, può parlare».

«Monsieur Moët ha ragione» disse Barbe a bassa voce, ancora sorpresa dal suo stesso coraggio, mentre il silenzio era così pesante che si sarebbe sentito cadere uno spillo. Guardò i volti pieni di attesa e deglutì quando vide che suo padre la osservava con la fronte aggrottata. Quindi si fece coraggio, e quando proseguì, la sua voce non era più tentennante, bensì alta e chiara: «Vostra eccellenza! La ringrazio per le parole di elogio. E anche lei, Monsieur Moët, specialmente lei. Avete appena dimostrato una vera grandezza, che fa onore allo Champagne e al nostro amato vino».

Monsieur Moët annuì con un piccolo sorriso, che gli

uscì però un po' contratto. Apparentemente, si era appena reso conto che il suo elogio al vino della concorrenza era stato un po' troppo entusiastico.

«Vostra eccellenza» continuò Barbe rivolgendosi ora verso l'Imperatore e l'Imperatrice «è per me un grande onore, poiché questo champagne proviene dalla casa Clicquot. È per me una gioia consegnarvi la quantità desiderata.»

«Clicquot? Mi perdoni, chi è Clicquot, Madame?» chiese Giuseppina negli improvvisi secondi di silenzio che seguirono.

«Sono io, con tutto il rispetto, Vostra Eccellenza. Per la precisione, vedova Clicquot Ponsardin, produttrice e fornitrice di champagne.»

PARTE II

Dal 1806 al 1809

12

Berna, 14 maggio 1806

Messieurs Vve. Clicquot Fourneaux et Comp.

Signori!
Ho ricevuto la vostra lettera del 2 aprile scorso, così come la circolare del 10 febbraio, nella quale comunicate il proseguimento dell'attività, e notato con gioia le firme che suggellano tale missiva.
La consegna delle 50 bottiglie di spumante bianco che mi avete fatto recapitare con tanta solerzia dopo il mio ordine sono giunte ieri, insieme alla fattura di 234 livre.
Grazie allo scrupoloso e solido imballaggio, niente è andato distrutto e ho già avuto l'occasione di assaggiare il vino, che come sempre trovo sopraffino.
Non appena avrò ricevuto la lettera di vettura provvederò a inviare il pagamento, comprensivo delle spese di trasporto, tramite i signori Brünner, Birthy e Comp.
Mi congedo dunque con un ringraziamento accorato per il vostro impegno, che ha sempre caratterizzato il vostro lavoro, e con i migliori auguri di prosperità futura. Guardo con fiducia ai nostri futuri rapporti commerciali.
Distinti saluti,
Le Chevalier de Caarmaño

Barbe ripiegò la lettera sorridendo e la accatastò in cima al resto della corrispondenza. Le faceva molto piacere leggere gli auguri dei clienti. Il console spagnolo in Svizzera era uno dei più fidati, e la vendita alla sua base di clienti era ripartita con il piede giusto.

La nomina a socio di Jérôme-Alexandre Fourneaux era stata un'idea di suo padre e dopo una qualche resistenza, Barbe aveva riconosciuto e accettato i vantaggi di un tale accordo. Fourneaux le piaceva, era una persona per bene, e la trattava con molti meno pregiudizi di tanti altri. La accettò come nuova dirigente, dopo François, nonostante fosse una donna, ed era quasi più di quanto Barbe si aspettasse. Inoltre, apprezzava molto la sua competenza tecnica. Era presente già da diversi anni nel settore vinicolo, aveva esperienza nella produzione e nei rapporti commerciali, e Barbe capì che aveva bisogno di consigli e supporto. Lo spumante di Barbe e il grande ordine dell'Imperatore lo avevano impressionato molto, pertanto non era stato particolarmente difficile imporgli che il nome "Veuve Clicquot" rimanesse al primo posto. Grazie a questa nuova unione commerciale era riuscita a convincere anche suo suocero Philippe a lasciare il suo denaro nell'azienda, così la situazione finanziaria si era finalmente stabilizzata.

Suo suocero non si era ancora del tutto ripreso dallo shock della perdita del figlio e molto probabilmente non sarebbe mai tornato quello di prima. Provava una grande pena per lui, il che non fece altro che aumentare la pressione riguardo al successo di quanta non ne avesse già da sola. Philippe non si immischiò più negli affari dell'azienda, se non per un paio di lettere, segnate da dolore e tristezza, indirizzate ai partner commerciali nelle quali spiegava il suo ritiro. Per errore se ne ritrovò una fra le mani e lesse le sue righe: *Niente al mondo potrà mai alleviare il dolore che provo. In ogni momento mi è ben chiara la perdita che ho subìto...* mentre piegava bruscamente il foglio con un nodo alla gola, le cadde l'occhio sulle parole con cui suo suocero chiudeva la missiva: *Sono molto lieto della nuova unione con Monsieur Fourneaux. La invito a proseguire gli ottimi servizi e, se possibile, raddoppiare lo zelo, in modo da poter far arrivare buoni ordini alla casa Veuve Clicquot Fourneaux & Cie.* Quando lesse quelle righe, si sentì estremamente sollevata. Aveva dato la sua benedizione all'azienda, ed era tutto ciò che aveva sperato.

Dal dicembre passato, molte cose erano cambiate per il meglio. Si era anche liberata del cantiniere Mathieu, per fortuna. Lo avevano licenziato subito dopo la costituzione dell'azienda e avevano impiegato un conoscente fidato di Fourneaux, un certo Jacob Martin; era un po' anziano per il lavoro, ma comunque valido. Inoltre, non si recava così spesso alla taverna e non cedeva al gioco d'azzardo. Unendo le forze, erano riusciti a consegnare a tempo debito lo champagne per l'Imperatore e l'Imperatrice, e tutto sommato in cantina c'era un discreto ordine.

Il problema rimaneva soprattutto il continuo impegno in guerra della Francia contro la Gran Bretagna. I francesi, alleati con la Spagna, avevano perso la battaglia navale, cosa che non aveva fatto altro che pungolare l'ira di Napoleone. Cercava quindi altri mezzi per convincere i britannici a sottomettersi alla sua volontà, e pertanto il commercio verso quella nazione stava soccombendo. Anche la propensione della clientela francese agli acquisti era offuscata a causa dei continui conflitti. Nella regione e in quelle confinanti si comprava solo vino bianco e rosso, ma niente champagne. A Parigi la concorrenza era enorme. Pertanto lei e Fourneaux avevano deciso di aumentare il numero di commessi viaggiatori. Oltre a Louis Bohne e Monsieur Majeur, che già da tanto si occupava dell'Italia e del Sud della Francia, si erano aggiunti cinque commessi tedeschi: Bahnmeyer, Hartmann, Krüthoffer, Föhrmann e Christ. Si occupavano dei territori tedeschi fino ad Amburgo e inoltre di Danimarca e Scandinavia, poi Polonia, Ucraina, Austria e Ungheria. Louis Bohne era stato fatto socio, faceva quindi parte dell'azienda. Nelle settimane precedenti il suo compito era stato quello di presentare i nuovi venditori e ben presto tornò verso Prussia e Russia, dove sperava di ottenere le vendite più alte. Tuttavia, non ci fu una pace ufficiale con nessuno dei due Paesi. A seconda di cosa avrebbero deciso le persone al potere, ciò avrebbe potuto influenzare in modo significativo la loro attività e mettere in discussione il loro intero approccio.

Barbe, seduta a lambiccarsi il cervello con la corrispondenza ancora in mano, si alzò decisa, ripose le lettere nel cassetto e uscì nella corte dove c'erano Jacob e due operai.

Li salutò con un breve cenno della mano e uscì in strada, alzò gli occhi al sole e fece un respiro profondo. L'aria era permeata dal profumo dei tigli, era una giornata meravigliosa. Spolverò il polline sulla scintillante targhetta in ottone accanto all'ingresso. C'era scritto VEUVE CLICQUOT FOURNEAUX ET CIE. Seguendo un impulso, Barbe svoltò a destra in Rue de Cérès, ma invece di recarsi in direzione dell'Hotel Ponsardin, la meta che aveva in mente, decise di fare una passeggiata attraverso la porta della città verso la grande Esplanade Coquebert, ombreggiata dai tigli. La mite temperatura di inizio estate aveva fatto uscire tante persone, che camminavano tranquillamente lungo la strada o sedevano su panchine in pietra, giocavano a bocce o si intrattenevano in gruppetti. La *promenade* era uno dei luoghi preferiti degli abitanti di Reims per passare il tempo. I larghi viali di aceri, tigli, querce, faggi e frassini che circondavano la città erano già presenti da quasi un secolo, così che gli alberi avevano raggiunto dimensioni considerevoli e creavano giochi di luce e ombre con le loro chiome.

Nelle ultime settimane e mesi non aveva avuto quasi mai l'opportunità di oziare un poco, quindi si gustò la passeggiata in modo particolare. Molti passanti la riconobbero e la salutarono, scambiandosi sguardi curiosi che sembravano voler dire "È lei, la vedova Clicquot". Senza dubbio, aver mantenuto la gestione dell'azienda con il nome del marito aveva fatto notizia in città. Barbe non apprezzava particolarmente attirare tanta attenzione, ma non poteva farci niente se non sperare che la gente si abituasse e prima o poi la lasciasse in pace. Per fortuna, nessuno mise in dubbio che François fosse morto per una febbre, e quello era l'importante. Lei stessa si vietò di imputare la sua morte ad altro che una malattia.

Mentre passeggiava tranquilla lungo il viale si fermò un attimo per godersi la vista sui prati e sui campi, pensò a quanto le sarebbe piaciuto avere Mentine con sé in quel momento. Il fatto di avere poco tempo da dedicarle era un caro prezzo che non pagava volentieri. Ma Mentine si trovava molto bene a casa di sua sorella, dove passava la maggior parte delle giornate. Sarebbe stata eternamente grata a Clémentine per non accennare mai, nemmeno lontanamente, al fatto che Barbe stesse tralasciando i suoi doveri di madre. Il saldo supporto di sua sorella nei suoi confronti si ripercuoteva anche sull'intera famiglia, affievolendo le critiche di sua madre, e anche quelle di suo padre e di suo fratello.

Il sole pomeridiano era più caldo del previsto dato il cielo completamente libero dalle nuvole. Barbe lasciò scivolare un po' lo scialle di cachemire. In quella stagione, la maggior parte delle signore indossava un cosiddetto *châle* di lana o cachemire al posto del cappotto, e si era lasciata convincere dalla sorella ad acquistarne uno in toni del verde e del blu per dare un tocco di leggerezza agli abiti da vedova. Suo padre, che, come sempre, aveva scoperto quella moda fra i primi, guadagnava molto dalla vendita di tali capi.

Dopo mezz'ora, Barbe aveva raggiunto la medievale Porta di Marte, con le due torri in pietra. Si lasciò le rovine dell'omonimo arco di trionfo romano sulla destra, scalò il muro di terra che fiancheggiava l'interno della cinta muraria e sul quale c'erano anche dei sentieri un po' sconnessi ma che offrivano panorami incantevoli, e tornò a passeggiare in Rue de Cérès per far visita a suo padre in ufficio.

Lo sorprese in compagnia di Adèle Dubois, che era sul punto di congedarsi. Barbe si rallegrò nel vedere l'amica, ma Madame Dubois arrossì sotto il suo sguardo e non si lasciò intrattenere in chiacchiere, bensì se ne andò dall'ufficio con un brusco «*À bientôt*, Madame Clicquot».

Suo padre si sfregò le mani nervoso.

«Barbe, che sorpresa!» le disse.

«È sempre bella, non è vero, papà?» disse Barbe ridacchiando quando si accorse dell'imbarazzo del genitore. «Ma io non sono la mamma. Non devi avere timore di me.»

«Madame Dubois è capitata qui per caso» le rispose.

«Certo. Non ne avevo dubitato, ma ora che lo menzioni...» gli rispose annuendo.

L'espressione tesa di Nicolas Ponsardin si addolcì, poi la minacciò scherzosamente con un dito e si sedette alla scrivania. Tutto a un tratto sembrava più giovane.

«Hai ragione. Tua madre non vede di buon occhio quando noi, Madame Dubois e io, be', passiamo del tempo insieme. È una vecchia storia. Ma la nostra conversazione è stata esclusivamente di affari.»

«Naturalmente» rispose Barbe. «Di che cosa si trattava? Me lo riveli?»

Suo padre si strofinò il mento pensieroso.

«Bene» disse infine. «Presto lo scopriresti comunque.» Si allungò sulla scrivania. «Ma per ora, non una parola con nessuno. Neanche Fourneaux.»

«Certo che no, papà» gli rispose. Aveva decisamente acceso la sua curiosità. Si sedette sulla sedia di fronte a lui.

«Macchinari. Si tratta di macchinari tessili inglesi che filano lana e cotone.»

«Macchinari dall'Inghilterra? Ma non li consegneranno mai in Francia.»

«Madame Dubois conosce un ingegnere belga che è pronto a costruirne uno per noi. Ci ha fornito lei il contatto. Un certo Monsieur Cockerill, che ha vissuto e lavorato per molto tempo in Inghilterra.» Abbassò la voce. «Detiene il brevetto di un filatoio che in un'ora riesce a produrre la stessa quantità di filato di sessanta lavoratrici.»

«Quindi hai intenzione di creare una filanda? Ma sei già abbastanza impegnato adesso, dove troverai il tempo per fare tutto?»

«Tuo fratello si è congedato dall'*Armée* la settimana scorsa, almeno provvisoriamente. In questo momento sta trattando con il proprietario di un pezzo di terra dove verrà costruita la fabbrica.»

«Cioè? Dove la volete costruire?»

«A Saint Brice, sulle sponde del Vesle. Si chiamerà da subito Ponsardin et fils. Ma ho in programma comunque di ritirarmi a poco a poco dagli affari. Il sindaco ha degli altri incarichi per me.»

«Tronsson-Lecomte ti sta sfruttando» disse Barbe scettica. «Lascia a te tutto il lavoro. A questo punto, potresti essere tu il sindaco.»

Suo padre la guardò perplesso.

«Ah, ecco dove vuoi arrivare!» esclamò Barbe.

L'uomo annuì. «Essere presidente del *Conseil de Commerce* è una gran bella cosa, ma il Consiglio non ha molto potere decisionale» spiegò. «Possiamo solo proporre dei suggerimenti, la decisione poi spetta al sindaco. Rendendomi indispensabile per lui…»

«… ti sei proposto come candidato» Barbe completò la frase. Doveva concederglielo, suo padre era una volpe.

«Ma c'è tempo. In ogni caso, posso aiutare Baptiste a diventare il braccio destro del primo cittadino, spianargli la strada.»

«È molto vantaggioso per il mio fratellino» disse secca Barbe e percepì il calore avvamparle le guance. Era sempre molto suscettibile quando si sentiva trascurata dal padre, cosa che accadeva spesso.

«E lo è anche per te e per Fourneaux, ovviamente» aggiunse il padre. «A proposito, hai novità da lui?»

«Sì. Ieri è arrivata una sua lettera» gli rispose. Non voleva toccare quell'argomento, ma ora che suo padre lo aveva chiesto direttamente, non poteva evitarlo.

Alludeva a un problema che l'aveva tenuta sveglia per diverse notti. Il febbraio passato lei e Fourneaux avevano inviato quarantamila bottiglie di champagne via mare da Rouen ad Amsterdam, una delle rotte marine meno utilizzate, per evitare i porti chiusi di Dieppe e Bruxelles.

All'inizio era andato tutto bene. La merce spedita ai primi dell'anno era arrivata ad Amsterdam in perfette condizioni ed era stata persino preparata per essere distribuita ai clienti di Prussia, Scandinavia e Russia, quando all'improvviso era giunta la notizia che il porto della capitale olandese era stato chiuso. Nessuna nave che trasportasse merce francese poteva più salpare né attraccare. Le casse dovettero quindi essere scaricate e l'impresa locale responsabile dello champagne aveva avuto notevoli difficoltà a trovare spazio per il delicato carico nei magazzini stracolmi. Le temperature estive erano una catastrofe per lo champagne, perciò doveva essere trasportato solo nei mesi freddi. Ma anche un luogo inadatto poteva rovinare il vino rendendolo imbevibile. Quindi Fourneaux era andato di persona ad Amsterdam per verificare la situazione.

«E quindi? Che ha scritto?» le chiese guardandola preoccupato, poiché temeva il peggio.

Barbe alzò le spalle. La fece infuriare che girasse il dito nella piaga in modo così diretto, e lo sguardo compassionevole non migliorò le cose. Era tutto ancora così nuovo, e avrebbe preferito riferire dei successi.

«È in cerca di altri magazzini. I capannoni lungo le banchine non sono adatti, come si può immaginare, ma è proprio lì che le bottiglie si trovano al momento. Per riportarle indietro è in ogni caso troppo tardi.»

«Non è una bella situazione. Speriamo che troviate un rimedio.»

«Ne sono certa» ribatté Barbe più sicura di quanto si sentisse in realtà.

Il padre alzò le mani per tranquillizzarla. «Bene, ti credo. So già che conosci mezzi e modi per raggiungere il tuo obiettivo.»

Barbe represse la rabbia. Faceva sempre allusioni del genere, ma doveva accettarle. Anche se suo padre le riconosceva i successi, non le aveva ancora perdonato del tutto lo scambio di bottiglie in occasione del ricevimento per l'Imperatore. Ma i suoi metodi non erano poi tanto dissimili. Aveva imparato da lui, più di quanto lui ne fosse consapevole. Optò per un tono di voce più dolce e disse: «Ah, papà, non litighiamo. In realtà sono venuta qui per chiederti un favore. A quanto pare non ho operai a sufficienza. Sembra che tutti siano occupati a Reims. Tu hai molte più conoscenze nei porti e nelle campagne. Pensavo che forse avresti potuto darmi una mano. Il lavoro in cantina è difficile, pertanto la paga è molto buona. E ci sono possibilità di carriera. Se qualcuno ha un po' più di ambizione della media, con noi è in buone mani».

Suo padre annuì serio.

«Non siete i soli a soffrire della mancanza di manodopera. Perché pensi che voglia investire in macchinari? Ciononostante, vedrò cosa posso fare per voi.»

«Grazie, papà» disse Barbe alzandosi. «Sarebbe davvero una benedizione. Non voglio disturbarti oltre. Hai da fare e mi aspetta una montagna di corrispondenza.»

«La mamma ha chiesto quando ti farai rivedere. Posso dirle che nei prossimi giorni verrai a cena da noi?»

«Forse la settimana prossima o la successiva, papà. Ho ancora molte faccende da sbrigare. Dopodomani mi recherò alla vetreria a Folembray. Voglio farmi un'idea con i miei occhi di come vengono prodotte le bottiglie.»

«A Folembray? Non puoi attendere? Lascia che se ne occupi Fourneaux.»

Barbe si indignò.

«No, non posso attendere. Abbiamo urgente bisogno di nuove bottiglie. Sono in contatto con un certo Monsieur de Montizau, ma la situazione è in stallo. Devo parlargli di persona.»

«Non sono due o tre giorni di viaggio da qui? Le strade possono essere pericolose.»

«È davvero importante, papà. Non cercheresti di persuadere Baptiste, al mio posto. Gli chiederesti come mai non si è ancora messo in viaggio.»

Suo padre non mollò. «Tuo fratello è un uomo. Tu sei una signora.»

«Una signora che deve condurre un'azienda. Andrò con Longchamps, su di lui si può fare affidamento. Inoltre, mi accompagnerà anche Monsieur Bohne. Ha posticipato il viaggio in Russia apposta.»

«Louis Bohne, certo» disse suo padre, e questa volta fu Barbe a essere imbarazzata. Si impegnò comunque a nasconderlo.

«Che cosa stai insinuando, papà?» gli domandò con enfasi.

L'uomo scosse la testa pensieroso.

«Be', Monsieur Bohne ti fa la corte, è evidente. E devi esserne al corrente se davvero vuoi andare a Folembray con lui.»

Barbe lo fissò con la bocca spalancata. Ciò che le aveva appena detto le parve talmente assurdo e inaspettato che i suoi pensieri fecero fatica a tenere il passo. «Come ti viene in mente? Louis Bohne non pensa di sicuro al matrimonio. In testa ha solo il prossimo viaggio.»

«Che farà con te, come mi hai appena rivelato» le rispose.

«E secondo te, cosa dovrei fare?» chiese adombrata. «Se viaggio senza accompagnamento non va bene, e se lo faccio con qualcuno non va bene comunque?»

«In ogni caso, non dobbiamo dirlo a tua madre. Ha in mente un altro candidato per te. Un conte. Te lo vuole presentare prossimamente.»

«Un candidato? Per fare cosa? Come le è venuta l'idea che voglia sposarmi di nuovo?»

«Non vuoi?»

«Papà!» Barbe riuscì a stento a trattenersi dal gridare. Non riusciva a crederci! «L'azienda porta il mio nome, Veuve Clicquot. Di sicuro tu e mamma non lo avete dimenticato, vero? Se mi risposo, non sarà servito a nulla.»

«No, certo che non l'ho dimenticato. Perdonami, ma sei un ottimo partito.»

Lo disse con un sorriso, come se stesse scherzando, ma Barbe sapeva quanto i suoi genitori avrebbero voluto che almeno una delle figlie avesse sposato un nobile. Tuttavia, la feriva che avesse iniziato a insistere proprio in quel momento, quando aveva appena creato un'azienda. La società con Fourneaux era stata solo una farsa? Ciò che voleva in realtà era che mollasse il lavoro il prima possibile?

Suo padre si alzò e le carezzò una guancia arrendendosi. «È tutto a posto, bambina mia. Calmati. Non voglio immischiarmi nei tuoi affari. È piuttosto evidente che hai un certo talento, quello non lo nego.»

«Grazie, papà» gli rispose, ancora un po' diffidente.

«Ma non diciamo niente a mamma del fatto che Louis Bohne ti accompagnerà. E portati anche Céline.»

«Ci penserò.»

13

«Il cocchiere è arrivato, Madame.»

«Grazie, Alphonse» rispose Barbe. Era già pronta e vestita in salotto e stava finendo di bere il caffè. Erano solo le quattro e mezza e a quell'ora non sentiva fame. Avrebbero fatto una pausa per mangiare qualcosa lungo il tragitto.

Alphonse era ancora in piedi accanto alla porta, come se stesse aspettando qualcosa. Il suo giovane servitore era cresciuto alquanto e negli ultimi cinque mesi, da quando aveva avviato la nuova azienda, era come sbocciato. Un ragazzo molto sveglio, avrebbe fatto strada. Tenerlo con sé era stata una decisione saggia.

«Ce la farai, Alphonse» gli disse. «Sarò di ritorno fra un paio di giorni. Jacob ha ricevuto istruzioni, ma ti sarei molto grata se andassi ogni tanto anche tu a controllare la cantina. C'è da smistare la posta, come già detto, e in caso Monsieur Hartmann ritorni prima del previsto, allora aiutalo a trovare un alloggio consono a Reims, per favore. Mi fido di te, Alphonse.»

«Grazie, Madame» disse il ragazzo, ma rimase sulla porta strofinandosi le mani.

«Che altro c'è?»

«Volevo chiederle, Madame, be'... ecco, vorrei chiederle se potesse prendere in considerazione...»

Barbe lo guardò accigliata. «Che cosa, Alphonse? Stai parlando a singhiozzi e non sei uno a cui mancano le parole. Di' semplicemente ciò che hai da dirmi.»

«Be', allora, so che sta ancora cercando qualcuno per lavorare in cantina. E volevo chiederle se il mio fratellino Joseph potesse candidarsi per il posto.»

«Il tuo fratellino? Quanti anni ha?»

«Dieci, Madame.»

«Ha solo dieci anni?»

«Nove, per l'esattezza. Ma ne compirà presto dieci. E sembra molto più grande, davvero. Sa fare le cose come un adulto. Pensavo che, per esempio, potrebbe occuparsi di lavare le botti.»

«Non hai detto che è grande?» Barbe tentò di sopprimere un sorrisetto.

«Sembra più grande, ma è piccolo» rispose Alphonse arrossendo.

«Non va a scuola?»

«Sì, qualche volta. La scuola si trova a un'ora di distanza, non sempre riesce ad andarci. Pensavo che se fosse qui, potrei insegnargli io qualcosa. Potrebbe dormire nella mia camera, e poi è uno che si impegna molto. E non pregiudicherebbe in nessun modo il mio lavoro, glielo prometto!»

Barbe lo guardò turbata. «Capisco, Alphonse.» si alzò. «Ora non ho tempo, ma ci penserò. Da dove viene la tua famiglia?»

«Da Pont-Arcy, Madame, sulla riva dell'Aisne.»

«Ne parleremo quando sarò tornata.»

Céline apparve alle spalle del ragazzo.

«È soleggiato, ma fa ancora freddo fuori, Madame. Le ho preparato una coperta nella carrozza.»

«Grazie, Céline.»

«È sicura di voler partire da sola?»

«Sono sicura, Céline.»

I cavalli partirono al trotto. Per il viaggio, Barbe aveva ingaggiato uno dei titolari delle imprese di trasporti con cui collaborava. Longchamps aveva un volto rotondo e parlava poco, ma era una persona affidabile e giusta e, soprattutto, in grado di cavarsela. Barbe sapeva che era armato per difendersi dai ladri di strada, una precauzione ragionevole a cui però non voleva pensare troppo. La carrozza di Longchamps non era delle più nuove, i sedili però erano stati rivestiti e imbottiti da poco. Non aveva voluto strapazzare la sua carrozza nera a quattro posti lungo quel percorso accidentato, per non parlare del fatto che non sarebbe stato vantaggioso recarsi da uno dei loro fornitori con un mezzo così esclusivo.

Louis, che alloggiava in Rue de Cernay appena fuori dalle mura della città, la attendeva davanti alla casa della sua ostessa.

«Louis, le bastano così poche cose? È davvero tutto lì ciò che si porterà con sé?» domandò Barbe quando vide la sua piccola borsa come unico bagaglio.

«Chi viaggia spesso impara ad accontentarsi di poco,

Madame» rispose mentre porgeva la valigia a Longchamps, il quale la assicurò sul retro accanto a quella di Barbe, poi salì in carrozza e le baciò la mano.

«È molto bella questa mattina» le disse ammirandola. «I ricami sono davvero esclusivi e il blu le dona. È uno degli scialli che produce suo padre?»

Barbe si sentì un po' a disagio per i tanti complimenti, ma le fecero piacere. «Grazie, Louis, è troppo gentile. No, viene da Firenze.»

«Non mi fraintenda. Il nero le dona moltissimo, ma è bello vedere che ogni tanto aggiunge un po' di colore.» Afferrò il bordo dello scialle che era calato e glielo risistemò sulla spalla. «Lo stesso colore dei suoi occhi» aggiunse dopo una breve esitazione.

«Così mi imbarazza, Louis» disse Barbe, che aveva scelto quello scialle proprio per quel motivo.

«Non era mia intenzione. Godiamoci il viaggio» le rispose sorridendo.

Trascorsero la mezz'ora successiva seduti accanto in silenzio mentre la carrozza si lasciava alle spalle le ultime abitazioni e percorreva le strade asfaltate in direzione di Laon lungo i campi sui quali risplendeva il giallo del mais. Lì in pianura non c'erano più vitigni, i quali si estendevano a ovest e a sud di Reims, ma non in direzione nord-ovest. Le strade erano aride e i cavalli, ancora abbastanza freschi, trottavano a buon ritmo. Era un viaggio relativamente tranquillo, ma ciononostante Barbe sentiva crescere una certa inquietudine che non riusciva a placare. Non riusciva a togliersi dalla testa la conversazione con il padre e i suoi commenti in merito a Louis. Continuò a giocherellare con lo scialle immersa nei suoi pensieri.

Quando il calore del sole si fece più intenso, si fermarono e predisposero un picnic con vista su un boschetto. L'aria era tiepida e davanti ai loro occhi le allodole sfrecciavano verso il cielo per poi tornare di nuovo in basso con il loro inconfondibile e melodioso trillo. *Una giornata che sembra un regalo divino*, pensò Barbe mentre si godeva volentieri la natura e la pace dopo settimane passate dietro la scrivania.

Dai convenevoli iniziali, Louis le aveva rivolto a malapena la parola. Ma ogni volta che si voltava verso di lui per porgergli il pane o il formaggio, le sorrideva.

«Allungheremmo molto la strada se facessimo una sosta a Pont-Arcy?» chiese a Longchamps mentre tornavano verso la carrozza per proseguire il viaggio.

«Un'ora» borbottò Longchamps, «forse due, dipende dalle condizioni della strada.»

«Riusciamo comunque a raggiungere la nostra prima tappa in tempo?» ribatté Barbe.

«Dipende da quanto vuole fermarsi» le rispose il cocchiere.

«Non molto. La prego, si diriga a Pont-Arcy» disse decisa.

Il cocchiere si schiarì la voce. «Posso certamente farlo, ma la devo avvisare, Madame, la strada non sarà comoda.»

«Ci vada comunque.»

Louis la guardò con espressione interrogativa e Barbe

gli raccontò della conversazione di quella mattina con Alphonse. «Spero che sia d'accordo, Louis.»

«Certamente, ma temo che Alphonse non lo vorrebbe» sottolineò Louis.

«Lo so. È per questo che non gliene ho parlato. Ma l'occasione è propizia, non trova anche lei?»

Poco dopo, la carrozza svoltò. Le strade erano in condizioni notevolmente peggiori. Anche se avessero voluto chiacchierare, non sarebbe stato possibile senza correre il rischio di mordersi la lingua. Poiché l'Aisne straripava spesso quando pioveva, la zona era stata inondata e si erano create serpentine di piccoli torrenti, il che rendeva la strada impraticabile. Il tragitto fu marcato da bruschi colpi e i due vennero sbalzati di continuo l'uno contro l'altra, finché Louis decise di sua spontanea volontà di posarle un braccio sulle spalle e stringerla a sé.

«Così almeno siamo stabili. È più comodo» le disse.

Barbe annuì e dopo una lieve esitazione si appoggiò a lui.

Non fu particolarmente difficile trovare la famiglia di Alphonse. Pont-Arcy era piccola e i curiosi che alla vista della carrozza diedero volentieri informazioni erano molti. Barbe pregò Longchamps di sciogliere e scaricare il cesto del picnic e poi si diresse insieme a Louis nella direzione indicata, mentre il cocchiere rifocillava i cavalli.

La piccola casa con il tetto di paglia si trovava su una collinetta ed era decisamente fatiscente, ma l'orticello sul davanti sembrava ben curato. Barbe si fermò dinanzi al cancello del giardino che pendeva dai cardini e osservò i pomodori che sembravano guance rosse appese nei cespugli. Una ragazza stava cogliendo ribes in un secchio. Un bambino di circa due o tre anni era seduto nell'erba e giocava con dei sassolini.

«Cathérine?» chiamò Barbe.

La ragazza che si trovava accanto al muro della casa si voltò e la guardò con la bocca spalancata. Aveva un telo sul capo che aveva intrecciato sulla fronte ed era molto bella, il viso a forma di cuore, una carnagione chiara e una piccola bocca rosata.

«Io sono Madame Clicquot Ponsardin. Tuo fratello Alphonse lavora da me.»

Poco dopo era seduta su uno sgabello traballante di fronte a un modesto tavolino. Era tutto così piccolo e stretto che Louis, con la scusa di avere gli stivali sporchi, era rimasto in giardino. Cathérine aveva cotto un po' di cavolo in acqua bollente e le porse un bicchiere di metallo con una bevanda calda. Parlava solo il minimo indispensabile. Era evidente che si vergognasse della povertà della casa e avesse paura di commettere degli errori. Al filatoio nell'angolo lavorava un ragazzino che era la fotocopia di Alphonse, le stesse lentiggini e lo stesso sguardo sveglio.

«Tu sei Joseph?» chiese Barbe voltandosi verso di lui.

Il ragazzino annuì.

Cathérine aveva preso in braccio il piccolo, che si infilò le dita in bocca per succhiarle e fissava impassibile Barbe.

«Come si chiama?» chiese Barbe, che non era sicura se fosse un maschietto o una femminuccia.

«Lui è Cyril» rispose Cathérine dandogli un bacio sulla testa.

Barbe sorrise e disse: «Ciao, Cyril».

Il piccolo iniziò a ridacchiare e i suoi occhi si illuminarono.

«Ho qualcosa per voi» disse Barbe non riuscendo a distogliere lo sguardo dal piccolo. Appoggiò il cesto sul tavolo e spostò il telo che lo copriva. Non si poteva dire, guardando il contenuto, che lei e Louis avessero fatto una colazione completa. C'erano ancora pane e formaggio, prosciutto, salame, uova sode e altre prelibatezze. Joseph smise di calpestare la pedana, lasciò che il filo si strappasse e si avvicinò al tavolo.

«Un regalo di Alphonse, vi manda i suoi più cari saluti» disse Barbe alzandosi. «Grazie mille per il tè. Ora dobbiamo davvero andare.»

«Il mio rispetto. Tutto il mio rispetto per questi ragazzi e per il giovane Alphonse» disse Louis Bohne quando furono di nuovo seduti nella carrozza e ripresero il viaggio su una strada fortunatamente meno accidentata. «Quindi, ha preso una decisione? Riguardo a Joseph, intendo.»

Barbe era assorta nei suoi pensieri. «Non ne sono sicura. È tutto molto confuso. Era così semplice ma allo stesso tempo così… pulito, sotto ogni aspetto. Era pulito e puro, capisce cosa voglio dire?» Una volta esternati i suoi pensieri a voce alta, sentì quanto ancora fosse presa dalla situazione. «Questa giovane ragazza coraggiosa con i fratellini. Pensa che le darei un grande dispiacere se prendessi con me anche il secondo fratello?»

«Non vede la cosa in una luce un po' troppo romantica, Madame? Cathérine, così si chiama, avrebbe una persona in meno da sfamare.»

«Mi è venuta in mente un'idea diversa. Prendere con me non solo il ragazzo, ma tutti e tre.»

Louis la guardò di sbieco. «Riesce ogni volta a sorprendermi, Madame.»

«Riprenderò anche Mentine con me. Non posso lasciarla per sempre con mia sorella. Cathérine sembra essere molto premurosa, sarebbe di certo un grande aiuto. Inoltre, la cuoca si lamenta di continuo che ha ancora bisogno di aiuto in cucina. E il piccolo Cyril ha uno sguardo incredibilmente vispo. È segno di un carattere sveglio. Mi sono innamorata di lui a prima vista.»

«Le piacerebbe avere altri figli? Intendo, figli suoi» le domandò Louis.

«Io e François avremmo voluto anche un figlio maschio» rispose senza considerare il fatto che le aveva posto questa domanda apertamente senza tener conto della sua vedovanza. Ci fu una lunga pausa, in cui entrambi erano assorti nei loro pensieri.

«La maggior parte delle famiglie benestanti di Reims mandano le figlie al collegio a Parigi. Crede che sia una buona idea?» Barbe riprese il discorso dopo un po'.

«Non deve chiederlo a me» rispose Louis. «L'educazione dei figli, be', non è un argomento che conosco particolarmente bene.»

«La prima cosa in cui non è esperto» disse Barbe sorridendogli. «Non avrei mai pensato che ne esistesse una. E che mi dice di lei, mio caro Louis? Com'è cresciuto? Ha fratelli o sorelle?»

«Due fratelli più piccoli, i quali sono purtroppo deceduti. Mio padre era un uomo d'affari, come lei e François. Commerciava pelli a Mannheim. Pelle fresca di concia, non scorderò mai il tanfo. Davvero, non sa che fortuna ha avuto. Spumante! Sono molto grato che suo marito mi abbia trovato all'epoca. È tutto un altro mondo.»

«Ha imparato da suo padre?»

«Fu abbastanza intelligente da spedirmi altrove. Quindi sono finito a Basilea. Ma non me ne sono andato volentieri. L'attività di mio padre si trovava direttamente sul porto ed è un aspetto del quale ho sempre sentito la mancanza. Ancora oggi amo i porti più di ogni altra cosa. Mi dia una nave e me ne vado subito.»

«Per quanto mi riguarda, servono allo scopo anche una carrozza o un cavallo. Non conosco nessun altro così irrequieto come lei, Louis.»

«Irrequieto? Si sbaglia. Vede, ho trentadue anni. Altri tre o quattro, poi voglio stabilirmi. Basta viaggi, alla lunga non fanno bene alle articolazioni.» Come a sottolineare tale affermazione, in quel preciso istante la carrozza fece un balzo che la scagliò quasi giù dal sedile. Louis riuscì a fermarla. «La sorprende? Suo marito ne era a conoscenza. Non ne ho mai fatto segreto.»

«Dove?» chiese Barbe sentendo il sangue abbandonarle il volto. «Dove vuole stabilirsi?»

«Reims è un bel luogo. Ci vivo volentieri.»

Louis la teneva ancora stretta fra le braccia, cosa di cui si accorse subito. La lasciò lentamente e Barbe si rese conto quanto l'avesse messa in imbarazzo con quelle parole. Aveva appena assicurato a suo padre che Louis Bohne non pensava affatto a sistemarsi, e invece le stava raccontando l'esatto contrario. Si lisciò la gonna, si allontanò un po' da lui, fece qualche commento sulle pessime strade e poi studiò il paesaggio come se non ci fosse niente di più interessante di un gregge di pecore al pascolo. Ma percepiva il suo sguardo su di sé.

«Vede, tutti questi venditori che lavorano per noi hanno bisogno di ordine e guida. Pensavo che potrei esserle utile anche a Reims» lo sentì dire quasi sconfortato.

Alla fine si voltò di nuovo verso di lui.

«Certamente, Louis. È ovvio. Non potrei mai fare a meno di lei» gli disse.

14

A causa della sosta a Pont-Arcy, dovettero sistemarsi in un alloggio modesto. Longchamps, contrariato per la deviazione e temendo che i suoi cavalli dovessero lavorare più del previsto, non si lasciò convincere a proseguire oltre per trovare qualcosa di più adeguato. Per cena fu offerto loro dello spezzatino, ma Louis scosse la testa e optò per delle verdure. Era più sicuro, spiegò a Barbe, se non avesse voluto che gli rimanesse indigesto.

Il giorno successivo ripartirono presto dopo una frugale colazione composta da pane secco e una salsa al latte acida e verso mezzogiorno raggiunsero la vetreria di Folembray, un insieme di più edifici raggruppati intorno a una struttura centrale dal cui camino usciva fumo nero. La fuliggine si spargeva ovunque e nell'aria c'era un odore intenso. Una dozzina di operai erano impegnati a caricare carretti con polvere di quarzo e carbone grazie a una carriola. Il rumore costante delle pale riecheggiava sulle pareti.

Un signore con giacca nera e cravatta gialla, fin troppo ben vestito per quel luogo, apparve dalla porta della casa più rappresentativa, che era situata un po' sul retro. Evidentemente un servitore che non conoscevano lo aveva avvertito del loro arrivo. Doveva trattarsi del proprietario della vetreria con cui Barbe aveva corrisposto. Era alto e magro, circa sui quarant'anni, e portava i capelli secondo l'antica tradizione, legati in un codino, seppur non incipriati. *Non tutte le cose antiche sono poi negative*, pensò Barbe guardandolo, ancora rattristata dal fatto che suo padre avesse abbandonato quell'acconciatura da qualche anno. Da piccola adorava quando i suoi genitori le raccontavano storie del passato. Si erano sposati poco prima dell'incoronazione di Luigi XVI e il ritratto dell'epoca rispecchiava la moda del tempo: sua madre con i capelli cotonati, la vita stretta e la gonna ampia, e suo padre con una parrucca sapientemente ondulata.

Monsieur de Montizau nel frattempo aveva attraversato la corte a passi lunghi.

«Madame Clicquot Ponsardin, immagino? Benvenuta a Folembray. E le mie più sentite condoglianze per la sua perdita. Apprezzavo molto il suo sposo» la salutò, le baciò la mano e fece un piccolo inchino a Louis, che si presentò in qualità di commesso viaggiatore dell'azienda Veuve Clicquot Fourneaux et Cie.

Barbe deglutì e annuì cortese. Le condoglianze, seppur con i migliori intenti, le provocavano ancora un gran dolore, ma non lo lasciava notare a nessuno. Si era informata su di lui. Il direttore della Vetreria Reale di Folembray, che durante il corso del pomeriggio non mancò di sottolineare più volte il prestigio del suo incarico, aveva sposato una donna nobile e ne aveva pertanto ereditato il titolo. L'elegante salone in cui un cameriere in livrea serviva loro da bere in bicchieri levigati e, fortunatamente, qualcosa da mangiare, non nascondeva comunque il fatto che l'uomo non fosse altro che un mercante come lei. *Un aspetto più modesto probabilmente gioverebbe di più alla sua attività*, pensò Barbe fra sé credendo di aver scoperto la debolezza di quell'uomo. Dopo aver scambiato qualche parola di cortesia e qualche chiacchiera del più e del meno, posò il bicchiere e, senza giri di parole, espose il problema per cui si era recata lì. Aveva portato con sé una bottiglia che gli porse come modello.

«Questa non è una delle sue, Monsieur de Montizau» gli disse. «Purtroppo non lo è.»

Il direttore osservò la bottiglia da tutti gli angoli, poi la appoggiò nuovamente sul tavolo accanto a una fila di quelle di sua produzione.

«Proviene da Maubeuge» disse con un sorriso stretto.

«Esatto, viene da lì. E devo dirle che questa forma è molto più gradevole di quelle che produce lei. Riceve apprezzamenti non solo da noi, ma anche dai nostri clienti. Il diametro è un po' più piccolo e il collo quindi un po' più lungo, vede? E le proporzioni risultano più armoniose ed eleganti. Sull'apertura c'è questa sporgenza regolare ma non troppo ingombrante, perfetta per fissare il cordino.»

«Ed è contenta della stabilità, Madame?» le chiese il direttore.

«Potrebbe essere migliore» rispose Barbe.

Monsieur de Montizau annuì. «È proprio questo il motivo per cui suo marito due anni fa scelse noi,» disse con una punta di orgoglio «e ne è sempre rimasto contento.»

«Mio marito purtroppo è deceduto, come ben sa» rispose Barbe impassibile. «Ora conduco io gli affari.»

Con la coda dell'occhio, Barbe notò che Louis le lanciò uno sguardo sorpreso ma anche di approvazione.

«Non è così semplice come pensa» disse de Montizau nascondendo a malapena il tono di superiorità nella sua voce. Fece per rivolgersi a Louis, che però non si intromise nel discorso, anzi, come Barbe notò, sorrise fra sé. «Non la prenda sul personale, ma il suo onorevole marito, il deceduto Monsieur Clicquot...»

Barbe non lo lasciò terminare. «Monsieur de Montizau. L'aspetto e la forma della bottiglia sono per noi altrettanto importanti quanto la stabilità. Le bottiglie della sua ultima consegna avevano sfortunatamente un tono bluastro, che fa sembrare il vino verde. Purtroppo non possiamo tollerare una cosa simile. I nostri clienti sono abituati al meglio da Clicquot. Quindi, pensa di riuscire a mettere in atto tali adattamenti?»

Il direttore ci pensò un po'. «I suoi desideri potrebbero comportare tempi di lavorazione più lunghi. Devo parlarne con il direttore della produzione.»

«Bene. Vogliamo andare da lui subito?»

L'uomo la guardò sbalordito. «Subito? Purtroppo non è possibile. Oggi non è qui.»

«È un vero peccato. Posso allora vedere dove vengono prodotte le mie bottiglie?»

«Oh, non glielo consiglio. Non è proprio un luogo

per una signora, capisce, il caldo, la polvere, il fumo denso...»

«Mio marito ha visitato il luogo di produzione?»

«Sì, lo ha fatto, Madame» la rassicurò de Montizau.

«Allora non vedo alcun motivo per cui non dovrebbe mostrarlo anche a me» disse Barbe alzandosi.

Già avvicinandosi all'edificio, al cui centro bruciava il grande forno, si poteva sentire il calore che emanava; quando entrarono a Barbe mancò quasi il fiato. All'interno c'erano temperature elevatissime e l'aria era permeata da un odore pungente. Gli operai non si lasciarono deconcentrare dalla loro presenza, probabilmente perché anche la minima distrazione avrebbe potuto causare errori e infortuni. Tirarono fuori dal forno una porzione di vetro liquefatto su di un cannello dentro a cui soffiarono per trasformarla in un corpo cavo. Barbe osservò affascinata e riconobbe subito che erano impegnati nella produzione di bottiglie. Per dare la forma, venivano utilizzati dei modelli in legno che erano poggiati sul pavimento. Gli uomini salirono su un piedistallo, da cui girarono costantemente il cannello con il vetro liquido e poi ci soffiarono dentro. Quindi lasciarono scivolare la massa nello stampo e diedero la forma soffiando di nuovo. Il collo della bottiglia venne creato tirando il cannello sempre più verso l'alto, rigonfiando la massa di vetro nella parte superiore. Il materiale che all'inizio era una poltiglia liquefatta cambiò il colore da arancio a rosso, infine si raffreddò e divenne quasi bianco. L'oggetto, che a quel punto aveva preso la forma di bottiglia, venne estratto dallo stampo. Una seconda persona raffreddò quindi la bottiglia con dell'acqua e prese il corpo con un paio di pinze, mentre una terza tagliò il collo con un grosso strumento che ricordava una delle forbici da lana usate dai pastori. Poi scaldò due volte la parte in cui era prevista l'apertura e le diede la forma finale, mentre la prima persona si stava già occupando della bottiglia successiva. E così producevano una bottiglia dopo l'altra, a una velocità incredibile. Nel forno c'erano quattro postazioni, dodici operai potevano produrre bottiglie allo stesso tempo.

Dopo che ebbero osservato per alcuni minuti, il direttore voleva farli uscire, ma Barbe scosse la testa e alzò la mano, come a dire: "Ancora un minuto". Solo dopo un bel po' ne vennero fuori.

«La ringrazio molto per avermi mostrato la vostra filiera produttiva, Monsieur de Montizau» disse Barbe mentre si dirigeva verso l'ufficio.

Il direttore si sfregò le mani. «Mi lasci vedere cosa posso fare in merito alla sua richiesta. Farò due calcoli e la terrò informata.»

«Solo per chiarire le cose, non pagherò un prezzo più alto, Monsieur de Montizau» rispose Barbe calma. «Per come la vedo io, deve procurarsi nuovi stampi per modificare il diametro, cosa che non dovrebbe essere troppo dispendiosa. Secondo i miei calcoli, riuscite a produrre fra le milleottocento e le duemila bottiglie al giorno, se non spegnete mai il fuoco, e i suoi operai lavorano sicuramente anche di notte. Sono molte di più delle mille che ci avete fatto avere. Quindi penso che potrete consegnarmi le bottiglie nella forma che desidero anche prima del previsto.»

Il direttore e Louis, la guardarono sorpresi.

«Non è d'accordo con me, Monsieur de Montizau?» domandò Barbe tranquilla.

«Be', devo fare un po' di conti, Madame» rispose de Montizau con il volto ancora arrossato per il calore.

«Li faccia. E confido che continueremo a ricevere la solita qualità per cui la vetreria Folembray è così famosa. Come piccolo ringraziamento per i suoi sforzi e con una gioiosa attesa di una proficua collaborazione, Veuve Clicquot Fourneaux et Cie. le recapiterà una cassa di champagne. Che ne dice del vino che Napoleone Bonaparte ha acquistato per l'Imperatrice Giuseppina? Ho ancora qualche bottiglia in cantina.»

Barbe notò con soddisfazione uno scintillio negli occhi del direttore.

Un'ora dopo, Barbe e Louis erano di nuovo seduti in carrozza e percorrevano le strade di campagna. Louis era molto silenzioso e Barbe notò che la guardava sempre di sbieco. «Che cosa le passa per la testa, Louis?» gli chiese dopo un po', dato che il suo silenzio stava iniziando a diventare spiacevole. «Non l'ho mai vista così.»

Louis scosse la testa pensieroso. «Ha gestito la situazione in maniera eccellente. Se dopo quello a cui ho assistito non ottiene ciò che si è immaginata, allora non so proprio come altro potrebbe.»

«Lo pensa?» disse Barbe rallegrata da quel complimento.

«Di certo ha colpito molto il direttore» proseguì Louis, «gli è dispiaciuto che non abbia accettato il suo invito a cena, era chiaro dalla sua espressione.»

Barbe gli sorrise. «È sicuro di non essere lei quello dispiaciuto, Louis? Glielo leggo sul volto che ha fame» lo punzecchiò. «Anche per me è così.»

«Mi conosce troppo bene. Ma siamo già a Pinon, secondo Longchamps lì c'è una locanda che fa per noi.»

Scosse di nuovo la testa e iniziò all'improvviso a sussultare con le spalle, colto da un attacco di ilarità, che si trasformò in una risata sonora e di gusto.

«Maubeuge» disse fra un sobbalzo e l'altro con finta serietà, poi fece un inchino e imitò l'espressione con le labbra corrucciate di de Montizau. «Glielo spiegherò, Madame.»

Barbe lo guardò sbigottita.

«Purtroppo non è così semplice» continuò Louis, sempre imitando il direttore.

A quel punto anche Barbe scoppiò a ridere. «È troppo divertente, Louis! Ma ha ragione, ho preteso un po' troppo da lui, non è vero?»

«Probabilmente lui non ha mai avuto a che fare con una signora. E di sicuro non con una che sa esattamente ciò che vuole» rispose Louis.

«In ogni caso, il mio stomaco sa cosa vuole. Guardi, Louis!» Barbe indicò due giovani donne che passeggiavano lungo la strada, ognuna di loro portava un grande cesto sulla testa. «Si fermi, Longchamps» disse decisa al cocchiere. «Le accompagneremo per un po'.»

Come scoprirono, anche le due giovani, all'inizio un po' intimidite ma molto liete di sedere in carrozza, erano dirette a Pinon. Raccontarono che quel giorno si sarebbe tenuta una festa paesana e che volevano vendere lì i loro panini di farina scura. Scoprirono i cesti e si levò un profumo meraviglioso. Louis ammiccò a Barbe e gliene acquistò tre.

La locanda era al completo, ma su suggerimento dell'oste, Barbe e Louis trovarono alloggio da una vedova poco fuori dal paese, la quale gestiva una casa pulita e curata. Affittarono due camere adiacenti nella mansarda e si godettero un pasto nel giardino insieme all'affabile signora a base di pane appena acquistato, burro, trota affumicata e vino rosso. Dopo fecero una passeggiata verso il paese, dove la festa era già in pieno svolgimento sotto gli alberi della piazza di fronte alla chiesa e lungo il viale. La piazza era circondata da case decorate con ghirlande, che esprimevano tutto l'amore degli abitanti per quel giorno in particolare con un'immagine pittoresca. Quando iniziò a calare il buio, vennero accese molte lampade negli alberi e sui tavoli apparecchiati in modo grossolano, finché ogni angolo fu un tripudio di luci.

La cosa più spettacolare era però l'orchestra per la quale era stato costruito un palco fra i rami di un grosso tiglio, raggiungibile con una scala decorata con dei nastri, in modo tale che i musicisti suonassero al di sopra delle teste dei visitatori. L'area intorno all'albero fungeva da pista da ballo ed era suddivisa in quattro parti uguali da funi decorate con fiori. Barbe e Louis osservarono i nobili, i cittadini benestanti e i mercanti, i contadini, i lavoratori e i servitori dirigersi verso la loro zona assegnata e danzare gli stessi passi, sulla stessa musica e allo stesso ritmo.

«Ma guardi, le conquiste della nostra grande rivoluzione vengono qui tradite?» sussurrò Louis all'orecchio di Barbe, poiché a Reims tali separazioni non si vedevano più già da tempo. Barbe non rispose. L'orchestra, composta da due violini, un clarinetto, un basso e una tromba, se la cavava davvero bene. A giudicare dai pregiati strumenti e dalle belle custodie in pelle di vitello riposte in un angolo, doveva trattarsi dei musicisti più in vista e meglio pagati della zona, e qualsiasi cosa stessero suonando, era allegra e piacevole da ascoltare.

Subito dopo eseguirono una versione paesana dell'Allemande. Quella danza era già conosciuta ai tempi di Luigi XIV ed era un po' fuori moda, ma grazie all'Imperatrice Giuseppina, che la adorava, era stata rispolverata e reinserita nel repertorio generale. Poi fu il turno di una gavotta, durante la quale i giovani in particolare si divertirono a saltellare, seguita da una quadriglia, un nuovo tipo di danza proveniente da Parigi, ballata in un quadrato e ancora sconosciuta, tanto che il secondo violinista doveva dare istruzioni prima di ogni giro, che venivano seguite ridendo e non senza errori e confusione. Gli otto totali quadrati che si erano formati terminarono la quadriglia dopo circa quindici minuti con un valzer, leggero e rilassante da guardare, uno dei preferiti di Barbe. Più a lungo osservava, più il cuore le si riempiva di gioia e lo sentiva leggero. A Reims non sarebbe stato possibile prendere parte a un tale evento dopo solo sei mesi di lutto. Ma lì non la conosceva nessuno e le andava proprio di godersi la serata.

Le due giovani fornaie, che terminata la giornata di lavoro volteggiavano nell'area dei contadini, la videro e le fecero un cenno.

«Louis, non salutavano me» disse sorridendo. «Vada, danzi e ripristini uguaglianza e fratellanza. L'aspetterò qui.»

«È fuori questione che la lasci qui da sola, Madame! Al massimo mi allontano per procurarci qualcosa da bere» rispose Louis, poi sparì nella folla e tornò poco dopo con una brocca di vino rosso e due bicchieri.

«Al nostro straordinario viaggio» disse porgendole un bicchiere.

«Al nostro viaggio e allo champagne» rispose Barbe con tono festoso, ma subito dopo scoppiò a ridere di gusto. «Non è un po' strano brindare allo champagne con del vino rosso? Ed è davvero eccellente. Sa di uva e frutta e...» prese un altro sorso, chiuse gli occhi per un attimo, «... di sambuco» aggiunse dopo aver smosso il vino sulla lingua e sul palato.

Louis la guardò sorridendo. «Non credo di averla vista così felice e rilassata da molto tempo.»

«Ed è da tanto che non mi sento come stasera. Questa festa è davvero splendida.» Voltò lo sguardo di nuovo sulle persone che danzavano, poi si avvicinò a Louis e lo prese a braccetto. «E lei, mio caro Monsieur Bohne, ha conosciuto molte giovani donne nei suoi viaggi. Mi racconti un po', come si festeggia alla corte dello Zar? Che cosa fa la sua amichetta Luise?»

«La mia amichetta?»

«Suvvia, non faccia così. Sa bene cosa voglio dire.»

«Prima o dopo aver bevuto champagne?»

«Entrambe.»

«Be', si intrattiene con le sue dame...» iniziò Louis.

«Non con i signori?» lo interruppe Barbe.

«Certo, anche con loro, se ce ne sono di presenti.»

«Mangia volentieri?»

«Quando è in compagnia molto poco, principalmente frutta e verdura, quasi per niente carne. Ma adora il dessert.»

«E lo champagne.»

«Oh, sì, adora lo champagne.»

«Ma è vero che gli ospiti lanciano i bicchieri a terra?»

«Sì, lo fanno di tanto in tanto. Scolano i bicchieri in un solo sorso e se li lanciano alle spalle. I lacchè sono pronti e ne portano subito di nuovi.»

«E che altro ama la Zarina, oltre allo champagne?»

«Danzare. Più di ogni altra cosa.»

«Allora danziamo anche noi, Louis!»

Qualche ora e molte danze dopo, si rincamminarono verso il loro alloggio ai margini del paese. Il campanile aveva suonato la mezzanotte e nonostante ci fosse ancora musica, le file di visitatori stavano scemando. Louis e Barbe passeggiarono lungo la strada allontanandosi sempre di più dal frastuono e dai festeggiamenti. Era una serena notte di luna nuova e l'aria si era rinfrescata sensibilmente, ma Barbe era talmente accesa dall'insolito movimento che accettò volentieri quel refrigerio. Ai margini del paese oltrepassarono gli alberi e si ritrovarono sotto una grande cupola di stelle. Le vennero subito in mente i disegni che suo padre le aveva mostrato mille volte: il Grande e il Piccolo Carro, più in là il Cigno e l'Aquila, a nord la Lira, con la sua luminosissima stella, e la Chioma di Berenice, che a causa del nome molto esotico le era rimasta impressa. Pensò a quando era una giovane ragazza. A quanto le sembrasse meraviglioso ed eccitante il mondo all'epoca! Riuscire a individuare e nominare tutte le costellazioni in quell'infinito brulichio di stelle le dava la sensazione di comprendere l'universo in generale un pochino meglio e, a differenza di suo fratello Baptiste, che si annoiava molto durante quelle lezioni e non ci trovava niente di sublime, lei ascoltava sempre con grande attenzione. Più avanti, aveva trascorso molto tempo a osservare il cielo insieme a François, il quale apprezzava e conosceva l'argomento quanto lei. Sollevata dal fatto di riuscire a pensare a lui senza essere sopraffatta dalla tristezza, Barbe si sentì un po' ebbra, meno per il vino bevuto quanto per quel sentimento perduto di libertà e felicità. Louis le camminava vicino, anche lui si era fatto silenzioso, e si fermarono fuori dal paese, ma non ancora con l'alloggio in vista. In un cespuglio cantava un usignolo e sembrava che si fossero fermati solo per ascoltarlo. Barbe si voltò verso Louis. Era più alto di lei di quasi una spanna. Non riusciva quasi a vedere il suo volto nella flebile luce delle stelle, ma era felice che fosse lì con lei, una persona di cui si fidava completamente, e un ottimo amico del suo amato François.

Louis la guardò e le spostò una ciocca di capelli dietro l'orecchio. Barbe notò che gli tremava la mano e percepì il suo respiro, poi la baciò sulla fronte.

«Sta congelando. Su, andiamo» disse con voce roca. Le posò un braccio sulle spalle come per riscaldarla e guidarla in sicurezza nella notte. Proseguirono così per tutto il resto del tragitto fino alla casa della vedova, abbracciati come una coppia di innamorati; salirono le scale in silenzio fino alle loro camere, davanti alle quali, dopo una breve esitazione e un istante di pausa, si congedarono e si augurarono la buonanotte.

15

Il mattino successivo, Barbe si svegliò dopo l'alba. Si crogiolò nel calore delle coperte, mentre le piacevoli immagini che la stavano avvolgendo nei sogni si affievolivano. Quando aprì gli occhi, osservò la sottile polvere danzare sul tavolo vicino alla finestra nella luce del sole. Le tornarono in mente la notte appena trascorsa e la gioia della festa, le danze con Louis, e come lui l'aveva stretta fra le sue braccia.

Si girò sulla schiena e fissò il soffitto in legno. Sentì una sensazione di felicità nascerle nel petto e le sue labbra si incurvarono in un sorriso. Grazie a Louis, la sera prima si era sentita una donna bella e desiderabile per la prima volta da quando era rimasta vedova, si era compiaciuta dei suoi complimenti e delle sue attenzioni, e di quello spensierato bacio sulla fronte.

Oh, Louis.

Perché si era lasciato trasportare? Anche se in quel momento era sembrato giusto. Una piccola felicità rubata, un attimo incantato, spinti dalla vicinanza nel danzare e dalla passeggiata nella notte.

Era andata a letto e si era addormentata subito profondamente. Sperava che anche Louis provasse le stesse cose. Forse ne avrebbero dovuto parlare? Oppure avrebbe semplicemente fatto finta di niente e dimenticato l'accaduto, cosa che avrebbe preferito.

Si stiracchiò e tirò fuori l'orologio dalla tasca dell'abito appoggiato sulla sedia. Erano già le otto, doveva affrettarsi. Dopo che si fu vestita, uscì sul pianerottolo e bussò alla porta di Louis. Quando nessuno rispose, aprì e sbirciò all'interno. La stanza era vuota. Anche le sue cose personali erano sparite. Probabilmente si era alzato presto per preparare il bagaglio.

Solo quando tornò in camera sua, vide una lettera ai suoi piedi. Louis doveva averla fatta scivolare dallo spiraglio sotto la porta. Sopra c'era scritto il suo nome con un'elegante calligrafia. La raccolse meravigliata, la dispiegò e lesse:

Mia cara Barbe, questo è il terzo tentativo. Ho già scritto e gettato due lettere. Fuori sta ancora cantando l'usignolo, ma presto sorgerà il sole, quindi devo sbrigarmi, altrimenti sarò ancora qui quando si sveglierà.
E poi? Come potrei guardarla di nuovo in volto senza sentire il desiderio di baciarla?

Barbe sobbalzò come se avesse toccato qualcosa di incandescente. Senza distogliere lo sguardo dalle parole scritte, si sedette sul letto e proseguì la lettura.

La prego di credermi, non mi pento di niente di tutto ciò che è successo ieri sera. Eppure, ho commesso un errore.

Ero impotente, incapace di frenare ciò che mi stava accadendo. È la verità. La amo, Barbe, e mi sono lasciato trasportare dalla potenza dei sentimenti, proprio come un relitto che viene trascinato via dall'acqua.
Io la amo, Barbe! Coraggiosa, piccola donna con un grande cuore e dall'intelligenza sopraffina. La sua vicinanza, i suoi sguardi, la sua intera essenza mi colpiscono il cuore con una forza che non ho mai voluto ammettere a me stesso, ma che mi aveva già colpito quando il mio venerato amico e suo marito François era ancora in vita. Allora, non ho mai permesso ai miei sentimenti di farsi strada. Ma anche ora, dopo la sua morte, non avrei dovuto farlo, e la prego di perdonarmi.
Cosa accadrà adesso?
Io so che lei non può essere mia.
Impossibile chiederle la mano, con la certezza che rifiuterebbe la mia proposta. E anche per questo, mi sento impotente. Sono troppo orgoglioso per sopportare il suo rifiuto e guardarla negli occhi quando mi respinge.
E se invece mi sbagliassi? Se mi dicesse di sì?
Oh, vorrei tanto conoscerla meno, così potrei aggrapparmi a questa speranza. Ma io so che se ne pentirebbe. Cosa accadrebbe se fossi proprio io la persona che le blocca la strada per la felicità e per un radioso futuro? Questo sarebbe ancora più difficile da sopportare.
Non mi resta molto tempo e mi rendo conto che sto pensando e scrivendo in maniera confusa. Mi rimane solo una cosa da fare.
Il Signore sa che i miei sentimenti per lei sono sacri, per

questo la devo lasciare subito. Io la amo, Barbe, e sì, la desidero, e proprio per questo motivo devo andarmene. Non posso starle vicino senza che mi appartenga.
Quindi rimango, nella speranza che mi possa capire e perdonare, per sempre il suo umile e fidato amico,
Louis Bohne

Barbe rilesse la lettera una seconda volta e poi una terza e le sue labbra formarono parole di cui si rese conto solo più tardi.

«Sciocco che non sei altro» ripeteva, «sei uno sciocco, sciocco.»

Quel bacio non era stato un errore?

Come aveva temuto, Louis si era lasciato trasportare, ma per motivi del tutto differenti. Non per l'usignolo, le danze e le stelle, ma perché la amava?

Come si era potuta sbagliare così tanto? E lei che pensava di conoscerlo bene.

Barbe si alzò dal letto e iniziò a camminare su e giù per la stanza.

Louis le piaceva, le stava a cuore e apprezzava la sua vicinanza. Non lo aveva mai considerato come un semplice collaboratore, bensì come un buon amico, anzi, un ottimo amico. Ma amare? Suo padre aveva ragione, allora. Ma anche torto, alla fine non le aveva fatto la corte, si era dileguato.

Si sentì sopraffare dall'ira, rilesse la lettera ancora e ancora, la accartocciò e la lisciò di nuovo.

Le sue righe non trasudavano superbia e orgoglio? E

superbia e orgoglio non erano forse i peccati peggiori? Quel desiderio irrefrenabile dopo una promessa che lei gli aveva fatto e che da sola avrebbe potuto soddisfare il suo orgoglio.

Ma cosa prendeva agli uomini della sua vita, tanto da farli dileguare nella notte?

Era colpa sua?

Non era anche lei altrettanto superba e orgogliosa? Caratteristiche che dopotutto venivano attribuite più a una donna che a un uomo. Era egoista da parte sua desiderare ciò che era di un uomo?

Ovviamente era consapevole di come fosse strutturata una società. Agli occhi della legge, le donne contavano solo quando si trattava di economia domestica, maternità ed educazione dei figli. A meno che il marito non fosse deceduto. Il prezzo che Barbe aveva dovuto pagare per la sua nuova libertà e per il privilegio di gestire un'azienda con il proprio nome era quello di non potersi mai più sposare.

Le tornò in mente una frase della lettera. Lisciò il foglio, cercò il punto e lesse:

E se invece mi sbagliassi? Se mi dicesse di sì?

Oh, vorrei tanto conoscerla meno, così potrei aggrapparmi a questa speranza. Ma io so che se ne pentirebbe. Cosa accadrebbe se fossi proprio io la persona che le blocca la strada per la felicità e per un radioso futuro? Questo sarebbe ancora più difficile da sopportare.

Rilesse più volte le sue parole. Era orgoglioso e lei non aveva alcun diritto di essere infuriata con lui. Ma con quell'orgoglio stava proteggendo anche se stesso. Perché forse il suo amore avrebbe potuto ammorbidirla. Non era forse anche quello un sentimento positivo? Una spalla su cui trovare supporto. Una mano che l'avrebbe tenuta stretta e condotta attraverso l'oscurità.

Non era anche altruista Louis?

Sospirò, poiché fu travolta dall'affetto per quell'uomo che possedeva tanta generosità e tanto cuore. Era un bel pasticcio. Un attimo lo amava per averle tolto la scelta, quello successivo lo odiava.

Perché tutto ciò? Avrebbero potuto superare la cosa. Ma perché non si era tenuto i suoi sentimenti per sé?

16

Dicembre 1807

C'era grande agitazione nella corte dell'azienda Veuve Clicquot Fourneaux et Cie. Doveva essere preparata un'importante spedizione contenente mille bottiglie di champagne. Gli operai erano impegnati a costruire le ultime casse in legno per il trasporto, dieci da sessanta pezzi e dieci da quaranta, che poi riempivano con paglia e bottiglie. Barbe, che osservava dalla finestra dell'ufficio, represse l'impulso di correre giù e controllare il tutto con i suoi occhi. Aveva incaricato il suo giovane collaboratore tedesco della supervisione e sarebbe stato inappropriato mettersi in mezzo senza motivo.

Georg Christian Kessler lavorava per lei da luglio, già cinque mesi. La prima volta che lo vide rimase sorpresa di quanto fosse giovane, aveva infatti solo vent'anni, ma anche perché era molto più alto e con le spalle larghe di quanto ci si aspettasse da qualcuno che era impiegato in un ufficio. Aveva un bel volto con labbra carnose, arcuate, e magnifici occhi azzurri. Il naso era appena un po' lungo e leggermente incurvato, il che gli conferiva un'espressione audace, mentre i capelli biondo scuro acconciati in perfette onde gli incorniciavano il volto. Le basette erano rasate e corte di pochi millimetri, come dettava l'ultima moda. Era tedesco ma parlava un francese perfetto, e si rese presto conto che dietro il suo aspetto accattivante si nascondeva una mente perspicace e acuta.

Come per Alphonse, la postazione di Georg si trovava dove un tempo aveva lavorato François; la camera da letto adiacente era stata trasformata in un secondo ufficio. Occasionalmente lavorava lì anche Fourneaux, ma spesso si portava la corrispondenza a casa e la gestiva dal suo studio. Barbe, che trovava insopportabile trascorrere le giornate nel luogo dove François era morto, aveva arredato la stanza annessa in modo che fosse perfettamente sufficiente per le sue esigenze. Le pareti erano di un delicato color crema con rifiniture in oro, mentre documenti e corrispondenza erano raccolti in molteplici armadietti. Il pezzo pregiato della stanza era una scrivania in mogano con le gambe arcuate, risalente ai tempi di Luigi XV, un regalo di suo padre. Il ripiano era decorato con intarsi ricchi di dettagli e ornamenti floreali, di frutti e uccelli, mentre i cassetti, le cui chiavi portava sempre con sé, erano ornati con sfarzosi raccordi in ottone.

Barbe era ancora alla finestra e osservava giù nella corte come Georg, rinominato "Georges" alla francese, sorvegliasse l'imballaggio di ogni singola cassa prima che venisse sigillata. Grazie alla chiarezza dei suoi ordini e al suo modo di fare autorevole, tutto filava liscio e rapido.

Piano piano Barbe si calmò. A quanto pareva, il ragazzo aveva tutto sotto controllo.

Il piccolo Cyril, diventato ormai un giovanotto di quattro anni, uscì dalla porta come una tempesta seguito da Cathérine, che tentava di riportarlo dentro casa. Già da dieci mesi, i fratelli di Pont-Arcy vivevano da lei, tutti e tre – anzi, quattro, includendo Alphonse – e non si era pentita nemmeno una volta della decisione presa. Invece, non aveva più visto Louis dal loro fruttuoso viaggio a Folembray.

Barbe si sedette di nuovo alla scrivania, ma le risultava ancora difficile concentrarsi sulla corrispondenza. Pensava a Louis. Era ancora a San Pietroburgo? O forse a Mosca? Non lo sapeva con certezza. In ogni caso, doveva ringraziarlo per l'arrivo di Georges il luglio passato. A gennaio gli aveva scritto e lo aveva pregato di cercarle un contabile. Poco dopo le aveva mandato quel giovane ragazzo tedesco.

Tirò fuori le ultime lettere che aveva ricevuto da lui. C'era scritto che pensava di trascorrere almeno un altro inverno in Russia. Ancora non sapeva se rallegrarsi o meno della notizia. Grazie ai molti mesi passati lontani, era circa un anno ormai, il loro rapporto era tornato quasi normale e sereno come prima. Ma se doveva essere onesta, dubitava che lui provasse lo stesso. Nel caso in cui lui la amasse veramente, quell'amore non sarebbe svanito con tanta velocità. Da quando lavorava per lei, aveva imparato a conoscerlo come una persona stabile.

Ma nelle lettere si tratteneva. Non le aveva mai più

scritto cose passionali come quella notte, e non aveva neanche mai più menzionato il matrimonio. L'aveva pregata un'altra volta di perdonarlo, nella prima missiva che le aveva inviato subito dopo aver intrapreso quel viaggio precipitoso verso nord. Da lì in poi, si era impegnato a mantenere il suo consueto tono amichevole e neutro, spesso anche un po' canzonante, rendendole più facile dimenticare cosa fosse accaduto fra loro.

Studiò le lettere che aveva in mano per l'ennesima volta. La preoccupava soprattutto ciò che credeva di leggere fra le righe, un sospetto che si ingigantiva con il silenzio prolungato e insolito di Louis: temeva che fosse rimasto in Russia non del tutto volontariamente. La tanto annunciata pace di Tilsit del luglio precedente, che Napoleone Bonaparte e lo Zar Alessandro avevano raggiunto con un patto di alleanza, aveva incontrato il rifiuto dei nobili russi. L'umore era cambiato e i francesi non piacevano più come prima. Ciò era da imputare principalmente al fatto che Bonaparte era considerato un arricchito che non si meritava di essere trattato alla pari dello Zar Alessandro.

Lei stessa aveva già scherzato con Louis sul fatto che probabilmente veniva considerato come una spia francese. E se fosse stato davvero così? Se lo stessero trattenendo perché sospettato di ciò? In una delle sue lettere, aveva pregato sia lei sia Fourneaux di non scrivere una parola di politica, poiché temeva che la sua corrispondenza venisse letta. Si stava avvicinando il Natale, e non aveva più sue notizie da ben dodici settimane.

Mise le lettere da una parte e stava per prendere la penna, quando vide Adèle nella corte che parlava con il giovane Kessler. Si avvicinò alla finestra e la aprì. Evidentemente, doveva aver fatto una qualche battuta, poiché Adèle rideva. Quando la donna alzò lo sguardo, Barbe le fece un cenno con la mano. «*Bonjour*, Madame Dubois. Aspetti solo un secondo che vengo subito da lei» le disse. Lanciò un'ultima occhiata alla scrivania e alla corrispondenza in sospeso e si chiuse la porta alle spalle.

«Un giovane attraente» disse Adèle sorridendo mentre cinque minuti dopo si sedeva nel salotto di Barbe.

«Georges? Temo che farà girare la testa all'intera popolazione femminile.»

«È amato a Reims. Poco tempo fa ho sentito la signora della farmacia dire che c'è qualcosa di "spirituale" in lui. Credo siano state quelle le sue parole. Ma ho come l'impressione che intendesse il suo bel viso.»

Barbe scosse la testa. «Non è l'unica. Persino mia madre è stata catturata dal suo fascino. L'ha invitato a cena domani sera all'hotel. Tra l'altro, insieme all'ingegnere che ha trovato lei, Madame.»

«Monsieur Cockerill?»

«Esatto. Al momento alloggia da mio fratello. Due mie cugine di Le Mans sono in visita dai miei genitori quest'inverno. Probabilmente mia madre ha pensato che i due giovani fossero dei buoni commensali in aggiunta alla compagnia.»

«Ha novità da Louis Bohne?»

Adèle era l'unica a conoscenza di cosa fosse accaduto fra loro. Non lo aveva rivelato nemmeno a sua sorella Clémentine, all'inizio perché non ne aveva avuto l'occasione e poi perché le era più facile non ricordare cosa fosse successo.

Barbe scosse la testa. «No, nessuna notizia da Louis. Non una parola da dodici settimane.» Posò la mano sul braccio dell'amica. «Sono così preoccupata per lui.»

«Sicuramente c'è una spiegazione innocua» rispose Adèle stringendole la mano. «Che cosa dice suo cognato al riguardo?»

Era una domanda legittima, poiché suo cognato era il direttore dell'ufficio postale, responsabile delle stazioni di collegamento del dipartimento della Marna e quindi anche della posta della zona.

«Lo stesso che dice lei» rispose Barbe. «La regolarità con cui ricevevamo notizie da Monsieur Bohne era un'eccezione. Dopotutto fra qui e San Pietroburgo ci sono quasi tremila chilometri di distanza.»

La porta del salotto si aprì. Si affacciò Cathérine seguita da Cyril, il quale entrò canticchiando e salì senza la minima esitazione in braccio a Barbe.

«Mi perdoni, Madame, non sapevo che avesse visite» disse Cathérine timida. «Vieni qui, Cyril.»

«Lo lasci pure. Che succede, Cathérine?» chiese Barbe tirando il bambino a sé.

«Ho delle faccende da sbrigare e pensavo che, mi aveva detto che avrei potuto...»

«Certamente. Mi occupo io di lui.»

«Ha fatto davvero un'opera buona con questi ragazzi» disse Adèle dopo che Cathérine se ne fu andata.

«Lo dica a mia madre. Mi ha preso per pazza quando ho preso i tre bambini da Pont-Arcy. E Alphonse ha mantenuto la promessa. Lavora esattamente come prima, anzi, meglio oserei dire, e Joseph è davvero un grande aiuto in cantina. Anche Cathérine è brava nel suo lavoro. Quest'anno ha risistemato tutto l'orto.»

«E come sta Mentine? Si è decisa sul da farsi?»

Barbe sospirò. Adèle alludeva all'inserimento a scuola di sua figlia, previsto per l'anno a venire.

«Non riesco proprio a immaginarmi di mandarla a Parigi. Forse l'anno successivo. Ha legato così tanto con Augustin che trascorre ancora tutti i pomeriggi a casa di mia sorella. E questo piccolo ometto qui» disse stringendo a sé Cyril, che dondolava sulle sue ginocchia, «lo vedo più di mia figlia. Ma non voglio lamentarmi. Sono molto grata a Clémentine. È una vera benedizione. Addirittura voleva prendere con sé anche Cyril, nonostante le proteste di mia madre; pensi che gran cuore che ha. Ma né io né Cathérine abbiamo accettato. Vero, Cyril?»

Barbe dondolò le gambe per far fare la cavallina a Cyril, come un cavaliere sul suo destriero.

«Va bene, prenditi il tuo tempo, Céline. Abbiamo ancora un altro tentativo.»

Il giorno successivo, una domenica, Barbe era seduta tranquilla nella sua camera da letto mentre Céline le stava acconciando i capelli per la terza volta, nonostante fosse già in ritardo per la cena dai suoi genitori. La ragazza aveva il volto rosso per l'imbarazzo perché il suo progetto non voleva proprio riuscire. Mentine era sdraiata sul letto di Barbe, già agghindata con un vestitino adornato di fiocchi e gale, e giocava con un pupazzo. Barbe si godette l'atmosfera tranquilla che regnava in quella stanza. Si abbandonò ai suoi pensieri e si limitò a rispondere ogni tanto, di modo che Céline e Mentine interpretassero tali commenti come una conferma che le stesse ascoltando.

Il giorno prima aveva finalmente ricevuto una lettera da Louis. Ne erano arrivate quattro per l'esattezza, probabilmente si erano bloccate lungo il tragitto per qualche motivo; due erano indirizzate alla ditta e personalmente a Fourneaux, due a lei. Louis raccontava le sue esperienze con il suo solito tono spensierato, il quale parve celare a Barbe una qualche nota di disgusto, esaurimento e anche nostalgia di casa.

«Ho finito, Madame. Le piace?»

Barbe lanciò un'occhiata allo specchio.

«Sono io quella?» le sfuggì. Céline aveva creato una vera e propria opera d'arte sulla sua testa. Dei piccoli ghirigori di riccioli le incorniciavano la fronte e le tempie, fino al mento.

«Le piace?» chiese di nuovo Céline, visibilmente orgogliosa del suo operato. «A Parigi è la nuova moda. Me la sono fatta mostrare da un'amica.»

Porse a Barbe uno specchietto. Sulla nuca, Céline le aveva raccolto i capelli in un voluminoso ma arioso e leggero chignon, da cui uscivano un paio di ciocche come ornamento. Quell'acconciatura aveva un che di stravagante ed era molto diversa dalle pratiche pettinature che portava di solito.

«Così potrei anche andare all'Opéra a Parigi» disse Barbe mentre si rimirava nello specchio da ogni angolazione. Céline era quasi imbarazzata per l'orgoglio e Mentine, che era scesa dal letto, fissava sbalordita i riccioli della madre.

«Sei bellissima, *maman*» le disse.

All'improvviso Barbe non vedeva l'ora di andare a cena.

Quando arrivò, gli invitati erano già riuniti. I bambini non erano contemplati a tavola, ma la sorella di Barbe aveva avuto un'idea insolita e aveva concesso loro di stare con gli adulti durante l'ora dell'aperitivo e solo dopo andare nella stanza riservata a loro. Mentine, che era entrata nel salotto con aria fiera per mano a Barbe, si staccò da lei per salutare i cuginetti, Marcel di tre anni, Augustin di dieci e Balsamie di diciotto mesi, tutti figli della sorella. Sua cognata Thérèse aveva subìto un aborto due anni prima, dal quale non si era mai veramente ripresa e da allora non era più rimasta incinta.

Barbe raccolse tutti i presenti con un'occhiata: suo padre, suo cognato, suo fratello, l'ingegnere Cockerill e Georges Kessler erano all'angolo accanto alla finestra con un bicchiere in mano. Suo padre si godeva chiaramente l'attenzione dei quattro giovani che non si lasciavano sfuggire una parola di ciò che diceva. Barbe rise fra sé quando notò che stava raccontando ancora una volta un aneddoto sull'incoronazione di Luigi XVI, uno dei suoi temi preferiti in tali occasioni.

«Mancavano i pennacchi, ma per montarli si doveva assolutamente salire sul baldacchino che era già appeso sul trono. Erano forse cinque metri di altezza, ma nessuno si fidava ad andare fin lassù. Allora l'ho fatto io. Era pericoloso, quindi mi sono assicurato con la fune che di solito sostiene il bruciatore dell'incenso. E poi...» suo padre rise come se il ricordo lo stesse sopraffacendo, «poi sono scivolato dalla scala e sono rimasto appeso come un salame con l'ultimo pennacchio in mano. Dev'essere stato uno spettacolo glorioso...»

Barbe ridacchiò e si voltò verso gli altri ospiti. La sua prozia Mireille-Jeanine era seduta su una sedia vicino al camino, con il mento sprofondato nel petto; accanto a lei, Lilly e Marguerite, le cugine di Le Mans. Avevano le guance arrossate, forse per il vino o forse per la presenza di giovani uomini sconosciuti. Clémentine, Thérèse e sua madre si erano accomodate nell'angolo di fronte, dove giocavano i bambini, ed erano prese da una conversazione altrettanto animata come quella degli uomini, con l'unica differenza che le donne sembravano parlare tutte insieme allo stesso tempo.

Le cugine le fecero un cenno e Barbe non ebbe altra scelta se non accomodarsi vicino a loro, poiché iniziarono a lodare la sua acconciatura, il suo abito e i fiocchetti di Mentine, e di come tutto ciò fosse ben abbinato. Già dopo pochi minuti non ne poteva più.

Per riprendersi un pochino, si allungò all'indietro come se volesse detergersi naso e mento con un fazzoletto e lasciò vagare lo sguardo lungo la stanza. Tutti i lampadari e le candele alle pareti erano accesi e la luce che veniva riflessa negli spechi abilmente posizionati donavano al salotto un aspetto particolarmente suggestivo e festoso. Barbe amava quella stanza. Era forse il salotto più rappresentativo di tutta Reims e all'altezza dei più belli di Parigi, se si considerava l'alto lignaggio dei suoi frequentatori. Il fuoco ardeva in entrambi i caminetti, tanto che era quasi troppo caldo, e le donne che solitamente in quel periodo dell'anno e in quelle occasioni indossavano abiti molto leggeri, tenevano lo scialle drappeggiato intorno alle braccia nude. Le estremità ricamate con i bordi decorativi erano casualmente appoggiate sulle ginocchia.

Barbe, che sapeva benissimo che tutto ciò, così come la sua acconciatura, faceva parte di una moda che fingeva naturalezza ma che in realtà richiedeva grandi sforzi, ridacchiò fra sé. Anche a due anni dalla morte di François, indossava maniche lunghe ed esclusivamente abiti neri, viola o verde scuro, e né sua sorella Clémentine né sua madre avrebbero potuto farle cambiare idea.

La serata proseguì, i fanciulli furono mandati in camera con la bambinaia e tutti si trasferirono allegramente in sala da pranzo. La conversazione in questa piccola cerchia di appena dodici persone non si fermò neanche per un momento; sua madre sarebbe stata felice. La prozia Mireille-Jeanine, risvegliatasi nel frattempo, civettava con

Georges Kessler, costretto a urlare ogni singola risposta a causa della sordità della donna.

«A Mainz. Ero contabile in una pelletteria» lo sentì gridare Barbe dall'altro lato del tavolo. Ma, a quanto pareva, la zia non aveva capito. «Pelli, spezie e colori» gridò nell'orecchio della vecchia signora e fece l'occhiolino a Barbe avendo notato la sua espressione divertita. «No, Mainz è francese, Madame. Mainz appartiene alla Francia. È per questo che parlo la vostra lingua» le disse paziente.

Clémentine si avvicinò a lei.

«Hai visto che ha le fossette? Incantevoli fossette accanto a una bocca peccaminosa» disse ridacchiando a bassa voce.

«Fai silenzio! Hai bevuto troppo» la rimproverò Barbe, nonostante in quel momento avesse avuto lo stesso pensiero. Georges era uno degli uomini più attraenti che avesse mai incontrato, e la pazienza con cui parlava con la vecchia zia gli conferiva un fascino che non aveva mai notato prima.

Durante la portata principale, la conversazione si spostò sulla futura filanda meccanica Ponsardin. Suo padre e suo fratello riponevano grandi speranze in quel progetto e, a sentire loro, si poteva pensare che l'apertura fosse imminente, pur non esistendo ancora neanche le fondamenta. Monsieur Cockerill, l'ingegnere, aveva spiegato che avrebbe potuto iniziare la costruzione dei macchinari solo in autunno a causa di impegni precedenti, così che sarebbero stati in grado di avviare la fabbrica al più presto all'inizio dell'anno 1809.

Cockerill era un vero inglese, che a causa della complicata situazione politica aveva preferito essere considerato belga, ed era ancora molto giovane. Aveva l'attaccatura dei capelli molto alta, una testa sottile e un'espressione onesta, e quando parlava la sua laringe si muoveva su e giù sotto la sciarpa bianca al collo. In quel momento, raccontava di quanto la filatura fosse cambiata dall'invenzione dei macchinari: «Vedrete che, in futuro, non sarà più un'occupazione per donne, bensì per uomini, data la forza fisica necessaria» profetizzò.

Thérèse, che era un'ottima filatrice e dall'aborto aveva trascorso molto tempo con quell'attività monotona, lo ascoltò con attenzione. Gli porse domande intelligenti riguardo alla costruzione dei macchinari e lo pregò di mostrarle i disegni tecnici. Il fratello di Barbe tuttavia si oppose alla richiesta: «Thérèse, ti prego, non sforzare così tanto la tua bella testolina. E lei non si lasci imbambolare da mia moglie, mio caro Cockerill» disse, e tutti risero, ma Barbe notò l'espressione di sua cognata, tra la vergogna e il disappunto, e provò compassione per lei.

«Forse sei solo invidioso dell'intelligenza di tua moglie, fratellino?» si intromise Barbe in sua difesa. «Mi ricordo bene come ho tentato di insegnarti le moltiplicazioni. Nel tuo bel testolino all'epoca c'era un gran bel caos.»

Suo fratello diventò paonazzo per la rabbia, sua sorella iniziò a ridacchiare senza freni e Thérèse le sorrise senza farsi notare.

«Ora basta» disse la madre di Barbe con determinazione e batté le mani. «È il momento del dessert.»

Finita la cena tornarono in salotto e Clémentine e Thérèse, grazie allo champagne servito insieme al dolce, erano sedute rilassate al clavicordo, e suonavano una canzone a quattro mani il cui ritornello invitava a cantare tutti insieme. Dopodiché, anche le due cugine, le cui guance erano ancora più rosse di prima, furono invitate a esibirsi in un duetto. Poi toccò a Barbe, che suonò riluttante un rondò di Beethoven con lo sguardo fisso sui tasti per sviare gli occhi di Georges, che non l'avevano abbandonata un attimo per tutta la sera.

«E lei, Monsieur Kessler?» domandò sua madre quando Barbe ebbe terminato. «Sa suonare? Che ne dice di farci ascoltare una canzone tedesca?»

«Mamma!» esclamò Barbe aggrottando la fronte. A volte sua madre esagerava.

«Troppo gentile, ma non vorrei essere inopportuno» rispose Kessler con modestia.

«Chi ha detto che sarebbe inopportuno? La prego, ci faccia l'onore.»

Georges si schiarì la voce e si alzò.

«Va bene. Qualcosa di Mozart, forse?» chiese avvicinandosi a Barbe che era ancora seduta allo strumento.

«*Ein Veilchen auf der Wiese stand*» le disse in tedesco. Barbe scosse la testa, non conosceva quella canzone.

«Posso accompagnarmi da solo» disse.

Dopo un momento di esitazione Barbe fu in grado di reagire e si alzò. Per un attimo i due furono così vicini che riuscì a sentire il profumo di Georges dalle sue basette.

Ore dopo, Barbe era sveglia a letto. Da tanto non si sentiva così piena di vita e se doveva essere del tutto onesta con se stessa, la causa della sua insolita eccitazione era quanto le fosse piaciuto quella sera Georges Christian Kessler. Le sue doti di musicista non erano state eccezionali; tutto il contrario quelle di cantante. Aveva una bellissima voce. Dopo la sua emozionante esecuzione, calò il silenzio per un attimo prima che le donne, in particolare, si lanciassero in rumorosi applausi e lo pregassero di tradurre il testo in francese. *È apparso un fiore che si è spezzato e ha trovato il suo compimento nella morte.* Forse un po' troppo lacrimevole, ma Barbe sorrise al ricordo. Nessun dubbio: il suo canto unito alle tanto attese lettere da parte di Louis, che erano legate nel cassetto della sua scrivania privata, l'avevano messa in quello strano stato di agitazione dal quale non riusciva a trovare pace.

Si voltò sulla schiena, fissò il soffitto e pensò a François, il quale all'inizio della loro relazione prendeva spesso il violino e la incantava suonando come aveva fatto Georges quella sera.

Eccetto la musica, i due non avevano grandi somiglianze, pensò Barbe. Di sicuro non da un punto di vista estetico, Georges era molto più alto e imponente di quanto fosse stato François. Sotto alla bella ed educata superficie del suo nuovo contabile si nascondeva una vibrante energia maschile che da un lato la attraeva e dall'altro – forse proprio per quello – la turbava un po'.

Avrebbe fatto meglio a essere cauta nei suoi confronti, per non dare troppo spazio a quei sentimenti.

E Louis Bohne?

Barbe sentì una fitta al cuore a pensare a lui. Non esisteva una persona più retta e onesta di Louis e le faceva ancora molto male averlo deluso, ovviamente anche se non di proposito. Le mancava da morire. Era il suo confidente, anzi, molto di più: condivideva con lui un tragico segreto ed era sempre rimasto al suo fianco dalla morte di suo marito, l'aveva ascoltata e consolata. La tristezza per François li legava più di ogni altra cosa. Apparteneva alla famiglia e si augurava che alla fine sarebbe tornato.

17

Il resto dell'inverno e l'inizio del nuovo anno passarono in un soffio, all'insegna del duro lavoro e costellati da problemi più o meno piccoli. Louis Bohne era in Russia ormai da due anni e la collaborazione fra Barbe e Fourneaux era affiatata. Le banche di Parigi si rifiutavano di trattare con una donna, pertanto Barbe si trovò costretta a cedere al suo socio gran parte delle questioni bancarie, pur tenendo d'occhio i conti ed esercitandosi a gestire tutto da dietro le quinte.

Per quanto riguardava Georges, dalla cena a casa dei suoi non si erano presentate molte occasioni di incontrarsi in privato. Era riuscita a convincere sua madre a non intrattenersi troppo spesso con lui e aveva persino vietato espressamente a Clémentine di invitarlo, cosa a cui la sorella aveva risposto con un'alzata di sopracciglia. La gestione dell'ufficio era rispettosa e cortese, ma anche distanziata. In ogni caso, nelle ultime settimane Kessler non era stato in città, ma a Parigi con Fourneaux, e quando tornò alla fine di giugno, Barbe si rese conto che le era mancato. Nel frattempo era arrivato luglio. Georges le aveva chiesto di mostrargli qualcosa in più della zona dello Champagne e dei vitigni, e dato che durante l'estate la situazione in ufficio era tranquilla, Barbe non riusciva a trovare un motivo per negargli quel desiderio. Decise che avrebbe portato anche Alphonse e suo fratello Joseph, per non rimanere da sola con lui.

Si misero in viaggio in una calda e soleggiata giornata di metà luglio. Ai margini della foresta sopra Bouzy c'era una fonte alla quale il cocchiere fece abbeverare i cavalli e mentre i due giovani lo aiutavano, Barbe e Georges decisero di sgranchirsi le gambe.

«Avanzando un altro po' si ha una splendida vista sul paesaggio e su Bouzy, dove si trova la mia casa di campagna. È quella la nostra meta di oggi» disse Barbe imboccando un sentiero lungo il vigneto. Si fermarono in un punto di osservazione sopra il villaggio. Oltre alla fila di alberi che delineavano i viali che conducevano al paese, si vedevano solo un paio di tetti e il campanile della chiesa. Il caldo era come una coperta pesante sul paesaggio e la fitta foresta alle spalle era silenziosa. Solo una colomba tubava incessante nelle vicinanze, senza ricevere risposta.

«Il Giardino dell'Eden» disse Georges con udibile commozione. Barbe lo guardò e le venne in mente un dipinto che aveva visto una volta. Aveva una gamba poggiata su una pietra davanti a sé e si appoggiava a un bastone da passeggio nero con il pomello argentato, forse un po' troppo elegante per una passeggiata in campagna. Come fosse ritagliato da un foglio di carta, il suo profilo si stagliava contro il cielo, nel quale si stavano facendo strada grossi nuvoloni scuri.

«*Kennst du das Land, wo die Zitronen blühn, im dunkeln Laub die Goldorangen glühn...*» disse Georges e poi si interruppe, con lo sguardo ancora diretto verso il paese e il vigneto.

«Che cos'era? Suonava molto poetico» disse Barbe rompendo il silenzio. Non aveva capito nemmeno una parola dei versi in tedesco, ma quelle sillabe avevano per lei un suono rotondo e piacevole.

«È una famosa poesia tedesca. Parla dell'Italia. È così che mi sono sempre immaginato il paesaggio decantato in quei versi. Ha mai visto i vigneti in Germania? Non c'è paragone, glielo assicuro! Là sono tutti in file rigide. Qui nello Champagne, invece, si fonde tutto in un grande e unico mare di foglie verdi. E guardi!» Georges si piegò in avanti e scostò le foglie della vite accanto a lui, sotto alle quali si celavano i bei chicchi verdi e sodi. «Come se crescessero all'ombra di Bacco in persona.» Si voltò verso di lei. «Deve raccontarmi tutto riguardo al lavoro nel vigneto. Voglio sapere ogni dettaglio.»

«Preferisco lasciare queste spiegazioni a Patizel, il mio viticoltore. Lo incontreremo più tardi nella sua corte.»

«Tutti questi vigneti appartengono a lei?»

«Quelli che riesce a vedere da qui, sì. Il confine è laggiù in basso» si avvicinò per indicare in lontananza, «dove c'è la grande quercia. Mio marito ha ereditato dieci iugeri di questa terra circa quattro anni fa da sua nonna Muiron. Tuttavia, Fourneaux è del parere che possedere un proprio vigneto aumenti i rischi economici in modo irragionevole. Anche mio suocero Philippe l'ha sempre vista così.»

«Ma lei la pensa diversamente?»

Barbe sospirò e scrollò le spalle. «Ci sono validi argomenti da entrambe le parti. Ovviamente, la produzione di vino è un'attività altamente insicura. Si è dipendenti dal tempo atmosferico e da molti altri fattori, e dal punto di vista di un commerciante che compra e vende le merci, può anche sembrare logico pensarla in questo modo. Ma cosa accade se le merci a disposizione non sono della qualità desiderata? Non dovrebbe avere una qualche influenza? In un certo senso la mia stessa famiglia mi ha fatto riflettere su questo. Sa già che mio padre e mio fratello stanno per costruire una filanda a Saint-Brice. Il mercato tessile ha subìto moltissimi cambiamenti, il futuro appartiene alle fabbriche e alle grandi manifatture. E credo che anche noi dobbiamo seguire il corso del tempo. Ci sono centinaia di viticoltori nella regione dello Champagne, e ognuno di essi gestisce le cose in modo un po' diverso dagli altri. La conseguenza è che anche lo champagne è ogni volta diverso, per questo per i nostri clienti è in fin dei conti uguale comprarlo da noi o da qualcun altro. Chi arriva per primo conclude l'affare e la concorrenza esercita pressione sul prezzo. Ma se il nostro champagne fosse unico e inconfondibile, i clienti tornerebbero sempre da noi a comprare. Mi capisce?»

«Capisco cosa vuole dire.» Georges rifletté un momento. «Ma non è in effetti un grosso rischio? Lei parla di una produzione propria. E qui il paragone zoppica. Suo padre e suo fratello costruiranno una fabbrica di tessuti e impiegheranno macchinari e operai. Ma continueranno a comprare lana e cotone da altri.»

«Il cotone non si coltiva in Francia» rispose Barbe corrugando la fronte.

«Ma le pecore ci sono in Francia. E suo padre in fondo non è un pastore.»

«Difficilmente si può paragonare la lana al vino, Monsieur Kessler» rise Barbe.

«No, probabilmente no» rispose Georges schietto. «Devo ancora imparare molto al riguardo. I successi raggiunti fino a oggi le danno comunque ragione. Per lo meno in passato è riuscita a convincere addirittura l'Imperatore in persona.»

Barbe annuì sorridendo al ricordo della missione notturna nella cantina. Col senno di poi, le sembrava non solo una scelta audace, bensì anche folle. «È vero, Napoleone Bonaparte è uno dei nostri clienti. Non dimentichi mai di sottolinearlo, Georges!»

Il ragazzo si schiarì la voce. «Dato che siamo in argomento, Madame, c'è una domanda che vorrei porle da tempo.»

«Che cosa, Georges? Mi dica pure.»

«Si tratta di voci riguardanti il ricevimento di allora.»

Barbe fu sorpresa e rimase un attimo pensierosa. «Bene, bene. Queste voci vengono forse da mia sorella? È l'unica persona della mia famiglia che non trova questa storia imbarazzante.»

«Mi perdoni, non volevo...»

«È tutto a posto. Cosa le ha raccontato, quindi?»

«Ha detto che ha servito il suo champagne all'Imperatore al posto di quello di Moët.»

Barbe rise. «Ho sostituito di nascosto il mio spumante a quello di Moët, credo siano queste le parole esatte. Mia sorella è molto fiera di quanto io possa essere maligna. È vero, e non me ne vergogno. A Bonaparte è piaciuto e ha salvato l'azienda.»

«Sua sorella è una donna insolita.»

«Sì, lo è.»

«E la venera. Ha trovato il suo gesto risoluto e coraggioso.»

«Come mai ho l'impressione che lei, Monsieur Kessler, non sia della stessa opinione?» disse Barbe punzecchiandolo. «La prego, parli apertamente.»

«Be', devo dire che mi è sembrata una mossa piuttosto azzardata, se posso permettermi» rispose Georges esitante, mantenendo però il contatto visivo mentre lei lo osservava.

Possiede una testa propria, pensò Barbe. Ma il suo atteggiamento era rispettoso e nel tono della sua voce non c'era niente di sprezzante. Le piaceva. «Ammiro la sua franchezza, Georges. Tuttavia, dimentica che ero convinta della qualità. Altrimenti non avrei mai osato nel fare una mossa simile, sarei stata sciocca, infantile e persino incosciente. Questo champagne è l'esempio perfetto di ciò di cui parlavamo prima. Era il nostro. Noi lo abbiamo prodotto, mescolato, travasato nelle bottiglie e immagazzinato, tutto nella nostra cantina. Ho trascorso ore laggiù per tenere d'occhio il processo di sboccatura. E posso assicurarle che non ho stretto legami di amicizia comportandomi così. Persino François mi riteneva una pazza. Cioè, mio marito» aggiunse abbassando la voce.

«Madame Clicquot, non si sente bene?»

Apparentemente, Georges le aveva fatto una domanda ma Barbe non l'aveva sentita, persa nei pensieri su suo marito e i tempi andati. Guardò la sua espressione preoccupata. I suoi occhi avevano lo stesso colore delle nubi cariche di pioggia.

«È tutto a posto, grazie, Georges. È solo terribilmente caldo.»

«Si sieda un secondo. Aspetti.» Georges appoggiò la giacca su una pietra e Barbe si sedette sul sedile improvvisato.

«Grazie mille. Dove eravamo rimasti?»

«Allo champagne e alla sua qualità.»

«Certo.» Restò in silenzio ancora per un attimo, vagò con lo sguardo lungo il vigneto e non appena ebbe trovato sollievo, riprese a parlare. «Meglio conosciamo la provenienza delle nostre uve, prima potremo dare ai nostri clienti ciò che desiderano. Ho un altro esempio: qui in questo lotto, Patizel coltiva da due anni Pinot nero e Meunier. Insieme, capisce? Che poi si sposano nel nostro Cuvée. Ma anche se tutti i viticoltori facessero lo stesso, il risultato sarebbe a ogni vendemmia differente. A volte c'è prevalenza di un tipo, a volte di un altro. Tuttavia, per garantire una qualità costante, dovremmo prediligere vigneti con un'unica varietà.»

«Certo, questo mi è chiaro» disse Georges girandosi

di nuovo ad ammirare il mare di uva di fronte a loro. «Qui batte il vero cuore dello champagne.»

«Non solo. Anche le nostre cantine giocano un ruolo fondamentale. Dato che siamo sull'argomento… lei è con noi già da un anno, che ne pensa di Jacob?»

Georges sembrò sorpreso dal brusco cambio di argomento ed esitò a rispondere. «Il cantiniere? Svolge il suo lavoro come si deve» disse infine.

«"Come si deve." Ma non in maniera eccezionale.»

«Non mi permetto di giudicare.»

Barbe scosse la testa assorta. «Invece lei dovrebbe, Georges, la incoraggio a farlo. Giudichi, impari. Se vogliamo avere successo, non dobbiamo accontentarci di gestire ciò che abbiamo. Dobbiamo aguzzare l'ingegno.»

«Madame? Monsieur Kessler?» Alphonse apparve in fondo alla strada. Indicò il cielo, che nel frattempo si era fatto minaccioso, e gridò da lontano: «È meglio se ci rimettiamo in marcia».

Svoltarono nella corte della dimora di campagna nell'istante in cui iniziarono a cadere le prime gocce di pioggia. La casa si trovava vicino alla chiesa dietro ad alte mura ricoperte di edera, costruita con le stesse pietre grigie di quella accanto, con finestre e battenti bianchi in mezzo a cui erano sbocciate rose rampicanti. La cosa più strana di tutto quel quadretto era un vecchio ippocastano, i cui lunghi rami sovrastavano maestosi la corte. Dal comignolo si innalzava una cortina di fumo. La governante Marie, avvisata per lettera del loro arrivo, era probabilmente ancora lì a preparare loro la cena. Avrebbero dovuto rimandare la visita a Patizel al giorno successivo, dato che il temporale si era fatto violento a tal punto che si potevano sentire i rombi dei tuoni e l'aria era permeata dall'odore di erba e terra umida.

Victor, il nonno di Marie, che aveva servito ai suoi tempi la nonna di François, apparve sulla porta d'ingresso con un ombrello e andò loro incontro.

«Benvenuti a Bouzy» disse sfoggiando il suo amichevole sorriso sdentato. Poi accompagnò Barbe sotto la pioggia dalla carrozza fino in casa.

Un'ora dopo, Barbe era seduta al tavolo in sala da pranzo insieme ai suoi accompagnatori, mentre Marie serviva loro un piatto composto da carne di manzo, verdure e spezie da una grande terrina e il temporale si era trasformato in una leggera pioggia. La stanza arredata in modo semplice ma confortevole era molto diversa da ciò a cui erano abituati in città. Le decorazioni sulla carta da parati ingiallita, l'imbottitura logora delle sedie su cui sedevano, il piccolo gruppo di persone disposte in modo irregolare vicino alla finestra, con il tavolino che si sarebbe adattato meglio al salotto di una fattoria: tutto era semplice e piuttosto rustico, ma comunque armonioso. Marie aveva colto dei fiori dal giardino e li aveva sistemati in un vaso sul tavolo, un ricco bouquet che non seguiva regole ma rendeva l'atmosfera incantevole. Sulla parete sopra il camino era appeso un quadro del paesaggio di Bouzy. Non era di primissima qualità, ma si vedeva che era stato dipinto con il cuore e mostrava le dolci colline della zona circondate dalla foresta scura. Se lo si osservava con attenzione, in un angolo si potevano notare alcuni contadini con delle gerle sulla schiena, di ritorno a casa dopo il lavoro. Barbe aveva già pensato molte volte di portare quel dipinto a Reims, ma temeva che nella sua casa di città avrebbe perso valore.

Prese il cucchiaio e osservò Alphonse con espressione benevola, il quale attendeva cortese che tutti avessero il piatto pieno, poi guardò Joseph che stringeva le mani in grembo e fissava affamato il profumato brodo di fronte a sé. Grazie all'ottima alimentazione ricevuta negli ultimi due anni, era notevolmente cresciuto e non entrava quasi più nelle botti che doveva pulire. Era comunque troppo sveglio per quel compito. Quell'escursione insieme al fratello maggiore era stata pensata come una sorta di istruzione per il futuro. Un giorno sarebbe diventato un ottimo cantiniere.

I due erano un po' a disagio nel condividere la tavola e la cena con la loro *patronne*. A differenza ovviamente di Georges, che aveva ricevuto tutt'altra educazione e istruzione e aveva goduto di una famiglia, che doveva essere stata molto simile alla sua. In quanto a origini e formazione, era al suo pari.

Georges ravvivò l'atmosfera con un paio di battute e fece ridere sia i ragazzi sia Barbe. I quattro parlarono del forte vino rosso della zona, allentando la tensione. Barbe lasciò che la serata facesse il suo corso. Considerò quella giornata insieme ai suoi collaboratori – i due giovani di cui si sentiva responsabile e quello un poco più grande, in compagnia del quale, grazie alla presenza dei due ragazzi, non si sentiva in imbarazzo come avrebbe potuto in altre circostanze – una gradita pausa dalla vita quotidiana.

Dopo un po', Georges spostò la conversazione sulla letteratura. «Conosce Goethe, Madame Clicquot?» le domandò.

Barbe scosse la testa. «Lo studioso tedesco? Ne ho sentito parlare, ma non ho letto niente.»

«Allora deve, assolutamente! I versi che ho citato prima al vigneto erano suoi.»

«Le piace leggere, Georges?»

«Certo, i romanzi sono la mia passione. In Germania quelli francesi sono un po' screditati, ma ho trovato alcune vere perle.»

Il suo volto si illuminò nel pronunciare quelle parole e Barbe si sentì stranamente commossa. Anche lei amava i romanzi, sin da quando era bambina. La qualità e i contenuti non erano decisivi, la cosa fondamentale era che ne avesse sempre tanti a disposizione. «Abbiamo qualcosa in comune» affermò con un sorriso.

«Dice davvero? Allora dovremmo fare uno scambio, Madame. Oh, come la invidio, ancora non conosce il Werther, può ancora godersi questa lettura e farsi trasportare pagina dopo pagina. Mi impegnerò per scovarle una traduzione.»

«Quindi vale la pena leggerlo, secondo lei?» domandò Barbe con tono serio, ma fu catturata dallo sguardo intenso con cui lui la osservava.

«Se ne vale la pena?» esclamò. «È un eufemismo. Questo libro è moderno, nuovo, uno spaccato di vita, così commovente, come se a scrivere fosse un caro amico o un parente stretto. È un romanzo che turba nel profondo, che descrive l'amore come qualcosa di così spaventosamente bello e sublime che lo vedrà da un lato del tutto nuovo.»

«Quindi parla d'amore?»

«Di amore, della vita e di molto altro. Parla di tutto ciò che è vita. Proprio oggi pomeriggio ho ripensato al Werther. C'è una scena in cui si innamora di Lotte. È la donna per cui più avanti... no, non le anticiperò nulla. I due osservano insieme un temporale alla finestra, e Lotte dice semplicemente "Klopstock".»

«*Clocco* che?» domandò Joseph che stava ascoltando attentamente. Georges, che stava parlando rivolgendosi solo a Barbe, gli lanciò un'occhiata irritata. Joseph diede un morso al pezzo di pane con sguardo ingenuo e Barbe represse un sorriso.

«Klopstock, sciocco!» lo redarguì Georges. «Oltre a Goethe, il più grande poeta in vita. No, ho sbagliato, il più grande poeta deceduto, dato che è morto tragicamente alcuni anni fa. In una sua magnifica ode, Klopstock descrive un temporale. Nominando questo poeta a Werther, Lotte dimostra di essere uno spirito affine al suo. Non può far altro che innamorarsi di lei, capisce?»

Le ultime parole erano di nuovo rivolte esclusivamente a Barbe. Guardò la sua bocca accattivante e sentì una sensazione di calore salirle lungo il petto, le braccia e il collo.

«Che cos'è un'ode?» domandò Joseph mentre masticava, guadagnandosi perciò una gomitata nelle costole da parte del fratello.

Il calore che stava provando Barbe le aveva raggiunto il viso. Temeva che potessero vederlo tutti.

«Scusatemi» disse appoggiando il tovagliolo sul tavolo e si alzò. Uscì dalla stanza con le gambe che le tremavano, quasi inciampò sul pavimento sconnesso dell'ingresso e si diresse verso l'uscita sul retro. Si fermò sotto il pergolato di vite della veranda da cui si godeva di una splendida vista sul giardino in fiore. Aveva quasi smesso di piovere e l'aria era fresca e ritemprante. Appoggiò le mani alla ringhiera, respirò profondamente finché i battiti del cuore si calmarono. Era stata sopraffatta da una sensazione troppo intima. Aveva ancora impresso lo sguardo passionale con cui l'aveva guardata Georges mentre le raccontava di Lotte.

Stava forse per innamorarsi?

Era vedova ormai da quasi tre anni e conduceva una vita pudica. Se aggiungeva i mesi in cui François aveva perso interesse nei suoi confronti a causa della sua malinconia, erano addirittura quattro gli anni in cui nessuno era stato dolce con lei e l'aveva toccata. Non sapeva se François fosse stato un bravo amante, non aveva termini di paragone. Ma le notti d'amore con lui le erano piaciute, le era piaciuto essere desiderata da un uomo.

Pensò a Louis. Lui sì che l'aveva desiderata. Aveva pensato spesso a cosa sarebbe potuto accadere se quella notte in paese avesse tentato di sedurla. Ma era giunta alla conclusione che il sentimento che provava nell'averlo vicino non era di quel genere. Non le faceva venire la pelle d'oca e battere forte il cuore.

Era stato così con François. Almeno all'inizio. Anche solo trovarsi da sola con lui in una stanza e incontrare il suo sguardo le aveva provocato tempeste di emozioni. Fra di loro si era creato un legame che si era poi rafforzato con gli anni, anche perché lui aveva avuto il coraggio di sfidare suo padre con le loro idee. L'aveva presa sul serio e l'aveva inclusa invece di trattarla come un semplice accessorio, come aveva notato spesso accadere in altre coppie di sposi. Era cresciuta grazie a ciò. La vita al fianco di François l'aveva resa la donna che era oggi, e credeva che non avrebbe mai più potuto amare un uomo allo stesso modo. E che nessuno avrebbe potuto amarla per come era diventata. Indipendente e autonoma.

Sentì la porta aprirsi alle sue spalle. Georges l'aveva raggiunta. Si avvicinò alla ringhiera. «Va tutto bene, Madame?» le chiese a bassa voce.

«Sì, è tutto a posto adesso, grazie» gli rispose. Rimasero in silenzio ad ammirare il giardino al di sotto. Una folata di vento soffiò la pioggerellina residua verso di loro, poi tutto d'un tratto, il sole della sera uscì e fece brillare le gocce d'acqua adagiate come perle sulle foglie dei cespugli. Uno scintillio simile a quello dei diamanti, anche Georges lo aveva notato, lo sentiva, poiché, come lei, aveva trattenuto il fiato per un secondo. Si meritava una spiegazione per la sua improvvisa uscita. «Il suo racconto di Werther e Lotte...» disse sottovoce «mi ha fatto ripensare al mio defunto marito.» *È sempre una mezza verità,* pensò.

«L'amore è qualcosa di meraviglioso. È triste sentire la mancanza di qualcuno. Ma è anche bello che lo abbia amato.»

La voce di Georges era roca. Si schiarì la gola, prese un fazzoletto e si asciugò il viso. «Mi perdoni, Madame, se per caso... ecco, io... non volevo essere invadente.»

«No, è tutto a posto. Ha ragione, l'amore è davvero qualcosa di meraviglioso» rispose Barbe. Anche la sua voce non era molto stabile. Nella sua testa si accavallavano pensieri e sentimenti, ed era così confusa che temeva di dire qualcosa di sbagliato. «Adesso vado a letto, Georges. Ci vediamo domani mattina presto. Dorma bene.»

18

Circa quattro settimane dopo l'escursione in campagna, Barbe era seduta alla scrivania e dalla finestra vide Georges camminare con passo spedito verso il suo ufficio. A causa della calura di agosto, tutte le porte e le finestre erano aperte e poco dopo arrivò, senza nemmeno bussare per educazione. «Impossibile. Non possiamo assolutamente farlo!» esclamò e le porse infuriato una lettera che teneva in mano.

Barbe posò la penna. «Che succede? Qual è il problema, Monsieur Kessler?» chiese con tono molto formale, ma con un leggero sorrisetto per l'indignazione che gli leggeva chiara in volto.

«È l'ultima lettera di Monsieur Bohne. Fourneaux me l'ha recapitata subito. Si tratta del trasporto delle bottiglie che con tanta fortuna abbiamo fatto arrivare a Lubecca. Vuole proseguire via terra!»

Barbe annuì. «Lo so. Ne ha buoni motivi. Nel frattempo è diventato impossibile anche per lui trovare passaggi segreti via mare.»

«Ma è un trasporto via terra da Lubecca a San Pietroburgo! Sarà troppo costoso. Per non parlare dei pericoli a cui saranno soggette le bottiglie.»

«*Mmm*, forse dovrebbe parlarne con Bonaparte?» propose scherzando Barbe. Sapeva quanto Georges adorasse l'Imperatore francese.

«L'Imperatore non ha colpe» affermò con tono un po' meno energico, poiché quella risposta gli aveva spento l'entusiasmo. «La colpa è dei britannici e delle loro tasse doganali.»

«Tasse che hanno istituito perché l'Imperatore ha ordinato di confiscare tutte le navi che erano ancorate in Gran Bretagna, indipendentemente dalla bandiera» rispose Barbe. «Ma è in buona compagnia, Georges. Mio padre non si stancherà mai di difendere a spada tratta le politiche di Napoleone. Io non ho comunque intenzione di arrendermi, e neanche Monsieur Bohne. Mi faccia vedere.»

Georges le porse la lettera. Lesse rapidamente le righe scritte nella familiare calligrafia. C'erano stati molti motivi di preoccupazione di recente. Per riuscire anche solo a proseguire con gli affari, avevano già attuato ogni pensabile trucco, come ad esempio occultare l'origine francese delle merci. Inoltre, i clienti tendevano a rimandare i pagamenti in sospeso sempre più a lungo. Georges si sbagliava di grosso se pensava che Louis avesse accettato quel metodo di trasporto a cuor leggero. Accadeva solo in casi di estrema necessità.

«Ecco qui» disse Barbe, e lesse:

«"Il bisogno, la mancanza di bevande e il loro prezzo estremamente gonfiato ha comportato un grande smercio di vino dall'Ungheria alla Polonia. La cosa irritante per la nostra attività è il fatto che potrebbero cambiare i gusti e che ciò possa dare vita a una nuova moda con probabili conseguenze negative sulla popolarità dei nostri vini. Un trasporto via terra, sia anche *peu à peu*, potrebbe creare almeno una qualche rivalità che, in caso di buone annate, può svilupparsi a nostro favore".»

Osservò il contabile con la fronte aggrottata.

«Per me ciò che Monsieur Bohne scrive è ragionevole. Che ha detto Fourneaux a proposito?»

«Ha detto che si fida del giudizio di Bohne» rispose Georges. «Ma permettetemi di ricordarvi che assicurare le bottiglie avrà un costo proibitivo. Il rischio è tutto nostro.»

«Se non fossimo disposti a correre dei rischi, oggi non saremmo qui. Inoltre, il numero di ordini rispetto allo scorso anno è assai aumentato. Ciò compenserà il minor profitto. Predisponga tutto il necessario, per favore.»

Georges annuì appena, sembrava poco convinto. Barbe gli restituì la lettera. «Quanto bene vi conoscete, lei e Louis Bohne?» gli domandò.

«Fino a quando avevo circa quattordici anni, lo vedevo regolarmente. Poi l'ho perso di vista. È un buon amico di mio padre. Ha seguito la mia carriera, o almeno suppongo.»

«Sì, lo suppongo anch'io, Georges.» Barbe gli sorrise. «Sono consapevole che al momento la nostra situazione sia tutt'altro che semplice. La ringrazio infinitamente per la sua franchezza e le sue opinioni oneste. Il successo di questa azienda dipende da uomini come lei e Monsieur Bohne.»

Georges allentò il colletto, legato con un fazzoletto nonostante il caldo. «Certo. Avrei potuto trovare altre parole, invece di criticare Monsieur Bohne così duramente. È stato...» si schiarì la voce «inappropriato.»

«Louis Bohne è un uomo abile. E lo è anche lei. Chi dei due ha ragione, lo vedremo.»

Dopo che Georges se ne fu andato, Barbe ebbe difficoltà a concentrarsi di nuovo sul lavoro. Pensava a Louis e a Georges. Non era la prima volta che il suo contabile aveva un'opinione diversa da quella di Louis. Si domandò come i due sarebbero riusciti a venire a capo della situazione se si fossero incontrati di persona.

E quale ruolo avrebbe giocato lei nella diatriba.

Non c'erano stati altri incontri ravvicinati fra loro due dall'escursione a Bouzy e dalla chiacchierata nella veranda. Fino a un incidente avvenuto la settimana precedente. Una sera stava tornando in casa dalla cantina e si era voltata per seguire un gatto che cacciava un topo. Nel girarsi, si era inavvertitamente scontrata con lui. Gli era proprio piombata addosso. Dato che stava inciampando, lui aveva allungato un braccio per non farla cadere. Si erano guardati negli occhi finché Georges aveva abbassato la testa, le aveva fatto un piccolo inchino e si era allontanato da lei. Non era accaduto niente di più. Ciononostante, quello scontro fortuito l'aveva messa in agitazione e aveva ancora i brividi lungo la schiena quando ci ripensava. O quando le tornavano in mente i suoi occhi color tempesta che la scrutavano in modo così serio e profondo.

Si chiese di nuovo se si stesse innamorando del suo contabile.

Oppure lui di lei.

Pensò alla fila di spasimanti che le avevano fatto la corte nel corso del tempo. Non erano pochi. Era un buon partito, come sua madre non si stancava mai di sottolineare. C'erano uomini di bella presenza e attraenti, alcuni anche in età passabile, benestanti e per di più stimati. Al contrario, Georges Kessler aveva quasi dieci anni meno di lei e senza un patrimonio rilevante. Eppure, c'era qualcosa in lui che la turbava. Se non prestava attenzione, come quella sera che se lo era ritrovato così vicino, oppure come a Bouzy, quando avevano parlato di letteratura, o anche come a Natale nella cerchia della sua famiglia, la sua vicinanza le provocava delle scosse di passione. Qualcosa in lui le faceva vibrare una corda che era rimasta silenziosa sin dalla morte di François. Non era una sensazione spiacevole, tutt'altro, ma le avrebbe procurato delle difficoltà.

Un'ora dopo non aveva ancora sbrigato nulla del suo lavoro. Le colonne con i numeri nel libro contabile di fronte ai suoi occhi non volevano proprio avere un senso. Decise di fare una pausa, posò la penna e si fece portare cappello e ombrello da Céline.

Trovò sua sorella nel giardino di casa sua seduta all'ombra, con la vista sul pergolato dove Augustin e Mentine ascoltavano l'insegnante, più o meno concentrati. Mentine sembrava distratta. Un passerotto le volò sui piedi e lei lanciò dei sassolini che stuzzicarono la curiosità dell'uccellino. Quando la bambina vide la madre, le fece un cenno in segreto e poi continuò per un po' a fissare con zelo l'insegnante, ma Barbe dubitava che apprendesse molto di ciò che egli raccontava. Forse avrebbe dovuto mandarla presto a Parigi.

«Pensi che sia una buona idea? Tenere i bambini a fare lezione sul pergolato?» chiese a sua sorella.

«È una così bella giornata, non trovi?» le rispose Clémentine impassibile mentre metteva una zolletta di zucchero nel tè e mescolava con un cucchiaino d'argento. «Persino tu sei uscita dalla cantina.»

«La mia scrivania non si trova in cantina. Ma sì, hai ragione. È una splendida giornata. Forse un po' calda.» Si sedette sulla panchina in vimini accanto alla sorella e osservò i bambini. Un paio di rose tardive erano fiorite sul tetto arcuato del pergolato, coronato da una torretta. Era un'immagine piacevole. Mentine aveva trovato delle briciole nella tasca del suo abito e aveva ripreso a giocherellare con il passerotto. Con più successo di prima. L'uccellino stavolta beccò eccitato. Sua sorella seguì il suo sguardo.

«È una bambina davvero adorabile e incantevole» disse.

«Sì, è vero. Purtroppo non è abile in niente di particolare.»

Sua sorella la guardò dubbiosa.

«Non sei un po' troppo dura nel giudicarla? Lasciala stare. Deve ancora crescere.»

«Forse hai ragione. Penso spesso che abbia preso da sua nonna.»

«Da mamma? Ha successo, a modo suo.»

«Certo» disse Barbe sospirando e osservò pensierosa i due bambini. «È tutto a posto. Per lei sarà comunque più facile che...» si interruppe.

«Più facile che per te, volevi dire?» terminò la frase Clémentine impassibile. «Di sicuro. Non conosco nessuno che si renda la vita così difficile di proposito come fai tu.»

«Punti di vista» rispose Barbe lasciandosi stuzzicare volentieri, per evitare di arrovellarsi il cervello su Georges. «Se qualcuno si aspettasse che trascorressi tutta la giornata senza fare niente se non bere del tè, mi andrebbe decisamente peggio.»

«Sì, sì» disse sua sorella e arricciò le labbra. «Sai, a volte bevo anche il caffè.»

Barbe rise e Clémentine posò la tazza per prenderle la mano. «Sembri abbattuta. Come posso risollevarti il morale?»

«Lo stai già facendo. Anche solo il fatto che possa venire qui da te in qualsiasi momento per fare due chiacchiere, mi fa sentire molto meglio.» Sospirò profondamente. «Spero che Mentine abbia ereditato almeno un po' del tuo talento in queste cose, nel caso in cui non riesca a fare progressi con la scrittura, la lettura e i calcoli.»

«"In queste cose"?»

«Conversazione, intrattenimento, il livello societario.»

Sua sorella scosse la testa ridacchiando. «Per come lo dici, non so se sentirmi lusingata o tutto l'opposto.»

«Sentiti pure lusingata, lo dico onestamente.»

«Bene. In ogni caso, Mentine è una bambina meravigliosa. E inoltre ha un enorme vantaggio.»

«Che sarebbe?»

«Sei sua madre. Le troverai un brav'uomo che la sposerà e metterà il mondo ai suoi piedi.»

Barbe non ribatté. Pervasa da un'improvvisa malinconia, tornò a osservare i fanciulli sul pergolato. La manina di Mentine teneva ben stretta una matita mentre scriveva le parole che le dettava l'insegnante.

«Fra dieci anni penserà al matrimonio. E che cosa ne sarà di me?»

Sua sorella la guardò sbigottita. «Sei davvero tu a parlare? Non ti ho mai sentita usare un tono simile.»

«A volte ho paura di finire come una vecchia zitella solitaria.»

«Non succederà. Hai la tua azienda. E fra dieci anni sarai la regina dello champagne. A proposito, come sta il tuo... bel contabile?» chiese civettuola. «Non lo vedo da tanto.»

«Il mio bel...» Barbe si interruppe, prese un ventaglio che si trovava sul tavolino e iniziò a sventolarsi. «Parli di Monsieur Kessler. Anche tu sei caduta vittima del suo fascino?»

«Ora non venire a dirmi che non ti piace» disse Clémentine stuzzicandola. «Sin dal suo arrivo un anno fa, in città è sulla bocca di tutti. O almeno delle donne nubili.»

«E quindi? Ha appagato qualcuna di loro?» chiese Barbe il più possibile indifferente.

«Finora no. Molte immaginano che faccia il civettuolo con loro, ma io non credo che lo sia davvero. Al contrario, ha una reputazione quasi irreprensibile. È solo molto gentile.»

«Sì, quello lo è, hai ragione» disse Barbe e ripensò di nuovo al loro incontro notturno. «Ma io sicuramente non mi sposerò più. E di certo non con Monsieur Kessler.»

«Non ho parlato di matrimonio! Ma so cosa provi. Dopotutto, non sono la mamma» disse Clémentine con dolcezza.

«E allora perché ti preoccupi di lui?»

Clémentine alzò le spalle e guardò i bambini. «Non lo so neanch'io. Abbiamo tutti i nostri bisogni. E non sempre basta una lettura romantica, se capisci cosa intendo.»

«Clémentine!» esclamò Barbe con voce attutita. Prima i suoi pensieri sfrenati su Georges le avevano fatto perdere l'equilibrio, ora ci si metteva anche sua sorella. «Sei una sorpresa continua! Devo lavorarci insieme!»

«E va bene. Allora dimenticalo e basta, se ci riesci.»

19

Febbraio 1809

«*Mon Dieu*, Jacob, non sia così testardo adesso. Perché non vuole almeno provare?» Barbe era in cantina e parlava con il cantiniere. Era basso, poco più alto di lei, aveva il volto segnato dal tempo e le gambe storte. Lo guardò imperturbabile mentre l'uomo fece scivolare la mano in tasca, probabilmente spinto dal desiderio di trovarci del tabacco. Poi scrollò le spalle.

«Come le ho già detto, Madame Clicquot, è stata una svista. Non se ne dispiaccia. Non avremmo comunque scoperto niente di nuovo.»

«Niente di nuovo?» ripeté Barbe incredula.

«Lavoro in questo campo da quarant'anni e ci sono alcune cose che sono difficili da realizzare.»

«Se sono difficili da realizzare, non vuol dire che non si possano realizzare affatto. Ora siamo di nuovo punto e a capo» disse Barbe tentando di calmarsi per non gridare troppo. Guardò abbattuta le bottiglie di fronte a sé. Voleva scoprire quale ruolo giocasse la temperatura della cantina nello sviluppo dello champagne e come questa si ripercuotesse sulla formazione della schiuma. Aveva posizionato bottiglie con lo stesso contenuto in varie stanze, in cui la temperatura variava di due o tre gradi a causa della distanza dall'ingresso, e le aveva etichettate. Ma poi Jacob le aveva lasciate senza supervisione e non aveva istruito gli operai, quindi ora era tutto sottosopra. Niente aveva più senso. «Ha letto il libro di Chaptal che le ho dato?»

Jacob scrollò di nuovo le spalle, poi rifletté e scosse la testa. Per lo meno ebbe il decoro di sembrare mortificato. Barbe serrò i denti e inghiottì la delusione, per quanto ne fosse capace. Aveva bisogno di Jacob. In sua assenza sarebbe andato tutto in malora, e lui lo sapeva bene.

«A che punto siamo con il Cuvée di Pierry? Ha iniziato la sboccatura?»

«Sì» rispose Jacob.

«E come procede?»

«Prego, guardi con i suoi occhi, Madame» le rispose. Andarono insieme nella cantina sul retro dove il Cuvée attendeva di essere travasato in nuove bottiglie. Jacob ne prese una dal collo e la aprì, ma invece della schiuma che si aspettavano e speravano, uscì un vino quasi del tutto fermo e torbido.

«*Mon Dieu!*» Barbe era inorridita. Afferrò un mestolo, ci versò del vino, attese finché i depositi si fermarono un po' e ne assaggiò un sorso.

«Perlomeno non ha un cattivo sapore. E adesso? Di nuovo nelle botti?»

Jacob annuì e sembrò quasi soddisfatto. «Di nuovo nelle botti» confermò.

«Il Cuvée ha un anno. E se gli dessimo un altro anno? O magari altri due?»

«Non saprei. Ma è improbabile che si sviluppi ulteriormente.»

«Improbabile, ma non impossibile?»

«Potremmo utilizzare queste bottiglie in modi migliori. Inoltre, i magazzini sono pieni. Non abbiamo abbastanza...»

«Lo so, Jacob» lo interruppe Barbe. Avevano venduto troppo poco e la cantina minacciava di straboccare. «Me ne occuperò io. E si assicuri che siano facili da ritrovare e che non vengano smaltite per errore. Il resto lo rimetta in botte» decise Barbe.

Come previsto, Jacob scrollò le spalle. «Come desidera, Madame.»

Poco dopo, Barbe entrò nella corte, che in quella fredda mattina di febbraio le apparve vuota e scialba. C'era solo il bottaio, impegnato a riparare delle botti in un angolo. I colpi del martello riecheggiavano fra le mura.

Ogni anno c'è una nuova catastrofe, pensò Barbe mentre osservava immobile quell'uomo al lavoro. I magazzini erano stracolmi e la corte, che avrebbe dovuto pullulare di attività, era vuota. Le preoccupazioni per l'azienda si erano moltiplicate e le stavano togliendo il sonno. Persino Louis, che nelle sue lettere sapeva come incoraggiarla, sembrava essere afflitto da una sorta di disperazione. Non era una sorpresa, negli ultimi mesi il commercio di champagne si era quasi completamente azzerato. E tutto per colpa delle continue politiche di blocco di Bonaparte. Fino a quel momento, l'obiettivo di Napoleone di forzare i britannici a sedersi al tavolo delle trattative non era riuscito; al contrario, le cose stavano peggiorando sempre di più e il blocco marittimo, che talvolta aveva comunque lasciato uno spiraglio, continuava a essere impenetrabile. Nel resto del Paese la situazione non era migliore. Nemmeno i nobili più privilegiati erano disposti a sborsare denaro per articoli di lusso, e quindi Barbe trascorreva intere giornate a vendere vino economico e a correre dietro a pagamenti arretrati. Non tutti i settori soffrivano allo stesso modo. Suo padre traeva profitto dalle politiche senza compromessi dell'Imperatore, poiché tenevano alla larga dalla Francia le merci inglesi, inclusi i tessuti. Ma chi si basava sull'esportazione doveva combattere. Barbe sospirò. Per quanto riguardava il magazzino, avrebbe dovuto chiedere aiuto al padre. Per fortuna, le cantine dell'Hotel Ponsardin erano abbastanza grandi per risolvere il problema a lungo termine.

Georges uscì dall'ufficio con una domanda riguardante la contabilità, ma non lo sentì affatto.

«Jacob sa leggere?» lo interruppe.

«In linea generale, sì» le rispose Georges.

«"In linea generale"?»

«I suoi occhi sono peggiorati. Temo che non riesca più a distinguere le lettere.»

«Conosce qualcuno che possa sostituirlo? Nessuno nei dintorni, qui uno vale l'altro. Che mi dice dei tedeschi? Ho sentito dire meraviglie riguardo alla zona del Rheingau.»

Georges sembrò allibito e non del tutto favorevole all'idea. «Posso sentire in giro, se lo desidera» disse con tono freddo.

«Sì, grazie. Utilizzi i suoi contatti, Georges. E fino a quel momento, procuri un paio di occhiali a Jacob.»

«Naturalmente, farò quel che posso...» Era evidente che volesse aggiungere dell'altro, ma si interruppe.

«Cos'altro c'è? Su, parli, Monsieur Kessler» lo invitò Barbe.

Georges si schiarì la voce. «Mi ha invitato a giudicare l'operato di Jacob. Gode di una buona reputazione nella regione dello Champagne. E difficilmente troverà qualcuno che ha un'esperienza di quarant'anni come lui.»

Barbe si accigliò. «L'esperienza non è l'unica cosa che conta. A volte può anche essere un impiccio. Non possiamo permetterci di dare lavoro a qualcuno che si rivela del tutto inutile in un settore così importante.»

Georges attese qualche secondo prima di ribattere. Quando alla fine lo fece, stentò a controllarsi. «"In un settore così importante"? Come faccio a sistemare le cose se non me ne rende partecipe? Forse, Madame, sarebbe più semplice se mi spiegasse il motivo di questa improvvisa urgenza. Ha forse a che vedere con i suoi esperimenti?»

Barbe osservò l'espressione impietrita di Georges con un certo rammarico.

«Che cosa sa al riguardo?»

«Non molto. Jacob non mi ha detto niente. E neanche lei.»

Non tentò nemmeno di nascondere il tono di accusa

e Barbe si rese conto di quanto la cosa lo avesse infastidito. Si sentì colta in flagrante. Non lo aveva informato, era vero. Il motivo non era però un desiderio di segretezza, bensì una vaga sensazione di dover tenere il suo talentuoso collaboratore a una certa distanza. Il debole che aveva sviluppato nei suoi confronti non era diminuito negli ultimi mesi.

«Volevo solo farle sapere che, in caso, sarei sempre a sua disposizione» aggiunse il giovane Kessler con tono un po' più dolce.

Barbe sentì la rabbia dissolversi. Georges era davvero l'ultima persona con cui avrebbe voluto cercare una lite. Non se lo meritava. «Ma no… cioè, voglio dire, sì, ha ragione. Potrebbe effettivamente essermi di aiuto.» Rifletté un secondo e poi concluse: «Venga nel mio ufficio oggi pomeriggio verso le quattro. Le spiegherò tutto».

Tornò alla scrivania e si massaggiò le tempie pensando a Jacob e al loro esperimento fallito.

L'estate precedente aveva trovato un trattato del chimico Jean-Antoine Chaptal in fondo alla libreria di François. Chaptal, che le era già molto noto anche in precedenza, aveva stabilito che l'aggiunta di zucchero prima della prima fermentazione aiutasse la produzione di alcol nel vino. Ma, proseguendo la lettura, scoprì che le sue intuizioni andavano ben oltre. Sempre più catturata dal testo, Barbe lesse i capitoli che riguardavano l'influsso della luce, della temperatura e del mosto sulla fermentazione. Riguardo al significato esatto dei singoli fattori e di come interagissero fra loro, anche Chaptal non poteva altro che supporre teorie. Parlava sempre di come quegli elementi dovessero essere analizzati. E quindi aveva fatto qualche tentativo, che però Jacob a quanto pareva non era in grado o non voleva mettere in pratica.

Tirò fuori dalla tasca dell'abito il libriccino che si era fatta restituire dal suo cantiniere. Ricordava che François aveva menzionato il trattato, ma non quale conclusione avesse scelto per il proprio vino. E Fourneaux, con il quale ne aveva parlato, conosceva il tema e anche Chaptal, ma non gli attribuiva gran significato.

«Un tipo intelligente, questo Chaptal. Ma rimane comunque un uomo di teoria» aveva spiegato con il suo consueto modo di parlare lentamente. «Ciò che era utilizzabile, è già in atto. Il resto non è rilevante. L'autore è un chimico. Un cantiniere con esperienza ne capisce molto di più di vini.»

Jacob lo era davvero, nessuno poteva negarlo. Ma il fatto che né lui né Fourneaux, che doveva essere lo specialista di vini, aspirassero a saperne di più, era per Barbe molto irritante. Era sicura che alcuni dei suoi concorrenti utilizzassero le conoscenze di Chaptal per perfezionare i loro vini già da tempo. Pensierosa, lesse il titolo: *L'arte di fare, governare e perfezionare* i *vini.* L'anno di pubblicazione era il 1801. Se aveva ragione, valeva la pena recuperare qualcosa. Non appena l'economia si fosse ripresa da quella momentanea recessione e i clienti avessero avuto di nuovo più mezzi a disposizione, voleva essere in prima linea.

Pensò al suo Cuvée di maggior successo, quello

champagne che grazie al suo stratagemma era stato servito al ricevimento per Napoleone Bonaparte e per l'Imperatrice Giuseppina. Il mosto di quell'anno era stato particolarmente sostanzioso e dolce. Dall'altra parte, secondo il trattato di Chaptal, non era solo lo zucchero a essere responsabile della fermentazione, bensì l'interazione delle varie forze. Come scriveva, il tartaro giocava un ruolo, e anche una certa mucillaggine, che si trovava nei chicchi. Non era il mosto più dolce a raggiungere la più alta gradazione alcolica, secondo il chimico.

Di quello Barbe dubitava, andava provato. Ciò che la stupì di più negli scritti di Chaptal, però, era la menzione della cosiddetta mucillaggine come catalizzatore per la fermentazione. L'aveva sempre considerata come fattore negativo, un qualcosa che rendeva il vino pesante e oleoso. Ma se ciò era vero, uno stoccaggio più lungo sarebbe forse stato un vantaggio. In ogni caso, il vino si conservava meglio nelle bottiglie che nelle botti, quello era certo. Veniva meno in contatto con la luce, favorendo così la fermentazione.

E poi c'era il tremendo problema dei depositi che si formavano durante la prima fermentazione nelle bottiglie e rendevano il vino poco appetibile alla vista. Se lo chiedeva ai clienti, quello era in generale il disappunto maggiore. La limpidezza sembrava essere persino più importante del gusto stesso. Il vino per l'Imperatore si era distinto anche per quello. Quindi, avrebbe dovuto mettere in secondo piano tutto il resto e partire da quel punto: in qualche modo, doveva riuscire a rendere il suo vino così limpido come lo desideravano i clienti, senza perdere la schiuma.

Barbe si fermò nei suoi pensieri. Così non andava avanti. Ciò che rimaneva saldo era l'obiettivo di rendere unico il suo champagne. Da quando l'estate passata era stata a Bouzy con Georges, Alphonse e Joseph, un'idea nella sua testa aveva preso una forma sempre più concreta. Aveva in mente una sorta di produzione di vino industriale in grossa scala e sempre alle stesse condizioni. Poiché quello era esattamente l'ingrediente che le mancava per il successo: il controllo.

Ma da sola non ce l'avrebbe fatta. Aveva bisogno di un cantiniere che pensasse come uno scienziato, un po' come Chaptal. Tutto ciò che accadeva doveva essere protocollato alla perfezione e dovevano trattenere un determinato numero di bottiglie di ogni Cuvée e analizzarle sistematicamente. Avevano lasciato trascorrere già mesi, se non anni, inutilmente.

Georges era un ragazzo sveglio, la capiva e avrebbe compreso anche le teorie di Chaptal. Avrebbero potuto riflettere insieme sul da farsi. Era giusto prendere in mano la situazione da subito.

Trascinò il dito sovrappensiero lungo la rilegatura del libro. Programmò un viaggio nello Champagne per l'inizio dell'estate per parlare con alcuni viticoltori e scoprire se le fosse sfuggito qualcosa di importante. Forse laggiù nella campagna erano nascoste alcune delle risposte che cercava, doveva solo porre le domande giuste.

Chissà, in quell'occasione, avrebbe persino potuto incontrare un abile cantiniere da poter impiegare per i suoi scopi.

E probabilmente era meglio includere Georges nei suoi progetti e pregarlo di accompagnarla in quel viaggio.

20

«C'è il nonno» esclamò Mentine felice vedendolo arrivare nella corte. Era seduta a una piccola scrivania che Barbe aveva approntato per lei nel suo ufficio, e svolgeva i compiti di matematica. L'insegnante che avrebbe dovuto fare lezione a lei e al cugino Augustin si era ammalato e Barbe aveva deciso di insegnarle lei stessa qualcosa. Mentine era impegnata a compiacere la madre, ma la visita del nonno era un'interruzione ben gradita. Balzò in piedi e gli andò incontro.

Anche Barbe si alzò e si avviò verso la porta. Non vedeva il padre da tempo. Le sue giornate di lavoro iniziavano la mattina alle sette e terminavano la sera verso le nove o le dieci, e dato che anche suo padre era un uomo molto impegnato, a volte passavano settimane senza vedersi.

«Che sorpresa, papà» gli disse. «Cosa ti porta qui?»

«C'è bisogno di un motivo particolare per far visita a mia figlia?» le domandò Nicolas Ponsardin con tono gioviale e accarezzò la testa di Mentine, che lo guardava fiduciosa. Barbe le diede un bacio sui capelli e le disse di andare da Céline per farsi dare alcune calze da rammendare. Nicolas osservò la nipotina che usciva gioiosa dalla porta.

«Rammendare calze? Sei seria?»

Barbe alzò le spalle. «Si diverte. Più che qui dentro, in ogni caso» disse con un sorrisetto indicando i fogli con i compiti ancora non svolti. «Non guardarmi così. Mentine non ha preso da me, ma è il mio sole. Non so cosa farei senza di lei.»

«È per questo che non è ancora in collegio?» le chiese il padre.

«È ancora così piccola» gli rispose. Suo padre aveva ovviamente ragione. Ma temeva di sentirsi troppo sola senza la figlia, anche se, tutto sommato, non riusciva a dedicarle molto tempo.

Suo padre scivolò su una sedia con un sospiro. Aveva oltrepassato i sessanta e non poteva più rinnegare la sua età, nonostante non fosse poi così cauto con la sua salute. La candidatura per l'ufficio del sindaco nell'anno successivo era ormai cosa decisa e la costruzione della filanda era in pieno corso.

Barbe si sedette accanto a lui. Era nervosa, poiché intuiva il motivo della sua visita. «Hai parlato con Fourneaux» affermò.

L'uomo annuì. «Il tuo socio mi ha raccontato che non proseguirà il suo contratto.»

«Lo ha fatto davvero?» disse Barbe e tacque per un momento. «Bene, allora è ufficiale.»

«Lo avevi previsto?»

«Il suo contratto è scaduto e il fatto che non voglia prolungarlo, be', considerata la situazione, era prevedibile. Che altro ha detto?»

«Che non promette bene.» Si schiarì la gola e la guardò. «Dobbiamo parlarne.»

Barbe fece un respiro profondo. Aveva temuto una tale conversazione, poiché sapeva di dipendere dal sostegno del padre. Anche lui aveva investito denaro nell'azienda. Se si fosse tirato indietro, si sarebbe ritrovata in serie difficoltà.

«Il bilancio non è del tutto definitivo, per questo non sono ancora venuta da te. Penso che venderò parte dei miei gioielli» disse.

«Lo faresti? Se solo tu...»

«No, papà. So cosa vuoi dire. Abbandonare non è un'opzione» lo interruppe decisa. «Ho combattuto a lungo per questa azienda, ho sacrificato così tanto. Non getto tutto alle ortiche.»

Suo padre la guardò dubbioso. «Fourneaux è l'unico che si occupa dei contatti con le banche. Leclerc non è un suo amico personale?»

Barbe annuì. Sapeva bene quanto lui che dipendevano dalle banche parigine. Nel loro caso, si trattava della Banque Rougement de Lowenberg, che intratteneva rapporti commerciali anche con molti dei suoi concorrenti, e della Banque Leclerc. Il commercio di champagne, ma anche l'attività di suo padre, erano possibili solo perché i pagamenti avvenivano via Parigi, spesso con termini di molti mesi, cosa che i clienti nel frattempo non rispettavano.

«Georges Kessler è stato qualche volta a Parigi con Fourneaux. È bravo in queste cose e ha ancora un paio di mesi di tempo per imparare. In futuro, può occuparsi lui della corrispondenza. Mi fido di lui» disse Barbe.

Non disse ciò che pensava veramente, e cioè che non aveva la minima idea di come avrebbe fatto a convincere tutti i debitori a pagare i conti. Se si trovavano a Königsberg, Danzica o Mosca, Roma o Napoli, era difficile andare direttamente da loro. Non poteva permettersi spese legali. E soprattutto, dove non c'era denaro, era impossibile recuperarlo. Molti dei suoi clienti erano sottoposti a spese eccessive. Da qualsiasi angolo lo si guardasse, il futuro non era particolarmente roseo.

Suo padre era fortunato. Nonostante tutto, i suoi affari andavano bene. A causa del blocco marittimo, la domanda di tessuti francesi era addirittura aumentata. L'automatizzazione della produzione avrebbe contribuito al suo successo e a quello del fratello. Era stato il passo giusto al momento giusto, anche se non sarebbe stato sempre facile per lui, nonostante i contatti e le possibilità economiche.

«Gettare ogni cosa alle ortiche» riprese la parola suo padre. «Nessuno la vedrebbe così, neanche se tu fossi un uo...» non terminò la frase, lo fece Barbe per lui.

«Neanche se fossi un uomo, intendi?»

«Comunque, credi che Fourneaux attribuisca la colpa a se stesso? No, non lo fa.»

«Infatti, e quello è un bel problema» sorrise amara Barbe.

«Non la attribuisce neanche a te, se è quello che stai insinuando. Al contrario, ha solo ottime parole per te.»

«Può essere. Purtroppo, mi ascolta assai poco. Il nostro champagne avrebbe dovuto essere unico, inconfondibile, e non sempre lo è stato. Di Moët nessuno può dire che non offra la migliore qualità.»

«La qualità ha il suo prezzo. I tuoi acquirenti sono disposti a pagare per questo?»

«Pagheranno non appena le cose andranno meglio. Sono sicura che la nostra base di clienti affezionati valga di più di un paio di debiti che abbiamo con le banche. E l'uscita di Fourneaux non cambierà niente. Persino Monsieur Bohne non si stanca di ripetere quale vantaggio abbiamo sui nostri diretti concorrenti fuori dalla Francia.»

Barbe si alzò, cercò qualcosa nel mobile ed estrasse una lettera di Louis dalla pila di corrispondenza.

«Ecco, leggi qui» disse indicandogli una riga che aveva sottolineato.

«"L'ottima reputazione associata al nome Clicquot all'estero è diventata una costante e può essere considerata come una base unica per l'azienda"» lesse suo padre e annuì. «Monsieur Bohne è una brava persona. È importante che continui a credere nella vostra causa» disse poi restituendole la lettera.

«Lo facciamo entrambi. Forse questa pausa è esattamente ciò di cui abbiamo bisogno.» Guardò suo padre dritto negli occhi. «Papà, vendiamo vino dal 1805. Prima credevamo che lo champagne non fosse più buono dopo tre anni; invece è addirittura migliore. Non appena la situazione si calmerà, riprenderemo i nostri profitti. Dobbiamo solo avere pazienza. E quando avremo un nuovo cantiniere...»

«Un nuovo cantiniere? Jacob è il migliore di Reims.»

«Probabilmente lo è anche, il migliore di Reims. Ma non mi basta. Voglio il migliore di tutta la Francia!»

Suo padre la guardò serio. «Di quanto è calato il fatturato?»

Barbe esitò. Saperlo era una cosa, dirlo a voce alta era tutt'altro.

«Circa del settanta per cento» rispose infine. «Ma non abbiamo ancora toccato il fondo. Sei tu che mi hai insegnato che bisogna sempre essere pronti a reinventare il mondo, papà. Pensa ai tuoi progetti. Neanche tu hai paura del futuro.»

Dopo che suo padre se ne fu andato, Barbe si ritrovò di nuovo a lambiccarsi il cervello. Si stava inventando tutto? Temeva un tracollo economico. Ma le riconosceva anche l'impegno e ammirava la sua forza di volontà. Non pretendeva che chiudesse l'attività. Almeno non al momento.

Si stiracchiò, si sentiva stanca come dopo una lunga passeggiata. Doveva ancora affrontare una conversazione con suo suocero. Era dipendente dal suo investimento di trentamila franchi tanto quanto lo era da quello di suo padre.

Georges bussò alla porta. «La disturbo, Madame?»

«No, no, entri pure» gli rispose ancora assorta nei suoi pensieri. «Che succede?»

«Il bilancio, Madame. È pronto.»

«Oh» rispose Barbe. Le servì un momento per riprendersi, si sedette alla scrivania e appoggiò le mani sul ripiano.

Georges le stava davanti e la guardava con uno scintillio negli occhi. Sembrava stanco, ma c'era dell'altro. C'era qualcosa che non andava nella sua espressione. Lo osservò più attentamente.

«Cosa c'è che non va, Georges? Cos'ha lì?»

«Niente, Madame. Il bilancio, Madame.»

«Non dica sciocchezze. Ho gli occhi per vedere.»

Barbe indicò la sua guancia sinistra. Georges sollevò la mano e si toccò il gonfiore evidente sulla mandibola.

«Non è niente» ripeté. Ma Barbe si accorse che voleva dire il contrario. Georges farfugliò.

«Non mi sembra proprio.»

Georges tacque.

Barbe si alzò e si avvicinò a lui.

«Ora mi lasci vedere.» Gli prese dolcemente la mano, la allontanò dalla guancia e tastò il gonfiore con cautela. Georges trasalì al tocco.

«Sembra che abbia un'infezione ai denti. Che cosa ci ha fatto?»

«Degli sciacqui con la camomilla» borbottò Georges.

«In basso a sinistra? Un molare? Mi faccia vedere.»

Georges la guardò terrorizzato e scosse la testa.

«E va bene, allora niente. È evidentemente gonfio, come la sua guancia. Probabilmente dovrà farselo estrarre.»

Gli toccò la fronte.

«Ha la febbre?»

Georges scosse di nuovo la testa. Sembrava davvero impaurito. Gli prese la mano.

«Se lo trascura, non farà altro che peggiorare» gli disse con dolcezza.

«Ci sono stato una volta, nel mio paese. Il barbiere nella piazza del mercato, lui ha...» si interruppe. «È stato terribile» mormorò abbassando lo sguardo. Barbe non l'aveva mai visto tanto miserabile.

«In Germania è ancora il barbiere che si occupa dell'estrazione dei denti?» chiese incredula.

Georges trasalì, stava davvero male. Le si strinse il cuore per la compassione.

«Non si preoccupi.» Andò alla scrivania e scrisse qualcosa su un foglietto. «Ecco. Questo è l'indirizzo di Monsieur Quesnel. È un chirurgo ed è esperto nell'estrazione dei denti. Vada con Alphonse, non dovrà allontanarsi da lei finché non tornerà a casa. Perché è lì che andrà dopo. Si riposi. Verrò io stessa questa sera per vedere come sta.»

Porse il foglietto a Georges con forza, il quale voleva protestare.

«Ma il bilancio...» iniziò a dire.

«Lo guarderò non appena se ne sarà andato. E pensi a questo: non potrà tornare finché non avrà sistemato questa faccenda.»

Lo guardò dalla finestra mentre attraversava la corte con le spalle basse. Poco dopo entrò in casa insieme ad Alphonse. Georges alzò lo sguardo, tentò un sorriso e la salutò con la mano. Barbe ricambiò il gesto.

Quando se ne fu andato, si sedette di nuovo alla scrivania e si tuffò nelle scartoffie. Georges aveva raccolto in una colonna i numeri più importanti, più all'interno c'erano i dettagli. Era tutto ben visibile e comprensibile. E il risultato era chiaro: nel complesso, le perdite ammontavano a trentaquattromila franchi. Barbe trasalì, era più di quanto avesse stimato. Iniziò a verificare i calcoli. Georges non aveva commesso alcun errore. Quella somma rappresentava l'intero costo del lavoro di un anno, operai e viaggi di lavoro inclusi.

Riprese in mano la penna e sottolineò alcuni numeri che aveva già calcolato in passato alla ricerca di ulteriori possibilità di risparmio. Aveva già licenziato la metà degli operai. Avrebbe dovuto diminuire ulteriormente il numero. Per quanto concerneva i commessi, già da qualche settimana aveva lasciato andare sia Kruthofer sia Christ. Sapeva che Georges le avrebbe consigliato di ridurre ancora, ma voleva evitarlo il più possibile. Le rimanevano i gioielli. Li aveva fatti valutare. Ammontavano a diecimila franchi. Anche se li avesse venduti in rimessa, avrebbe potuto sperare di ricavarci circa settemila franchi. Le fatture in sospeso ammontavano a seimila franchi. In qualche modo sarebbe dovuta riuscire a ottenerne almeno la metà. Alla fine le rimanevano sempre buoni ventimila franchi che dovevano essere recuperati in qualche modo. Avrebbero dovuto contrarre ulteriori debiti e pagare tassi ancora più alti, ma era fattibile. Doveva tenere a galla l'azienda per uno o due anni, forse tre. In seguito avrebbe guadagnato ancora di più. O almeno lo sperava.

Quella sera si recò alla casa dove abitava Georges. Non c'era mai stata e rimase un po' sorpresa di quanto fosse semplice. La padrona la fece entrare senza problemi. Evidentemente non aveva nessuna voglia di occuparsi del suo affittuario malato, anzi, sembrò sollevata che qualcun altro lo facesse al posto suo.

«Madame, è venuta davvero» mormorò Georges intorpidito dal sonno quando Barbe entrò. Era sdraiato sul letto, completamente vestito.

Barbe aprì la finestra per far svanire l'odore di alcol e di aria pesante. Da sotto, si sentivano voci e il rumore di un carro sulla strada. Si guardò intorno. In quella stanzina ci si poteva a malapena girare. Tutto l'arredamento era composto da un comò, sul quale c'era una ciotola per l'acqua, un'unica sedia e il letto. Sulla parete accanto alla porta c'erano alcuni libri. Georges viveva in condizioni davvero modeste, anche se il suo compenso gli avrebbe sicuramente garantito un alloggio migliore.

Barbe aveva portato del brandy, un decotto a base di chiodi di garofano contro il dolore, e alcune erbe, con le quali preparò un infuso aggiungendovi dell'acqua calda che aveva chiesto alla padrona di casa. Anche se Georges era sveglio, sembrava molto intontito.

«Com'è andata?» gli chiese.

«Meravigliosamente» mormorò il ragazzo tentando di alzarsi. «Davvero a meraviglia.»

«Le fa molto male?»

Si toccò la guancia che era ancora gonfia, ma scosse

la testa. «L'ho baciato, quel diavolo d'uomo.» Arricciò le labbra. «Per salutarlo l'ho baciato.»

«Chi ha baciato? Quesnel?»

Georges annuì. «Mi ha somministrato dell'oppio» disse con un sorrisetto beato.

«Oppio. E che altro le ha dato?»

Georges tastò il letto alla cieca e afferrò una fiaschetta fra le lenzuola. Barbe la prese e odorò il fluido all'interno. Era quasi vuota. Pensò all'alcol che aveva portato. Per il momento non gli sarebbe servito.

«L'ha bevuta tutta?» gli chiese.

Georges annuì con espressione fiera.

«Ovviamente non era buona come un Veuve Clicquot, ma ha fatto il suo dovere.»

Barbe lo guardò preoccupata. All'improvviso, Georges chiuse gli occhi e iniziò a russare, quindi Barbe si distese sulla sedia. Si prospettava una lunga nottata di veglia.

Il ragazzo si dimostrò particolarmente forte. Fece un paio di scossoni, ma senza rendersi conto della sua presenza, si voltò dall'altra parte e continuò a dormire. Un po' più tranquilla, Barbe si appisolò sulla sedia. Quando si svegliò all'alba e aprì gli occhi, incontrò il suo sguardo. Era seduto sul bordo del letto, si era lavato e pettinato e indossava una camicia pulita. Fuori pioveva. Nella stanza entrava aria fresca.

Le sorrise. Gli faceva ancora male la guancia e aveva gli occhi rossi, ma in confronto al giorno prima sembrava essersi ripreso del tutto.

«Come sta, Georges?» gli chiese massaggiandosi la

schiena dolorante. La stanza era talmente piccola che le loro ginocchia quasi si toccavano. Si allungò verso di lui e tastò il gonfiore.

«Meglio. Grazie a lei» disse Georges prendendole la mano che era ancora sulla sua guancia. «Grazie per aver insistito nel mandarmi da quel diavolo. E grazie per essere rimasta al mio fianco» disse guardandola negli occhi. Barbe voleva lasciare la mano, ma lui la teneva stretta e appoggiò le labbra sopra il dorso.

«Era naturale» rispose Barbe mentre quel tocco le mandò un brivido lungo la schiena.

«È così premurosa e mi sento in colpa per averle fatto trascorrere la notte su quella scomoda sedia.»

«È meglio che vada a casa» disse Barbe.

«È ancora buio, e diluvia.»

«Dovrei andare» ripeté Barbe e fece per alzarsi.

«Rimanga. Non può uscire con questa pioggia» disse Georges con voce roca. Le stava ancora stringendo la mano e, mentre parlava, Barbe percepiva il suo fiato sulla pelle. Era pallido, ma se si guardava solo un lato del suo volto, sembrava quasi più attraente del solito a causa dello sguardo febbricitante e leggermente aggressivo.

«Perché non si sdraia un po' qui, Madame? Ho cambiato le lenzuola. È il mio turno di occuparmi di lei.» Si alzò ed esitando le lasciò finalmente la mano, poi chiuse la finestra. Barbe rimase un attimo stordita in mezzo alla stanza. Poi si sedette a tentoni sul bordo del letto e dato che si sentiva davvero stanca ed esausta, si sdraiò. Georges le sistemò la coperta e si sedette sulla sedia. Barbe chiuse gli occhi, ma li riaprì un paio di minuti dopo scuotendo la testa.

«Così non va. Non trovo pace se lei sta seduto lì così.»

«Mi dispiace, chiedo scusa. Posso voltarmi.»

«Ma no, è lei qui il malato.» Si alzò. «È una cosa sciocca. Si sdrai lei, Georges. Io vado a casa» disse.

«No. Non lascerò assolutamente che esca con questo temporale» si rifiutò Georges.

«E va bene. Allora si sdrai accanto a me» ribatté Barbe e trasalì da sola per l'audacia della sua proposta. Era comunque troppo esausta per pentirsene onestamente e si voltò di lato per far spazio a Georges. Dopo una breve esitazione, Georges si alzò e si sdraiò accanto a lei.

Il letto era stretto e Barbe si avvicinò un altro po' al muro, ma rimanevano comunque attaccati. Si girò su un fianco e Georges si sistemò allo stesso modo alle sue spalle, come due cucchiai in un cassetto. Barbe sentì il suo calore sulla schiena, poteva udire e percepire il suo respiro, e come il suo petto si alzava e si abbassava. *È bello*, pensò Barbe, sentendo le farfalle nel petto perché si immaginò all'improvviso cosa avrebbe potuto provare se l'avesse abbracciata, e le si formò un sorriso. Dai pensieri nascevano sogni. Si lasciò cullare dal rumore della pioggia che batteva sulla finestra e si addormentò.

21

Un lunedì mattina di maggio, Barbe e Georges si misero in viaggio per la regione dello Champagne. A differenza dell'estate dell'anno precedente, Alphonse e Joseph non si unirono al viaggio, né il cocchiere, poiché decisero di spostarsi con un calesse trainato da un solo cavallo, più pratico per le stradine strette fra i vigneti. Georges, che si era ripreso dall'estrazione del dente, prese le redini e condusse il calesse nella valle del Vesle, poi verso Rilly-le-Montage passando per Ludes e Verzenay in direzione di Verzy, dove alloggiarono in una pensione.

A cena parlarono dell'azienda e degli esperimenti in cantina che Barbe, contro la volontà di Jacob, continuava a fare. Georges sembrava stressato per qualcosa, ma non voleva parlarne.

«Cosa c'è che non va, Georges? Noto un certo turbamento in lei.»

«E va bene» disse lui comunque esitante. «Ma non le piacerà ciò che ho da dire, Madame Clicquot.»

«Lasci che quello sia un mio problema.»

«Va bene» ripeté Georges. «Mi sono domandato se ha davvero senso, considerata la situazione precaria dell'azienda, continuare a investire tempo e denaro in idee il cui successo è un'incognita.»

«E a quale conclusione è giunto?» chiese Barbe quando notò che non proseguiva.

«Che è mio dovere consigliarle di rivolgere la sua attenzione su possibilità di guadagno più immediate e sicure» rispose con riluttanza.

«E quali sarebbero?» domandò Barbe accigliata.

«Vino fermo. Jacob ne produce uno eccezionale, da vendere a un prezzo accessibile. Possiamo comunque continuare anche a vendere champagne, ma minimizziamo i rischi.»

Barbe scosse la testa. Non si era aspettata una critica così aperta. «Parla proprio come un contabile. Mi ricorda Fourneaux.»

«Io *sono* il suo contabile, Madame» le ricordò Georges, visibilmente offeso.

«Come se non lo sapessi. Ma ne abbiamo discusso molte volte. Solo con lo spumante abbiamo un vantaggio sulla concorrenza dei produttori di Bordeaux e della Borgogna.»

«Non dovrebbe smettere di vendere champagne. Sto solo dicendo che potremmo cedere la produzione ad altri e che non dovremmo escludere a priori il vino fermo.»

«Non è mia intenzione. Ma per quanto riguarda lo champagne, dai tempi di Luigi XIV abbiamo imparato molto poco. E questo è un errore. Secondo il mio parere, il futuro della regione dello Champagne è nello spumante» insistette Barbe. «C'è qualcosa qui che rende il nostro vino speciale. Forse le uve, i terreni, il tempo o persino le cantine? Dobbiamo comprendere meglio di cosa si tratti. Da allora, quasi niente è cambiato o migliorato, se si escludono le bottiglie.»

Georges annuì. Il loro acquisto era compito di Barbe e ovviamente sapeva quanto quello fosse importante per lei. Barbe aveva sfruttato la concorrenza fra i vari produttori a suo favore, spronandoli a migliorarne la qualità. Grazie alla sua ostinazione, non solo avevano le bottiglie più robuste dell'intera regione, ma anche le più eleganti.

«Come ho detto, non le sto consigliando di rinunciare del tutto ai suoi progetti, Madame, bensì la esorto alla prudenza. Le probabilità che gli esperimenti in cantina si trasformino in guadagni a breve termine non sono molto alte.»

«Probabilmente nel breve termine no» rispose Barbe riflettendo. Non le piaceva affatto ciò che il ragazzo le stava dicendo, ma doveva ammettere che dopotutto era stata lei a forzarlo a esternare i suoi pensieri. «Non litighiamo, Georges. Apprezzo molto che voglia il bene dell'azienda, che sia economicamente in buono stato, e le prometto che prenderò sul serio le sue proposte.»

Il mattino del secondo giorno, dopo un'abbondante colazione, Barbe e Georges rimontarono in calesse per proseguire il viaggio. Ebbero una breve discussione, Georges trovava che il sedile non fosse abbastanza comodo per una signora, ma Barbe non era d'accordo, quindi si sedette accanto a lui sul sedile del cocchiere per poterci parlare più facilmente.

Si godette il viaggio e la vista. In quel periodo dell'anno, la foresta sulle montagne di Reims era invasa dal canto di vari uccelli. Nei punti in cui il sottobosco era illuminato dal sole, si estendevano tappeti multicolori di anemoni, ranuncoli e fiori di campo. L'aria era fresca e chiara e la strada era ben asciutta grazie a un lungo periodo di siccità. Il calesse viaggiava tranquillo. La loro meta era il paese di Cumières, in cui Barbe sperava di acquistare nuovi terreni. Ma in una così bella giornata, non aveva affatto voglia di parlare di affari e irritare nuovamente il suo contabile.

«Le piace vivere a Reims, Georges?» gli chiese.

«Moltissimo. Amo Reims.»

«Le manca mai la sua patria?»

«Direi di no, nello Champagne mi sento come a casa. In quanto a dimensioni e stile di vita, mi ricorda molto Mainz. E anche lì abbiamo un duomo.»

«Ah sì? Non lo sapevo.»

«È stato ricostruito dopo un incendio avvenuto molti anni fa. È molto più semplice della cattedrale che c'è qui ed è fatto di arenaria rossa.»

«Un duomo rosso?» esclamò Barbe. «Come può essere? Non riesco a immaginarlo.»

«Ha il suo fascino. Ma in quanto a bellezza la cattedrale di Reims lo supera di gran lunga. Ed entrambe le città non sono paragonabili a Parigi, nella quale ho trascorso alcune settimane.»

«Preferirebbe vivere a Parigi?»

«No, non a lungo almeno. Sono fatto per la provincia.»

Sorrise. «E di lei che mi dice, Madame? Le piace la sua città?»

«Io?» Sorrise anche lei. «Fino a ora non ho avuto motivo di domandarmelo. Sarebbe come chiedermi se mi piace il mio piede sinistro.»

«E…?» insistette Georges sghignazzando. «Suppongo che non abbia riserve nei confronti del suo piede sinistro. Che mi dice di Reims?»

«Cosa posso dire? Conosco ogni angolo della città. Ci ho trascorso tutta la mia vita e molti ricordi sono legati a essa, non solo belli, ma anche tristi. Ma quando la campana della cattedrale mi sveglia al mattino, mi sento al sicuro. Gli anni che ho passato dalle Giacobine senza quel suono sono stati terribili.»

«Capisco benissimo cosa intende, Madame.»

«In ogni caso, mi fa piacere sentire che le piace stare qui. E per quanto ho potuto notare, anche lei piace agli abitanti di Reims.»

«Non è una sorpresa, anche loro mi ricordano la mia patria in Assia Renana. Fanno volentieri festa e sono sempre molto diretti.»

«Forse a volte un po' troppo» sospirò Barbe.

«Dice?»

«Non posso negare che in certi casi gradirei un po' più di riservatezza. Qualsiasi cosa succeda, viene discussa apertamente, che uno sia d'accordo o meno. La mia decisione di portare avanti l'azienda di mio marito ha suscitato un bel po' di scalpore.»

«Se n'è mai pentita?» le chiese Georges. «Comunque,

per lei significa, be'...» cercò le parole adatte «intendo dire, non ha mai sentito il desiderio di risposarsi?»

«No» rispose Barbe semplicemente. «L'azienda è la mia vita. Eccetto Mentine, ovviamente. Mia figlia viene al primo posto. Deve poter condurre una vita agiata, ed è mio compito renderglielo possibile.» Sospirò di nuovo. «Al contrario, io sono un tipo strambo.»

«Ma no, come può dire una cosa del genere?» esclamò Georges.

Barbe rise clemente. «Per noi donne valgono altri metodi di misurazione rispetto agli uomini, mio caro. Mi creda, lo so, ho un fratello. E mio padre, per quanto mi voglia bene e tenga a me, non può far altro che misurarmi in modo differente. Una donna viene stimata in base al suo ruolo. Ma se io ho successo in un campo che di solito è riservato agli uomini, ciò non mi fa onore. Non mi dà certo il prestigio di una signora. Tutto ciò è solo... strano.»

«Io la vedo in modo del tutto diverso» disse Georges convintamente.

«Ne è sicuro? Sia onesto: si immaginerebbe sposato con una donna che conduce un'azienda propria?»

«Be', anche se me lo potessi immaginare, è assolutamente impossibile» rispose dopo averci riflettuto un po'. «L'uomo è il capofamiglia. Per la legge, la responsabilità è sua. Ma può concedere alla moglie una certa libertà di movimento. Può riconoscerle intelligenza e spirito.»

«Sì, può farlo» confermò Barbe. «Ma sarebbe un atto di carità. Dipenderebbe dalla sua benevolenza, non è vero? Non mi fraintenda, non metto in discussione l'ordine naturale delle cose. Per molte donne è giusto e appropriato, e la loro felicità dipende dal potersi concentrare sulla famiglia e sulla gestione della casa. Inoltre, la maggior parte degli uomini sarebbe giustamente sopraffatta da una donna che si immischia nei loro affari.»

Barbe notò che le sue parole lo avevano colpito.

«Devo ammettere di non aver pensato a questi aspetti,» ammise «perché non ho mai conosciuto una donna come lei prima d'ora.»

«È tutto a posto, Georges, e non so perché la sto affliggendo con questi temi. Troverà una donna attraente e intelligente con cui crescere una famiglia. Dio solo sa quanto si merita di essere felice.»

Georges era diventato silenzioso. Si schiarì la gola e quando riprese la parola, la sua voce era roca: «Madame Clicquot, ho qualcosa che mi pesa sul cuore da un po' di tempo. È che...» deglutì. «Voglio dire, ciò che intendo è che mi devo scusare con lei. Quella mattina mi sono comportato in maniera sconveniente nei suoi confronti e me ne dispiaccio. Non era mia intenzione, glielo assicuro.»

Barbe non rispose subito. Non pensava che ne avrebbero mai parlato. Ovviamente sapeva a cosa si riferiva. Quando si era svegliata in camera sua dopo l'estrazione del dente, Georges l'aveva abbracciata da dietro nel sonno. Qualche minuto dopo si era comunque svegliato ed era balzato giù dal letto.

Non ne avevano mai parlato. Fino a quel momento.

«Non ha nulla da rimproverarsi, Georges.» Barbe interruppe lo spiacevole silenzio che si era creato fra loro. «Erano circostanze insolite. L'estrazione del dente l'aveva affaticata in modo particolare. E inoltre...»

Si trattenne. Quell'istante era ancora ben vivido nella sua mente. Ciò che aveva provato. Come si era sentita. La vicinanza con Georges non era stata sgradevole. Tutto il contrario. Era rimasta sdraiata e si era goduta l'attimo, la pressione delle sue braccia sul fianco, il calore delle sue mani che le sfioravano il braccio.

«La verità è...»

Si interruppe di nuovo.

«La verità, Madame?»

«La verità è che è stato molto piacevole starle accanto.»

«Davvero?» le chiese guardandola in un modo che non seppe interpretare. C'era sorpresa, e anche qualcos'altro di misterioso.

Barbe gli sorrise, imbarazzata come una ragazzina. Ripensò alla discussione del giorno prima e si chiese se Georges la vedesse come una donna. Era la sua *patronne*, la sua superiore. Il suo cuore prese a battere a un ritmo forsennato. I raggi del sole e la leggera brezza le pizzicavano la pelle.

«Sì, Georges. Sono rimasta immobile per non svegliarla» aggiunse a voce bassa, ma prima che lui potesse dire qualcosa, il cavallo schivò un capriolo che era balzato all'improvviso sulla strada dalla boscaglia e si diede al galoppo.

«Fermo!» gridò Georges tentando di riprendere il controllo del calesse. Non gli riuscì. L'animale, fino a poco prima mansueto, non si lasciava tranquillizzare e continuava a galoppare all'impazzata. Barbe dovette stare molto attenta per non essere catapultata di sotto dal calesse. L'istante successivo comparve all'improvviso un'ombra al loro fianco. Era un giovane uomo che stava spingendo al massimo il suo purosangue, li superò con maestria, e sempre cavalcando a piena velocità afferrò le briglie del loro cavallo e lo fece lentamente rallentare, fino a farlo fermare del tutto un centinaio di metri più avanti. Georges balzò subito giù dal calesse e aiutò Barbe a scendere. «Tutto bene, Madame? È ferita?» disse, ancora senza fiato.

«Grazie, caro, va tutto bene» gli rispose, cosa che per sua enorme sorpresa rispecchiava la verità. Era spaventata a morte, ma ora che era finita, si rese conto che quella velocità le era persino piaciuta e si sentiva quasi elettrizzata. Tuttavia, lasciò che Georges la accompagnasse premuroso verso un ceppo sul ciglio della strada per farla sedere.

Georges si voltò verso colui che stava rassicurando il cavallo, il quale aveva la schiuma alla bocca e le narici allargate dalla paura. «È stato molto coraggioso. Posso chiedere a chi dobbiamo la nostra salvezza?»

Il giovane fece un inchino senza mollare le briglie. Barbe lo osservò con attenzione. Probabilmente non arrivava a vent'anni, aveva capelli scurissimi, quasi neri, un volto ovale e indossava una vecchia giacca di lana pregiata e stivali alti in pelle di mucca. Aveva le guance arrossate, sprigionava fierezza e zelo ed era un'immagine rassicurante che infondeva energia. Era evidente che l'accaduto lo avesse divertito molto.

«Conte Louis de Chevigné. Al vostro servizio» si presentò salutando scherzosamente.

Dieci minuti più tardi, ripresero il viaggio. I cavalli non erano feriti, ma avevano bisogno di riposo. Quindi lasciarono loro il tempo per riprendersi e conversarono con il nobiluomo che cavalcava accanto a loro.

«Non ho mai sentito parlare di un Conte di Chevigné» ammise Barbe.

«Non mi sorprende. Provengo dalla zona occidentale del Paese e non abito qui da molto tempo» spiegò il giovane.

Louis de Chevigné era in vena di chiacchiere e via via Barbe e Georges scoprirono la storia dell'intera famiglia del giovane nobile.

Raccontò che i suoi genitori erano stati giustiziati durante la Rivoluzione francese. Lui all'epoca era solo un infante, era sopravvissuto grazie al coraggioso intervento della bambinaia ed era cresciuto con dei parenti. In quanto unico figlio superstite, aveva ereditato il titolo di suo padre. Suo zio e tutore aveva da poco ottenuto un possedimento sulla Marna, il castello medievale di Boursault, in cui risiedevano.

«Mio zio al momento è in viaggio e tornerà al più presto fra una settimana. È un gran peccato, è una persona meravigliosa e avrebbe fatto volentieri la vostra conoscenza.»

«È troppo gentile. Io e Monsieur Kessler siamo in debito di gratitudine, conte. Forse avremo in futuro un'occasione per venire a farle visita» disse Barbe.

«Ma no, cosa dice? Perché in futuro? Non permetterò che alloggiate in una pensione. Mio zio non me lo perdonerebbe mai se non vi lasciassi pernottare da noi e non mi occupassi di trovarvi un nuovo cavallo.»

«Il cavallo sembra essere di nuovo a posto» ribatté Barbe che non sembrava riuscire a sfuggire al fascino del giovane. Non ci volle molto per convincerli ad accettare l'invito. Non era poi una grande deviazione, il castello si trovava proprio di fronte alla loro meta originale, il paese di Cumières, nella valle della Marna. Il conte, che si era avviato prima di loro, li accolse sulla porta e propose di fare una passeggiata.

«Dovete assolutamente ammirare il panorama» spiegò. «La casa padronale è in posizione un po' arretrata. La vista più bella è qui davanti, dove si trovano le rovine dell'antica fortezza.»

Barbe avrebbe preferito riposarsi, ma si lasciò contagiare dall'entusiasmo del loro ospite. Salirono la zona che un tempo doveva essere stata un parco, oltrepassarono una serra ormai decaduta e un boschetto, poi salirono sulle fondamenta del vecchio paese e raggiunsero il punto di osservazione.

Barbe rimase immobile, esterrefatta e incantata. Ai suoi piedi c'era la fertile valle della Marna e in mezzo al verde intenso dei prati, intervallati da gruppetti di alberi e campi, scintillava l'acqua del fiume, incastonato come una gemma preziosa. Un paio di spumose nuvole bianche solcavano il cielo e di fronte al pendio, illuminati dalla luce del sole, c'erano i vigneti. Il canto degli uccelli era in pieno fervore. La valle era inondata da continui cinguettii.

«Meraviglioso» disse. La libertà e l'apertura di quel paesaggio erano davvero incantevoli. Stare lì in piedi, circondata dai piacevoli suoni della natura e a respirare un'aria fresca e pulita, era in netto contrasto con le vie strette e lo sporco della città. «Ha di certo mantenuto la promessa, Monsieur.»

«Non è vero?» rispose Louis de Chevigné con una luce nel volto, come se avesse creato lui stesso quel paradiso. «Un giorno voglio costruire una casa proprio in questo punto. Sogno un salotto con questa vista. Non sarebbe fantastico?»

«Lo sarebbe eccome» confermò Barbe. «Sarebbe a dir poco magnifico.»

Dopo la passeggiata, il conte mostrò loro anche il cosiddetto *manoir*, l'unica costruzione rimasta in piedi dal medioevo. Si ergeva in una corte interna e aveva due torrette per i cannoni, impressionanti soprattutto per le qualità difensive. Eccetto ciò, era piuttosto privo di attrattiva. Anche il conte sembrava esserne rattristato, poiché parlò quasi tutto il tempo dei suoi progetti per la ricostruzione.

Barbe cercò lo sguardo di Georges. Nel corso della giornata si era fatto sempre più silenzioso. Più lei si intratteneva con entusiasmo con il giovane, più lui si faceva serio, quasi irritato.

«Che cos'ha?» gli chiese quando rimasero soli un paio di minuti. «Quale animale l'ha punta?»

«Non è niente» rispose Georges. Ma quando lei lo guardò scuotendo la testa, le chiese: «Che cosa pensa di lui?».

«Mi piace. Ha buone maniere. E un che di fresco.»

«Fresco? Non mi sorprende, ha solo sedici anni, quasi un bambino» ribatté Georges, inconfondibilmente di cattivo umore.

Barbe fece un profondo respiro, incerta se sentirsi divertita o turbata.

«Lo ritengo un giovane beneducato e coraggioso.»

«Può essere. Ma secondo il mio parere, un po' troppo presuntuoso riguardo alle sue origini. Lo guardi! Ha una valanga di idee, ma nessun mezzo finanziario. Né terreni o entrate. E di sicuro suo zio non ha deciso di sua volontà di vivere in questo casermone pieno di spifferi.»

«È ingiusto ciò che dice. Non deve rimproverargli la sfortuna che ha colpito la sua famiglia» rispose Barbe sopprimendo un sorriso. Georges era ambizioso. Attribuiva molto valore al successo con le proprie forze. Non le era mai stato così chiaro come in quel momento, e la cosa la catturò, poiché ci si rispecchiava. Non volle confermare il suo giudizio sul giovane conte, ma sentì che in ogni caso era soprattutto la sua aperta simpatia nei confronti di Louis de Chevigné che faceva adirare Georges.

Era geloso.

E se doveva essere del tutto onesta con se stessa, la cosa le piaceva.

Furono fatti accomodare in due camere nell'ala laterale del primo piano. Nel camino scoppiettava il fuoco e alle pareti erano appesi degli arazzi logori che conferivano alla stanza un certo calore e comfort, ma che non mascheravano il degrado. Era comunque meglio di una pensione, e un paio di ore dopo il conte offrì loro una lauta cena, per la quale furono probabilmente utilizzate le scorte di una settimana.

Barbe si godette la serata. Il padrone di casa si dimostrò spiritoso e affascinante, e anche molto acculturato nonostante la giovane età. Il suo precettore aveva disertato la settimana precedente, spiegò allegramente, quindi al momento era un fuorilegge. Ma disponeva di una grande biblioteca e si dedicava con passione allo studio e alla lettura. A partire dall'estate successiva, avrebbe frequentato la scuola militare.

Georges aveva fortunatamente abbandonato l'atteggiamento ostile. Prese di nuovo parte alla conversazione e, quando il discorso si spostò sulla letteratura, provocò il ragazzo. Ma poiché uno aveva letto prevalentemente i capolavori francesi e l'altro quelli tedeschi, Barbe trovò che si trattasse di un pareggio. Il conte non si lasciava comunque attaccare. Anzi. Sapeva come alleggerire l'atmosfera con storie allegre, in modo che Georges si rilassasse sempre di più. Alla fine della serata, Barbe si sentì rinvigorita come non lo era da tanto, grazie all'accesa conversazione e all'attenzione galante nei suoi confronti con cui i due cercavano di superarsi a vicenda.

Verso mezzanotte si alzò dalla sedia.

«Si è fatto tardi. Con il vostro permesso, mi ritiro» annunciò.

Il conte suonò il campanello per chiamare il cameriere, ma Georges si era già mosso.

«La prego, non si preoccupi, conte. Domani ci attende una lunga giornata. È giunta l'ora di ritirarmi anche per me ed entrambi andiamo nella stessa direzione.»

Quindi si congedarono insieme, lo ringraziarono per la serata e salirono la grande scala, dove Georges porse il braccio a Barbe che accettò con piacere l'offerta. Nonostante il freddo che regnava nell'ampio edificio, sentiva sempre più caldo a ogni passo. Si fermarono di fronte alla camera di Barbe.

«Buonanotte, Madame Clicquot.»

«Buonanotte, Georges» gli rispose, ma nessuno dei due si mosse. Erano molto vicini. Lui le prese la mano e Barbe non si spostò. Non era neanche sorpresa, bensì si sentiva come rassicurata. Era stata travolta da una calda corrente di affetto nei confronti di Georges e le era impossibile opporre resistenza ancora a lungo. Fra di loro c'era una profonda fiducia e lei, che nei quasi quattro anni da quando era rimasta vedova si era spesso sentita sola, aveva nostalgia di dolcezza e sicurezza con ogni fibra del suo corpo.

Restarono così a lungo. C'era un silenzio tale che si poteva sentire il crepitìo delle candele alle pareti.

«Oggi ha detto qualcosa che mi ha fatto pensare» disse Georges a bassa voce.

«Cosa? Che cosa ho detto, Georges?» rispose Barbe

sentendo le farfalle nello stomaco e notando la scarica di eccitazione in tutto il corpo.

«Che per lei è stato piacevole stare accanto a me. E che quella mattina non mi ha svegliato di proposito.»

«Volevo godermi la sua vicinanza ancora un po'» sussurrò Barbe.

«Ci ho pensato tutto il giorno. Ogni singolo minuto.» La sua voce era roca. Poi disse: «Barbe, lo devo fare. Anche correndo il rischio di perdere tutto, devo farle una confessione: lei è la donna più bella che io abbia mai conosciuto! Dica solo una parola, e non ne farò mai più menzione. Ma se posso sperare... se potessi stringerla fra le mie braccia anche solo una volta, la mia felicità sarebbe completa».

Barbe lo aveva ascoltato con il fiato sospeso. Sul volto di Georges lesse i sentimenti contrastanti, speranza, ansia e passione. Vide come combatteva tormentato, come avesse raccolto tutto il coraggio che aveva per farle quella confessione. Anche lei provava le stesse cose, già da molto tempo.

Ma c'era ancora qualcosa che la tratteneva.

Alzò la mano e lo accarezzò sulla guancia. «Caro, caro Georges. Le ho detto come la penso. La mia decisione è irrevocabile, non mi...»

«Non mi importa» esclamò Georges, poi si calmò subito, le prese la mano nella sua e le parlò con tono persuasivo. «Cerchi di capirmi, mia gentile Barbe. Nessuno lo deve scoprire. Solo io e lei, rimarrà il nostro segreto. Se mi rifiuterà, lo accetterò. Ma per me è impossibile non aprirmi con lei. Se sapesse quanto ho sofferto negli ultimi giorni e settimane. Ora sa tutto. Faccia di me e del mio cuore ciò che preferisce.»

«Oh, Georges» rispose con la voce smorzata. «Fare di lei ciò che preferisco? Niente di più lontano dai miei pensieri. Il mio più grande desiderio è che lei rimanga al mio fianco di sua volontà.»

«Ma sta tremando» disse Georges spaventato. In effetti, Barbe stava tremando come una foglia. «Non era quello che volevo.»

Barbe scosse la testa. «È solo la felicità. Non credevo che avrei mai più sentito una confessione del genere.»

Georges esitò per una frazione di secondo, poi la abbracciò e si baciarono. Nel momento in cui le loro labbra si unirono, Barbe ebbe l'impressione che il suo corpo volesse fondersi con quello di Georges. Sprofondò nel suo abbraccio e nel suo bacio, inebriata dalla dolcezza delle sue carezze. Non esistevano più ostacoli né resistenze. C'erano solo loro due e i loro respiri sempre più affannati, l'eccitazione che l'aveva travolta e che li spinse come un unico corpo dentro la sua stanza.

Pochi minuti dopo erano quasi nudi, uno davanti all'altra. Il fuoco nel camino era stato ravvivato da poco e bruciava con vigore, riempiendo la stanza di calore e luce. Barbe si tolse la camicia dalle spalle, l'unica cosa che le era rimasta addosso. Ora che si era decisa e che le cose erano state dette apertamente, si sentiva libera come mai le era accaduto nella sua vita. Persino più libera che con François. Erano passati anni dai tempi del suo matrimonio ed era più matura, quindi accettò il regalo che le aveva offerto Georges dal profondo del cuore e senza vergogna. Osservò il suo amante a lungo. Georges aveva braccia e gambe muscolose, cosa che apprezzava in modo straordinario, poiché non aveva mai avuto un debole per gli uomini flaccidi, e un torace scolpito e quasi completamente glabro che ricordava una statua greca. Indossava ancora i pantaloni di lino che gli cadevano bassi sui fianchi e da cui poteva intravedere un accenno dei suoi lombi, ma che lasciavano alla sua immaginazione ciò che c'era sotto, cosa di cui era grata, poiché temeva che altrimenti non sarebbe stata in grado di sopportare l'intensità dei suoi sentimenti. *È bellissimo*, pensò. E la dolcezza che provava per lui era autentica, reale e sincera, proprio come il desiderio che la stava travolgendo come un fiume in piena.

Georges osservò il suo corpo nudo con reciproco interesse. Notò senza la minima vergogna come il suo sguardo scivolò dalle spalle al suo piccolo seno sodo, poi all'arco della sua vita e alle sue gambe magre e ben fatte, fino alle fini dita dei piedi. Barbe sentì la vampata di calore che arrivava dal camino sulla pelle, solitamente coperta da molti strati di stoffa. Poi Georges le si avvicinò e le sciolse l'acconciatura, tolse ogni singola spilla dallo chignon finché una cascata di capelli biondi le avvolse le spalle. Percepiva la sua vicinanza, respirò il suo profumo e quando le prese il volto fra le mani per baciarla di nuovo con passione, si lasciò andare volentieri, fuse il corpo al suo e Georges, con un singolo e fluido movimento, la sollevò e la portò nel letto.

22

Poche settimane dopo la gita in campagna, Barbe, Georges e Alphonse erano in ufficio di prima mattina. Davanti a loro c'era una montagna di fogli, lettere, bilanci e libri contabili. Monsieur Leclerc era disponibile a concedere un ulteriore prestito all'azienda Veuve Clicquot Fourneaux et Cie., e aveva predisposto alcune condizioni. Dovevano quindi chiarire se e come quelle condizioni potessero essere rispettate e fornire le relative garanzie a Leclerc.

Era un compito difficile, ma Barbe era nervosa per tutt'altro motivo: ogni volta che alzava lo sguardo, incontrava quello di Georges. E lui le faceva l'occhiolino. Scuoteva appena percettibilmente la testa e a fatica riusciva a nascondere un sorriso. Era rischioso. Alphonse non era ingenuo e se Georges scherzava in maniera troppo aperta con lei, non gli sarebbe di certo sfuggito. Si alzò e uscì dalla stanza. Poco dopo Georges la seguì nello stretto corridoio che conduceva giù nel ripostiglio che nessuno utilizzava mai, poiché la porta di collegamento era chiusa e dall'altro lato c'era uno scaffale pieno di boccali, ciotole e vasi in terracotta. Lo guardò accigliata ma prima ancora che potesse prendere fiato per rimproverarlo, Georges posò le labbra sulle sue e la baciò con dolcezza.

«Splendida creatura» le sussurrò all'orecchio quando qualche minuto dopo si staccarono l'uno dall'altra. «Ti sogno di giorno e di notte.»

«Fai silenzio» gli disse Barbe mettendogli un dito sulla bocca. Un ampio sorriso le solcava il volto. Era sempre così: non riusciva proprio a rimanere arrabbiata con lui, ed era un bel problema. Non si era mai sentita così attratta da un uomo prima di allora e quando gli stava accanto, quando poteva sentire il suo profumo e vedere il suo volto attraente con quelle labbra sensuali così vicino a lei, ogni prudenza si scioglieva come neve al sole. Perché desiderava solo che la baciasse senza fermarsi mai.

Da fuori arrivarono i rumori di una carrozza e lo scalpitio degli zoccoli di un cavallo, insieme a delle voci, e i due si fermarono davvero. Barbe spinse le mani contro il petto di Georges con decisione.

«Lasciami andare, incosciente che non sei altro» disse sottovoce sorridendo.

Georges mollò la presa riluttante.

All'ingresso della corte, Jacob stava parlando con un uomo in abito e cilindro.

Ma quello è…, pensò Barbe. Non appena vide il profilo, ne fu certa: il nuovo arrivato era di sicuro Louis Bohne. Era emozionata, felice, e anche qualcosa di completamente diverso, sentiva una certa apprensione. Non aveva calcolato di rivederlo così presto. Lo aspettava non prima di un altro paio di settimane.

«Louis!» lo chiamò. «È lei! È lei davvero!»

Gli andò incontro a braccia aperte. Louis si tolse il cappello e fece un inchino formale.

«Sono lieto oltremisura di vederla in buona salute, cara Madame Clicquot.»

«Sempre il solito! Mio caro amico!» disse Barbe dandogli due baci sulle guance e asciugandosi una lacrima. Era sopraffatta e anche Louis sembrava commosso, aveva gli occhi lucidi.

«Quando è arrivato a Reims?» gli domandò.

«Ieri sera con la diligenza da Épernay. Le ho mandato un messaggio» aggiunse.

«Davvero? Non l'ho ricevuto. Non importa. Ha già fatto colazione? Di sicuro no. Chiederò alla cuoca di prepararle qualcosa e poi beviamo una tazza di caffè insieme.»

Per nascondere quanto fosse nervosa, stava parlando in modo eccessivo e troppo velocemente, e solo dopo un po' si accorse che Georges era uscito dalla porta.

«Ah, che sciocca che sono. Georges Kessler, Monsieur Bohne» li presentò. «Ma cosa sto dicendo? Vi conoscete già.»

«È davvero lei, Georg? L'ultima volta che l'ho vista era alto più o meno così.» Louis indicò con la mano poco sotto il mento.

Georges rise. «È molto probabile.»

«Si unisce a noi, Georg? Ovviamente solo se Madame è d'accordo.»

«Questo purtroppo è escluso, Monsieur Kessler ha troppo da fare, non è vero?» Barbe rispose prima che potesse farlo lui stesso, quindi al ragazzo non rimase altro che annuire. Era ancora accaldata per il bacio e scossa dall'apparizione improvvisa di Louis, e in quel momento il pensiero di sedere a un tavolo con entrambi le sembrò poco allettante. *Uno alla volta*, pensò.

Non ebbe un minuto per se stessa prima del pomeriggio. Era seduta alla scrivania con la penna in mano, senza però scrivere nemmeno una parola, immersa nei suoi pensieri.

Louis le aveva raccontato molto sui rapporti con la Russia e niente di quanto riferito le aveva riacceso la speranza. Anzi. All'inizio, aveva auspicato che l'alleanza tra Francia e Russia potesse avere effetti positivi. Invece, era andato tutto al contrario. Le condizioni per gli affari si erano fatte sempre più difficili. E oltre a tutti quei problemi e preoccupazioni, la attanagliavano anche pensieri sulla questione personale di cosa provasse Louis per lei.

Assorta nelle sue riflessioni, si faceva scivolare la penna fra le dita. Tre anni prima pensava che il tempo non potesse curare le ferite. Né quelle che François le aveva inferto con la sua morte, né quelle che Louis le aveva causato con la sua partenza improvvisa. Il suo comportamento l'aveva offesa. Non che fosse innamorata di lui, ma le mancava soprattutto l'amicizia senza complicazioni e la fiducia. In quel momento si era resa conto per la prima volta cosa volesse dire essere vedova. Ogni uomo che toccava, amava e desiderava, metteva in pericolo la sua indipendenza. E l'indipendenza, ne era certa, era la cosa a cui teneva di più al mondo.

Ma poi era arrivato Georges, ed era diventata imprudente. Non poteva neanche spiegargli come stavano esattamente le cose senza svelare il segreto suo e di Louis.

O forse doveva…? No.

Barbe scosse inconsciamente la testa. Per nessun motivo al mondo avrebbe raccontato a Georges dei sentimenti di Louis nei suoi confronti. Avrebbe significato gettare olio sul fuoco.

Bussarono alla porta. Apparve Georges.

«Disturbo?»

«Che c'è?» La sua stessa voce le sembrò fredda e assente. Ma lui non si lasciò intimidire.

«Te lo volevo chiedere io» disse entrando e rimase a una certa distanza dalla scrivania. Sembrava percepire che non fosse il momento giusto per un incontro intimo.

«Monsieur Bohne è andato via? Quali sono le novità?»

Barbe sospirò e posò la penna ormai secca.

«L'imperatore è stato a Épernay.»

«Da Moët?»

Barbe annuì. «Esatto. Bonaparte ha fatto visita al suo vecchio amico.»

«Napoleone è davvero innamorato di questa regione. Tuttavia, finché ordina solo da Moët, non ci serve a molto. Ma perché Bohne è tornato già adesso? Non lo aspettavamo prima dell'autunno.»

«La situazione in Russia è disperata» rispose Barbe onesta e obiettiva. «Alla fine Bonaparte è riuscito a convincere i russi a mettere in atto il blocco del commercio verso la Gran Bretagna, ma ciò rovina anche l'economia russa. Gli inglesi acquistano legna, lino e pece per le navi da altre parti. E viceversa, non vengono più importati caffè, tè, tabacco o zucchero dalle colonie inglesi. Non è solo il popolo russo a soffrire di queste restrizioni, ma anche lo Stato. Le entrate fiscali sono diminuite in modo drastico. Per dirla in altre parole, fanno affari solo i contrabbandieri adesso. Louis sostiene che fosse inutile rimanere.»

Georges incrociò le braccia al petto.

«Allora è più che giusto che Monsieur Bohne impieghi il suo talento di venditore in zone più vicine.»

Barbe lo guardò accigliata. C'era forse una nota di ostilità nella sua voce? Ma no, era impossibile che fosse geloso di Louis. Al massimo, poteva essere il contrario. Doveva stare attenta a non complicare ulteriormente le cose, più di quanto non lo fossero già.

«Louis afferma che l'insoddisfazione in Russia cresce ogni giorno. Non sa dire con esattezza quanto ancora lo Zar manterrà un rapporto amichevole con la Francia. I suoi connazionali prima o poi smetteranno di sostenerlo. E quando ciò accadrà...» si interruppe.

Georges la guardò sorpreso. «Cosa intende Monsieur Bohne? Parla forse di una possibile guerra? Una guerra tra Francia e Russia?»

«O al contrario. Comunque la si giri, sarà così, Georges, e lo spumante perderà importanza. Per il momento, credo che venderemo vino rosso ai francesi.»

23

Il sole splendeva alto nel cielo azzurro mentre Barbe si dirigeva verso Saint-Brice insieme ai suoi genitori. L'inaugurazione della filanda meccanica Ponsardin et fils era probabilmente uno degli eventi sociali più importanti di Reims di tutto l'anno. Ma l'umore era pessimo. Tante aziende e commercianti avevano dovuto licenziare molti dipendenti, come anche Barbe e Fourneaux. Data la situazione, i macchinari che avrebbero preso il posto degli operai, privandoli del salario, non erano ben visti. Invece di una festa popolare fu organizzata solo una piccola cerimonia, con un'orchestra, alla quale furono invitati in totale circa ottanta persone fra cui amici commercianti, fabbricanti e appartenenti alla nobiltà.

Barbe osservava divertita suo padre. Nicolas Ponsardin sembrava assente mentre ripassava il discorso che avrebbe dovuto tenere poco dopo. Muoveva le labbra in silenzio.

Sua madre era seduta accanto a lui. Indossava un abito in seta blu con le maniche a sbuffo bordate d'oro e una stola in cachemire color crema, anch'essa decorata con cuciture dorate. In testa sfoggiava un cappello blu ornato di piume bianche. Era molto elegante, forse anche un po' troppo per un evento nel bel mezzo del giorno. Osservò l'abito verde scuro in moiré di Barbe con espressione critica, così come il semplice cappello piatto della stessa tinta, la cui unica nota di colore era la punta bianca.

«Quanto ancora porterai i colori del lutto, figlia mia?» le domandò mentre la carrozza percorreva la strada ricoperta di foglie ormai dai colori autunnali verso Vesle.

«Lascia perdere, mamma» rispose Barbe. Non aveva alcuna voglia di discutere o litigare. Per cambiare argomento, le chiese del bracciale d'oro cesellato che indossava e che non aveva mai visto. «Un regalo di papà?»

«No, è un cimelio di famiglia. Sai, la prozia che è deceduta di recente.» Sospirò e gingillò con l'anello. «Tuo padre non ha tempo per questo genere di cose.» Si voltò verso il marito che non aveva preso parte alla conversazione e gli tolse un minuscolo granello di polvere dalla spalla.

Alla fabbrica l'atmosfera era quella di una première a teatro. Quasi nessuno era ancora seduto sulle sedie decorate con i fiori che erano state disposte in semicerchio di fronte a un palco nella piazza antistante. Tutto il mese di ottobre era stato mite e secco e il terreno era polveroso ma non fangoso, ed era stato sufficiente ricoprire un paio di buche con della ghiaia. La banda e l'oratore avevano il loro palco. Gli ospiti gironzolavano qua e là sotto il sole di ottobre, le dame con scialli e parasole mentre i signori indossavano il cilindro; tutti ridevano e scherzavano e molti approfittavano dell'occasione per osservare da vicino quei nuovi e meravigliosi macchinari. Barbe se li era già fatti mostrare da Baptiste due settimane prima: attrezzature gigantesche che funzionavano grazie alla forza dell'acqua. Nella prima fase i fusi giravano automaticamente, nella seconda i fili venivano arrotolati sul rocchetto. L'operaio che curava il macchinario doveva utilizzare tutta la forza fisica possibile per rimettere il macchinario nella posizione iniziale. E non poteva commettere nemmeno il minimo errore.

Era stato uno spettacolo affascinante e poiché la lana poteva essere filata direttamente sul posto in grandi quantità, e non doveva più essere importata dall'Italia o dalla Spagna, il maggiore ostacolo per la filatura era superato. La qualità non era quella della lana tessuta a mano, ma andava più che bene per le stoffe economiche che servivano in grandi quantità. Senza dubbio, quella fabbrica avrebbe arricchito suo padre e suo fratello.

Barbe aveva perso di vista i suoi genitori, ma in un angolo notò sua sorella e Thérèse e stava per andare a fare due chiacchiere con loro, quando fra i presenti vide anche Georges. Stava conversando con due giovani sconosciute, cosa che non la sorprese affatto. Il suo fascino naturale gli rendeva facile fare amicizia e conoscenze. Barbe osservò da lontano, ma quando si accorse che stava studiando in modo troppo pressante gli sguardi e le movenze del suo amante, si infuriò con se stessa e distolse l'attenzione. Non aveva alcun diritto su di lui, eppure si sorprendeva a farlo, più e più volte, in segreto, nonostante gli avesse persino proibito di trattarla in altro modo se non come un suo superiore quando erano in pubblico.

Era meglio non incontrarlo in occasioni pubbliche, quindi entrò dentro la filanda, in cui c'era un rumore assordante di acqua e un forte odore di metallo e lubrificanti. Si fermò davanti alla ruota dell'acqua. Il tirante che collegava la ruota alle macchine era stato sganciato, per cui questa girava ma non poteva azionare nulla. Era un'eccezione. Presto quei macchinari sarebbero stati in funzione giorno e notte. Guardò la vasca dove si formava la schiuma, ma per quanto si impegnasse a togliersi dalla testa quei pensieri incessanti, non le riuscì.

Louis era tornato a Reims da tre mesi e da allora il rapporto fra i due uomini non era migliorato. Litigavano di continuo su quale fosse il modo migliore di proseguire. Georges lamentava gli alti costi di acquisizione e di trasporto che riducevano al minimo i profitti. Secondo il suo parere, c'erano troppi piccoli acquirenti che ordinavano una o due volte una trentina di bottiglie e poi più niente. Esigeva che si concentrassero solo sui commercianti e di non consegnare più ordini a tutti gli altri, cosa che Louis disapprovava in pieno. E se quello non fosse già abbastanza, temeva anche che Louis avesse intuito qualcosa della relazione segreta fra lei e Georges.

E anche se avrebbe mentito volentieri, Barbe dovette ammettere di essersi innamorata di lui. A seconda che fossero il cuore e il corpo o la mente a comandare, godeva o malediceva quello stato. Era allo stesso tempo irragionevole e meraviglioso. La segretezza della loro relazione e il fatto che fosse proibita avevano un fascino irresistibile che stimolava ulteriormente l'immaginazione e i desideri di entrambi. Nei momenti di lucidità, Barbe temeva però che proprio quel giocare a nascondino, che al momento poteva essere affascinante per Georges, potesse poi nel tempo risultargli scomodo o addirittura ripugnante.

Tirò fuori l'orologio. Mancavano solo dieci minuti all'inizio della cerimonia. Quando lo ripose nella tasca, vide Georges dietro a uno dei macchinari. Stava parlando con qualcuno, sembrava che stessero litigando. Cauta, Barbe sbirciò dietro l'angolo.

Era Louis.

I due erano in piedi uno davanti all'altro e urlavano sopra il rumore dell'acqua. Non era il posto migliore per una conversazione. Sembrava più che volessero saltarsi addosso.

Barbe si guardò intorno per controllare se qualcun altro si fosse accorto di ciò. Ma dato che il discorso sarebbe cominciato entro pochi minuti, la sala si era svuotata. All'inizio indecisa sul da farsi, se lasciarli discutere da soli e andare a prendere posto oppure intromettersi nella discussione, optò poi per rimanere nascosta e continuare a guardarli.

Georges stava gesticolando con vigore, mentre Louis era sempre più impassibile. Ma poi il ragazzo disse qualcosa che fece sbottare Louis. Si avvicinò a Georges e sottolineò le parole puntandogli il dito contro il petto. A ogni tocco, Georges indietreggiò di un passo, fino a trovarsi con le spalle contro una sbarra che assicurava provvisoriamente il canale d'acqua. Proprio dietro di lui girava la pesante ruota in legno.

Barbe osservò spaventata ciò che stava accadendo. Georges era più alto di Louis, e più forte, e se avesse deciso di colpire Louis, non avrebbe di sicuro avuto problemi. Dall'altra parte, Barbe ricordò che Louis le aveva raccontato di quanto fosse stato burrascoso in gioventù. Da ragazzo, non passava giorno al porto senza che si cacciasse in qualche rissa. Forse stava provocando Georges di proposito, in modo che fosse lui a sferrare il primo colpo.

Barbe decise di agire e uscì dal nascondiglio nel momento esatto in cui Georges sollevò il pugno e lo scagliò verso la mandibola di Louis. Questi si scansò, si lanciò contro Georges e lo buttò a terra.

Nessuno dei due si accorse di lei.

«*Mon Dieu*, Louis, Georges, cosa state facendo?» gridò correndo verso di loro. La sua voce fu ovattata dal rumore dell'acqua.

Louis teneva Georges per il collo e aveva il pugno pronto per colpirlo in volto, ma il ragazzo lo schivò, trascinò Louis con sé ed entrambi finirono rotolando sul pavimento. Si strattonavano, si spingevano, e un attimo dopo erano sdraiati proprio accanto al canale. Georges colpì poi Louis, ed entrambi erano pericolosamente inclinati lungo il bordo. La ruota di legno con le possenti pale si muoveva in modo regolare e senza sosta. Se fossero caduti lì dentro, sarebbero morti entrambi.

«Adesso fatela finita!» urlò Barbe, ma i due non reagirono, anzi, continuarono a colpirsi, con braccia, gambe e la loro testa sempre più vicine all'acqua.

Barbe rifletté dubbiosa sul da farsi. Era troppo bassa e debole per dividerli, nel peggiore dei casi l'avrebbero trascinata con loro. Lo scontro non accennava a fermarsi, nonostante il forte rumore dell'acqua si sentivano i colpi e i gemiti. Georges riuscì ad alzarsi in piedi e si scagliò contro Louis, che a sua volta lo rispedì a terra piegato in due con un movimento abile. Ma Georges si voltò velocissimo e fece di nuovo cadere Louis, e ancora una volta i due rotolarono vicinissimi alla ruota. Louis colpì Georges al mento con la mano destra ma perse l'equilibrio, apparentemente le forze lo abbandonarono, e Georges rispose al colpo. Gemendo per il dolore, Louis si rotolò sul fianco. Entrambi rimasero sdraiati a terra ansimando.

«Louis! Georges!» urlò Barbe infuriata. «Siete impazziti?»

I due la fissarono respirando affannati.

«Santo cielo, ma cosa vi passa per la testa?» gridò, quasi in lacrime per l'orrore e la rabbia. L'occhio destro di Louis era gonfio, riusciva a malapena ad aprirlo. Georges aveva ricevuto due sonori colpi sul mento e sul naso. Entrambi erano in condizioni orribili, gli abiti strappati e spiegazzati e i capelli sottosopra. «Come avete potuto?»

«*Sh-u-si*» balbettò Georges, prese un fazzoletto e se lo premette sul naso sanguinante.

«Che ha detto?»

«Scusi» ripeté Georges un po' più chiaro.

Louis si alzò a fatica, lisciò la giacca stropicciata e

porse la mano a Georges per aiutarlo. Andarono da lei barcollando.

«Che diavolo è successo?» Barbe guardò prima uno poi l'altro. Il suo sguardo si fermò su Louis.

«Parli!»

Il vecchio amico la guardò afflitto e alzò le spalle.

«Non posso.»

«Louis!»

Bohne abbassò lo sguardo. «La prego, mi perdoni. Mi dispiace molto, non sarebbe dovuto succedere» disse. Sembrò accorgersi della situazione. Georges, ancora con il fazzoletto premuto sul naso, la guardò con gli occhi sbarrati, ma non porse nessuna scusa.

«E va bene» disse Barbe, che si sentiva come se i colpi li avesse ricevuti anche lei. Da fuori arrivò il suono della fanfara dell'orchestra.

«All'ingresso c'è un'uscita sul retro. Andate subito a casa.»

24

Il mattino seguente Barbe aveva ancora stampato in mente l'accaduto. Il resto della giornata precedente, fino al ricevimento serale a casa di suo fratello, era trascorso senza incidenti. Nessuno aveva menzionato la scazzottata, quindi nessuno si era accorto di niente.

Louis fu il primo a incontrarla. Alle otto del mattino si presentò nel suo ufficio, vestito e pettinato con cura, nel chiaro intento di mascherare con un certo contegno il pietoso stato.

«Buongiorno, Madame Clicquot.»

«Monsieur Bohne.» Barbe gli fece un cenno con la testa, poggiò le mani sulla scrivania e lo guardò con aria d'attesa. Era rimasta sveglia metà notte a rimuginare sull'accaduto, ma non aveva comunque idea di cosa avrebbe dovuto dirgli. La rabbia che l'aveva travolta il giorno prima si era quasi del tutto dissolta. Guardò compassionevole l'occhio gonfio di Louis, ma non gli offrì di sedersi. Una piccola punizione era ciò che ci voleva per lui.

«Fa molto male?» gli domandò.

«No, Madame. Ma non merito la sua solidarietà.»

Barbe lo osservò pensierosa. «Può rispondere a una domanda?»

«Ci provo.»

«Perché mi ha consigliato Georges Kessler?»

«Perché è un contabile eccezionale.»

«È vero. Ma ho come l'impressione che non le piaccia in modo particolare.»

Louis si schiarì la gola e abbassò lo sguardo sulle mani. «No, non è che non mi piace, Madame Clicquot. Abbiamo semplicemente opinioni diverse riguardo a varie cose, tutto qui.»

«Tutto qui? Non è certo un buon motivo per prendersi a pugni.»

Scrollò le spalle.

«Louis, qual è il problema?» chiese con tono più dolce.

Non rispose subito. Barbe gli leggeva in viso quanto stesse combattendo con se stesso. «Non mi piace il modo in cui la guarda» ammise infine.

Si sentì avvampare. Allora era così. Louis era geloso. Cercò tuttavia di mantenere la freddezza. «E com'è che mi guarda, Monsieur Bohne?»

«Credo che lo sappia.»

«E lei gli ha detto che non dovrebbe guardarmi così?»

Louis si schiarì di nuovo la gola. «È possibile che abbia accennato qualcosa del genere, sì.»

«E Georges cosa le ha risposto?»

«Che non erano affari miei, soprattutto dato che…» si interruppe e abbassò lo sguardo a terra.

«Dato che cosa?»

«Soprattutto dato che il prossimo anno mi sposerò.»

Barbe rimase così di stucco che gli chiese di ripetere ciò che aveva appena detto.

«Il prossimo anno mi sposerò» ripeté.

«Lei? Lei si sposerà, Louis?» Lo guardò sbalordita. Lui annuì.

«Una giovane dama di Stoccarda. Glielo avrei voluto confidare da tempo.»

Le ci volle qualche momento per elaborare il tutto, ma era così sollevata che balzò dalla scrivania e si lanciò a felicitarsi con lui. «Ma è meraviglioso! Le mie più sincere congratulazioni. Ma santo cielo, perché lo ha tenuto segreto?»

«Pensavo, be', dato che... Lei sa cosa provo per lei, Madame» ammise Louis.

«Louis, parla della lettera che mi ha scritto? Sono passati anni. Non mi deve assolutamente niente. Mio caro amico, è davvero la notizia più lieta che ho sentito da tanto tempo!»

«Allora non le dispiace?»

«Di certo sono sorpresa, ma no, non mi dispiace affatto. Tutto il contrario! Sono molto felice per lei.»

«Sa che ho sempre desiderato una famiglia.» La guardò con aria quasi timida e all'improvviso sembrò molto più giovane di quanto fosse in realtà. «Con lei me la sarei immaginata.»

«Lo so, Louis.» Gli sorrise.

«Lo sposerà?» le chiese.

Barbe sussultò. «Chi, Georges? No. Certo che no!» esclamò.

«Sia ringraziato il Signore» si lasciò sfuggire Bohne, sembrando allo stesso tempo triste e sollevato. «Mi perdoni, ma per me è stata dura. Vedere lei e Kessler così…, vedere come lui la…» Si interruppe e si morse il labbro. «Ma ora che so che non lo ama…»

«Non è *questo* che ho detto» disse Barbe, maledicendosi nello stesso istante. Louis la fissò con gli occhi spalancati.

«Ma io pensavo…» Louis non terminò la frase.

«Non ha alcuna importanza se io lo amo o no» esclamò Barbe, furiosa per la propria stupidità. «Non lo sposerò. Non sposerò nessuno!»

Sentì un rumore e si voltò di scatto. La porta dell'ufficio si era chiusa da sola con un gran tonfo e fuori Georges stava attraversando la corte a grandi passi. Doveva aver sentito ciò che aveva appena detto. Avrebbe voluto aprire la finestra e chiamarlo, ma era già sparito fuori dal cancello.

Un po' irritata, si girò di nuovo verso Louis. «Accidenti a lei, Louis. Mi rende la vita davvero difficile.»

«Mi perdoni» disse lui guardandola sgomento, ma con una vena di soddisfazione.

«Lei e Georges, entrambi!» Barbe si voltò ancora. Era esausta e confusa a causa di tutti quei sentimenti contrastanti.

«Mi perdoni, Madame. Glielo ripeto, mi perdoni davvero. Non accadrà mai più.» Prese la sacca che aveva appoggiato vicino alla porta. Barbe si accorse in quel momento che indossava abiti da viaggio.

«Se ne va?» gli chiese.

«Ho già rimandato la partenza troppo a lungo. Il Belgio mi attende.»

Prima che Barbe potesse dire qualcosa, Louis fece un inchino e si voltò con un «*Adieu*, Madame» e uscì dall'ufficio. Barbe lo osservò affrettarsi nella corte verso il cancello.

Si lasciò cadere esausta sulla sedia. Attese tutta la mattina, ma Georges non tornò.

Verso mezzogiorno, apparve sua sorella per accompagnare Mentine a lezione e la invitò nel suo salotto quella sera. Il salotto di Clémentine, in cui si chiacchierava o si giocava a carte, era molto apprezzato a Reims. La invitava sempre, e Barbe rifiutava ogni volta per mancanza di tempo.

Ma quel giorno accettò.

Clémentine, già in procinto di andarsene, rimase stupita.

«Verrai?» le chiese.

«Ma certo» rispose Barbe.

«Che cosa è accaduto ieri? Dov'eri durante il discorso?» le chiese Clémentine mentre si infilava i guanti.

«Non essere così curiosa. Forse un giorno te lo racconterò» disse Barbe sorridendo, nonostante non fosse proprio in vena di ridere.

Ma era ancora meno in vena di dare spiegazioni.

Barbe era andata dalla sorella per evitare di rimanere tutta la sera in casa a rimuginare, ma aveva dimenticato perché evitava sempre quella compagnia. Verso mezzanotte si diresse a casa con la testa e le orecchie piene di chiacchiere e pettegolezzi su quello e su quell'altro. Una delle giovani ed eleganti dame che le aveva presentato sua sorella era una delle due che aveva visto con Georges all'inaugurazione della fabbrica. Una bella ragazza, forse un po' saccente. Non appena aveva scoperto che Georges lavorava da lei, aveva tentato di sapere qualcosa di più su di lui. Ma Barbe l'aveva piantata lì a metà discorso.

Chiuse la porta di casa e sperò segretamente che Georges fosse lì ad aspettarla. Per tutto il tragitto in carrozza aveva riflettuto su cosa gli avrebbe detto, ma non era giunta a una conclusione valida. Non capiva proprio perché se ne fosse andato così di corsa. Be', di sicuro aveva ascoltato la conversazione fra lei e Louis. Ma che cosa aveva scoperto di nuovo? Era evidente che non lo avrebbe sposato. Mai! Glielo aveva messo ben in chiaro sin dall'inizio. Ma si rese conto – e quei pensieri vorticavano incessanti nella sua testa, dolorosi e persistenti – che era stato *prima* di soccombere in modo così dirompente alla magia delle ore trascorse insieme, tanto che alcuni giorni non riusciva a pensare ad altro. Era stato *prima* che i suoi sentimenti diventassero così intensi da farle sentire allo stesso tempo brividi di freddo e vampate di caldo anche solo a vederlo da lontano.

Forse era stato lo stesso anche per lui? Forse rimpiangeva la promessa che non le avrebbe mai chiesto la mano, ma solo il suo cuore? Da qualsiasi angolazione guardasse la cosa, quella sembrava la spiegazione più plausibile per la sua fuga. Ma poi? La storia segreta sarebbe quindi finita, oppure *doveva* inevitabilmente finire?

Aveva perso Georges per sempre?

Entrò in casa. Come richiesto, Céline aveva lasciato una lampada accesa ed era andata a letto. E non c'era nessuno.

Lanciò comunque un'occhiata in ufficio e poi si avviò in camera. Quando fece per spegnere la candela, notò un libro sul comodino. Georges glielo aveva portato due settimane prima. Alla fine, era riuscito a trovare una traduzione del suo romanzo preferito che fosse abbastanza buona da fargliene regalo. Non aveva ancora trovato il tempo di leggerlo. Lo prese in mano e si soffermò un po' trasognata sul titolo. Poi lo aprì. In un determinato punto le pagine erano staccate. Una piuma giaceva al suo interno. La accarezzò, la spostò e lesse.

> – No, Lotte, esclamava lui, non vi vedrò più!
> – Ma, perché? replicava lei, Werther, voi potete, voi dovete rivedermi, soltanto, moderatevi. Ah perché, siete nato con questa violenza, questa passione irresistibile, ostinata che vi prende per tutto ciò a cui vi avvicinate? Vi prego, disse ancora stringendogli la mano; vi prego, moderatevi. Pensate a tutti i godimenti che possono procurarvi il vostro spirito, la vostra istruzione, i vostri talenti: siate un uomo! Rinunciate a questo infelice amore per una creatura che può soltanto compiangervi!

Barbe si impietrì. Quanta drammaticità in quelle righe! Si addiceva a Georges: come l'eroe del romanzo, era anch'egli incline a sentimenti esuberanti. Posò il libro poiché sentì che quella notte non poteva sopportare una tale ondata di sensazioni. Stava per svestirsi quando un nuovo e nefasto pensiero le attraversò la mente.

Georges non aveva mai menzionato come andava a finire quell'amore infelice fra Lotte e Werther.

Riprese il libro, spostò la piuma e lesse con emozione crescente ogni riga, sfogliò qua e là fino a quando le cadde l'attenzione su un punto che la lasciò senza fiato:

> È deciso, Lotte, voglio morire, e te lo scrivo senza esaltazione romantica, rassegnato, il mattino dell'ultimo giorno in cui ti vedrò.

«*Mon Dieu!*» esclamò facendo cadere il libro.

Suicidio?

I ricordi così sbloccati la travolsero come un fiume in piena. Le rimbombavano nelle orecchie. Riuscì a raggiungere la finestra, la aprì con le mani che le tremavano, respirò profondamente e cercò di frenare le sensazioni e i sentimenti di quella notte in cui aveva trovato François, che ora minacciavano di sopraffarla. Rimase lì vari minuti. Solo dopo un bel po' i battiti rallentarono.

Forse sto giudicando troppo frettolosamente, si disse. *Dopotutto, Georges è un uomo del tutto diverso da François. Ha gioia di vivere ed è meno malinconico*. Ma comunque. Non c'era anche un collegamento? Da cosa dipendeva il fatto che proprio quei due uomini avessero esercitato un'attrazione su di lei?

All'inizio del loro matrimonio, François l'aveva incantata e contagiata molte volte con la sua passionalità.

Sapeva che lei stessa tendeva ad apparire piuttosto sobria, e forse perché aveva sempre desiderato l'approvazione del padre. Non si paragonava a sua sorella Clémentine, ma a suo fratello Baptiste. Voleva spiccare per la sua intelligenza e non per il fascino femminile. Ma François, il suo adorato François, era riuscito ad abbattere il controllo e la fredda distanza che erano il suo schermo protettivo. E aveva fatto di più. Per lui, sembravano non esistere affatto. Le vedeva dentro l'anima. La vedeva per quello che era.

Così come Georges. Non solo perché gli aveva rivelato i suoi più intimi pensieri e sentimenti. Aveva acceso in lei la miccia di una passione che mai aveva creduto possibile prima. Un lato di lei che non conosceva.

Era davvero possibile che avesse compiuto un gesto estremo? *No, assolutamente*, pensò, *non lo sopporterei una seconda volta*.

«Alphonse! Sveglia!»

Barbe era nella stanza in soffitta del cameriere e lo strattonava per la spalla.

«Madame?» La guardò assonnato e con i capelli scompigliati.

«Sveglia tuo fratello. Ho bisogno del vostro aiuto.»

Neanche i ragazzi avevano visto Georges per tutto il giorno. Li spedì dalla sua padrona di casa per verificare se fosse lì. In caso negativo, avrebbero cercato in tutte le osterie e pensioni della zona.

Non appena i due ragazzi si misero in marcia, Barbe

si pentì di non essere andata con loro, dato che si ritrovava a girarsi i pollici nell'attesa. Si cambiò l'abito che aveva indossato per la serata in società e si mise qualcosa di pratico per stare in casa. Poi camminò su e giù senza darsi pace. Le venne in mente il bel volto di Georges. Immaginò la sua imponente figura, come si voltava verso di lei e le sorrideva, sentì le sue forti braccia su di sé, come la tirava a sé e respirava il suo profumo. Il desiderio misto ad ansia le toglieva il fiato.

Un'ora dopo, Alphonse e Joseph tornarono. Georges non era a casa sua né da nessun'altra parte.

Discutevano fra loro nel vestibolo.

«Che sia al Bois d'Amour?»

Era stato Joseph a dirlo.

«Perché? Come ti viene in mente?» chiese Barbe. Il Bois d'Amour era sul fiume. *Mon Dieu*, voleva forse annegarsi?

«A volte va là. Per leggere, credo. Di giorno, comunque» disse Joseph con aria imbarazzata.

Si passò una mano fra i capelli. *Che aspetto avrò, così agitata e scompigliata? I due ragazzi mi riterranno una pazza a cercare il contabile nel bel mezzo della notte*, pensò. Per fortuna, Alphonse non si lasciò impressionare. Rimase tranquillissimo.

«Se vuole, Madame, vado a controllare» disse senza esitazione.

«Vengo con te» disse Barbe. Non sarebbe rimasta di nuovo da sola ad aspettare.

Attraversarono insieme la città immersa nel buio. Dovevano essere le due e mezzo ormai. Nessun uomo onorevole era in giro per le strade a quell'ora, figuriamoci le signore. All'improvviso qualcuno svuotò il vaso da notte in strada e Alphonse si spostò giusto in tempo. Poi svoltarono per non dover attraversare il cimitero. Un'ombra si mosse in una stradina laterale. Con gli occhi ben puntati davanti a sé, si affrettò nell'oscurità stando attenta a non inciampare.

In Rue de Vesle brillava la luce di un guardiano notturno, che non prestò loro la minima attenzione quando lo superarono di fretta. Poco dopo sentirono qualcuno cantare. La riva del fiume era ancora lontana, mentre i cantanti molto vicini. Il canto si fece sempre più prossimo. Era una canzone in tedesco, che qualcuno traduceva a voce alta in francese, così che poté capire qualche verso.

«Una violetta stava sul prato
ignota e con il capo reclinato,
era una graziosa violetta.
Veniva una pastorella
il passo lieve, l'anima serena,
per la sua strada
giù per il prato, cantando.»

Nell'oscurità, riconobbe le figure di due uomini che barcollavano e si sorreggevano a vicenda. La finestra di una casa si aprì. «Silenzio!» gridò una donna. Imperterriti, i due uomini proseguirono a cantare.

«Ah, pensa la violetta, vorrei tanto
essere il fiore più bello del creato,
ah, solo per un istante,
fino a che mi ha colto il mio amore
e mi ha stretto languida sul cuore!
Ah, soltanto, soltanto
per un breve quarto d'ora!»

Barbe era sicura che uno dei due cantanti fosse Georges. Non solo riconobbe la canzone che una volta aveva suonato al pianoforte, ma anche la sua voce. Si sentì sollevata, e poi un po' infuriata, meno con lui e più con se stessa. Con quale facilità era caduta nella sua trappola! Lui e i suoi occhi meravigliosi. Le sue labbra morbide e le parole con cui le parlava d'amore. Quanto rendeva vulnerabili l'amore. Quell'indignazione la fece riprendere e cercò di appigliarvisi. Era molto meglio dell'ansia che l'aveva imprigionata poco prima.

Con chi era Georges? Uno dei due uomini aveva una fiaccola in mano, mentre l'altro una bottiglia di champagne. E non era l'unica cosa che avevano bevuto quella sera.

«Ahimè, ahimè, venne la giovinetta
e non si diede cura della violetta,
anzi calpesta l'infelice.
Era lieta anche se cadeva e moriva:
se muoio, muoio tuttavia,
per causa sua, per causa sua,
qui ai suoi piedi almeno.»

Georges e lo sconosciuto erano davanti a lei. Georges le fece un inchino esagerato e le sorrise.

«Se muoio, muoio tuttavia, per causa sua, per causa sua» ripeté gli ultimi versi bevendo un sorso di champagne.

«Georges! Che diavolo le è preso?» esclamò Barbe controllandosi a fatica.

«*Lei*, Madame, proprio lei! Lei mi ha preso.»

Fece un altro inchino. Barbe lo guardò esterrefatta. Poi spostò lo sguardo sull'altro uomo, che a prima vista sembrava un po' più sobrio di lui.

«E lei?»

«Parlo con Madame Clicquot?» le domandò sollevando un po' la fiaccola. Aveva un bel viso rotondo con sopracciglia scure, era più basso di Georges ma molto possente e parlava francese con un forte accento che non riusciva a collocare. Forse bavarese. Georges si sorreggeva a lui, per lo meno grazie a quel compagno sconosciuto riusciva a rimanere in piedi.

«Sì.»

«Bene, la stavo proprio cercando.»

«E lei chi sarebbe?»

Lo sconosciuto si raddrizzò, per quanto il semincosciente Georges al suo fianco potesse permettergli.

«Piacere, Anton Müller. Il suo nuovo cantiniere.»

PARTE III

Dal 1811 al 1814

25

Il consigliere G.H. von Rheinwald e la sua consorte
sono onorati
di informare parenti, amici e conoscenti
del matrimonio della loro figlia Anna
con il signor Louis Bohne.
La cerimonia si terrà il 10 luglio 1811 alle ore 14
nella chiesa di Santa Maria.
I festeggiamenti avranno luogo presso
l'Hotel Goldener Anker. Stoccarda.

Barbe era alla scrivania nel suo ufficio, appoggiò l'annuncio e osservò una seconda volta la busta. Si trattava di carta fatta a mano. L'indirizzo, scritto in calligrafia ricercata, ne riempiva quasi l'intera superficie. Il sigillo che aveva rotto per aprirla rappresentava tre alberi.

Ovviamente aveva fatto i conti con tale notizia ed era felice per Louis, ma anche un po' malinconica. Che persona era quella Anna? Durante il suo ultimo soggiorno a Reims, Louis le aveva raccontato della sua futura moglie e ne aveva lodato il carattere. Ma quell'entusiasmo non era sufficiente a trasmettere un quadro completo di Anna von Rheinwald. Poteva solo sperare che la donna avrebbe accettato le lunghe assenze del marito. Perché cosa ne sarebbe stato dell'azienda vinicola Veuve Clicquot Ponsardin senza la laboriosità di Louis Bohne? E c'era dell'altro: Louis le aveva proposto di diventare la madrina del suo primogenito. Al solo pensiero le si scaldò il cuore e si decise a voler essere ben disposta nei confronti di Anna e accoglierla nel modo più amichevole possibile in caso si fosse recata un giorno a Reims.

Ripiegò con cura l'annuncio, lo ripose nella busta e aprì la lettera successiva. Proveniva dal suo commesso incaricato in Italia, Monsieur Boldemann. «*Mi rincresce molto doverle riportare che...*» iniziò a leggere, e avrebbe volentieri cestinato la lettera. Diede una veloce scorsa alle righe successive che confermarono le sue supposizioni. Fino a quel momento, Boldemann non era riuscito a trovare un compratore per i suoi gioielli. Aveva davvero sperato nell'interesse di qualche italiano per le sue spille, collane di perle e un piccolo diadema che aveva ereditato dalla nonna, che in Francia non erano vendibili a prezzi accettabili. «*Per dirla con una sola parola: desolante*» Boldemann riassumeva l'umore che regnava in Italia. «*Non mi rimane altro che tentare la fortuna in Turchia, come le avevo consigliato. Preferirei cento volte perdere la vita che insegnare a un turco a bere champagne.*»

Barbe sospirò, trascrisse nella lista i pochi ordini che Boldemann aveva inviato insieme alle spese sostenute, e posò la lettera insieme alle altre che riguardavano le spese e i commessi. Oltre a Boldemann e Louis, che al momento era però a Stoccarda per il matrimonio, erano sotto contratto altri tre rappresentanti. Anche se Georges si lamentava spesso dei costi, non era riuscita a decidere di dare un preavviso a tutti. Corrispondeva continuamente con ognuno di loro e infondeva loro coraggio, sebbene le risultasse sempre più difficile trovare le forze per incoraggiarli. Dall'anno passato, le vendite calavano ogni mese di più.

Sulla scrivania c'era il nuovo libro contabile, appena aperto. Alla fine, la separazione da Fourneaux l'anno precedente era stata pura formalità, poiché si era ritirato dall'attività già mesi prima e non era stata dell'umore giusto per grandi festeggiamenti. Dopotutto, già in quel periodo i conti non erano motivo di celebrazioni, e continuavano a non esserlo. Li esaminò un'altra volta. Avevano a disposizione 59.986 bottiglie di vino e settantadue botti, decisamente troppe se si considerava che l'anno precedente avevano venduto pochissimo. Tuttavia, Barbe non era mai stata così soddisfatta del suo vino. Probabilmente suo suocero si era accorto di ciò, poiché non aveva ritirato il prestito di trentamila franchi. Barbe ne era molto riconoscente e anche un po' commossa. Se pensava a quanto il vecchio fosse stato contrario riguardo al proseguimento dell'azienda circa quattro anni prima, era una notevole dimostrazione di fiducia.

Chiuse il libro, scrisse il nome dell'azienda sulla copertina con una *V* maiuscola e l'abbreviazione *ve*, e lo ripose nell'archivio alle sue spalle. Poi soffiò via la polvere dai documenti che aveva lasciato ad asciugare. Li aveva realizzati lei stessa, aveva curato attentamente la calligrafia enfatizzando deliberatamente i tratti superiori e inferiori in modo che l'insieme risultasse elegante e intrecciato. Mancavano solo la firma e il sigillo. Quei documenti conferivano la procura al suo contabile e lo ufficializzavano come partner, insieme a Louis Bohne, il che includeva una suddivisione degli utili e tutto ciò che ne era correlato.

Osservò pensierosa il nome sul documento: Georg Christian Kessler.

I loro ultimi mesi insieme non erano stati facili. Dalla scazzottata con Louis e la successiva fuga si era allontanata da lui sempre di più. Lo amava, ma era anche convinta che il suo orgoglio non avrebbe retto alla prova del tempo se si fosse rifiutata di sposarlo. Pertanto aveva preso le distanze, per quanto le era stato possibile. Sapeva che ciò lo tormentava, almeno quanto tormentava anche lei stessa. Lo sforzo di nascondere i suoi veri sentimenti richiedeva una grande dose di disciplina, e non ne aveva molta.

Sospirò di nuovo, prese la penna e scrisse il suo nome sotto il documento. *Veuve Clicquot Ponsardin*. Il documento era un grande punto esclamativo nella relazione fra lei e Georges. Gli conferiva quel livello di responsabilità che aveva sempre desiderato e che si meritava appieno.

Ciò che però non avrebbe ottenuto era lei.

«Madame Clicquot, Madame Clicquot, venga, presto!»

Un forte grido la scosse dai suoi pensieri. Che succedeva là fuori? Si sentivano urla e forti rumori, ma prima che potesse uscire per controllare, si aprì di colpo la porta dell'ufficio ed entrò Joseph. Era bianco come un cadavere.

«Un incidente in cantina, Madame» esclamò il ragazzo. «Pascal e Thierry sono gravemente feriti. Sono in condizioni terribili.»

«La *casse*?» chiese Barbe impaurita e Joseph annuì.

Senza attendere ulteriori spiegazioni, si affrettò di sotto. La temuta *casse* si verificava assai meno di frequente da quando Barbe prestava molta attenzione alla qualità del vetro, ma ancora qualche volta capitava, e di solito nelle settimane e nei mesi successivi al primo imbottigliamento. A volte le bottiglie tendevano a scoppiare, quindi gli operai dovevano indossare una sorta di gabbia metallica davanti al viso per proteggersi. Quella specie di maschera era scomoda e limitava la visibilità, motivo per cui gli uomini spesso preferivano correre il rischio di essere feriti.

E così era accaduto quel giorno.

Quando Barbe entrò in cantina, per fortuna trovò lì Georges che aveva riportato velocemente la situazione sotto controllo grazie alla sua freddezza e rapidità di reazione. Tuttavia, i due operai erano gravemente feriti. Un'intera cassa di bottiglie che erano state riempite ad aprile era saltata in aria proprio nel momento in cui i due stavano segando alcune doghe.

Mezz'ora dopo furono portati via. Georges e Alphonse accompagnarono i due feriti, mentre Barbe tentava invano di tranquillizzare Antoine Müller nella corte.

«Com'è potuto succedere?» le ripeteva il cantiniere.

Camminava su e giù a grandi passi, con le mani sul volto e nei capelli scuri scompigliati. «Com'è potuto succedere?»

Barbe si sentiva impotente. Comprendeva la sua disperazione e lei stessa era sopraffatta dallo shock. Il percorso dalla cantina al cancello era ancora cosparso delle gocce di sangue dei due operai feriti. Era il più grosso incidente mai avvenuto nella sua cantina.

«Non ne ha nessuna colpa, Antoine» gli ripeté per la ventesima volta.

«Ma avrei dovuto essere più attento e far indossare loro le maschere.»

«Non si rimproveri. Le regole sono chiare. Gli operai conoscono le istruzioni. Quindi non si addossi tutte le colpe. Oggi scriverò a Monsieur de Montizau a Folembray e richiederemo una compensazione.»

Antoine non smetteva di scarruffarsi i capelli. «Forse non è solo colpa delle bottiglie.»

«E di cosa dovrebbe essere? Abbiamo perso quasi un quinto di quel Cuvée. Se continua così, non rimarrà più niente.»

«Forse la cantina è troppo calda.»

Barbe guardò in alto verso il sole appena sopra il tetto; nonostante fosse già tardo pomeriggio, i raggi erano cocenti. Quell'estate del 1811 era in effetti insolitamente lunga e calda. Durante la notte e il mattino pioveva regolarmente, ma nel corso della giornata il sole splendeva nel cielo senza nuvole. I vitigni erano già colmi di uva. Se il tempo fosse rimasto così, il raccolto sarebbe stato più rigoglioso che mai. Ma il caldo arroventava anche i tetti delle case e l'aria nella corte tremolava.

«La temperatura nella cantina in cui si è verificata la maggior parte delle esplosioni è di circa quindici gradi. Non dovrebbe essere più di dodici, però» continuò Antoine.

Barbe lo guardò meravigliata. Quell'uomo la sorprendeva di continuo con qualcosa di nuovo. Ripensò agli esperimenti che non aveva mai portato a termine per colpa dell'inettitudine e del disinteresse di Jacob. Al contrario, Antoine se ne usciva ogni giorno con nuove e interessanti idee, e i suoi vini erano migliori di tutti quelli che aveva mai assaggiato fino a quel momento.

«Come fa a saperlo con tale esattezza?»

Antoine alzò le spalle e scosse la testa. «Esperienza? Il mio insegnante? La conferma visto ciò che è accaduto oggi? Lo so e basta. E pertanto è un mio errore. Avrei dovuto prevederlo.»

Barbe si sentì travolgere da un senso di colpa. Le cantine erano così piene che quell'anno, per necessità, avevano trasformato una stanza vicino all'ingresso, precedentemente utilizzata come magazzino, in un locale di fermentazione. Antoine era stato d'accordo, ma non conosceva le condizioni del luogo altrettanto bene quanto lei. Era solo il suo secondo anno nella regione dello Champagne. Lei, al contrario, ci aveva trascorso tutta la vita. Sapeva che le estati potevano essere calde, anche se da tanto non ne vivevano una così rovente e soleggiata.

«Ha un'idea di cosa potremmo fare?» gli domandò.

«Una cosa è sicura: se spostiamo le bottiglie, corriamo il rischio di distruggerle. Dobbiamo trovare un modo per rinfrescare la cantina...» Antoine si fermò di colpo, evidentemente aveva avuto un'illuminazione. Sollevò la mano come per invitarla a tacere, anche se Barbe non avrebbe voluto dire niente, e guardò il pavimento davanti a sé, come se la soluzione ai loro problemi fosse scritta lì. Poi si avvicinò a lei.

«Ma certo! Portiamo dei blocchi di ghiaccio in cantina e chiudiamo l'ingresso. Nessuno potrà più entrare. Questo dovrebbe far abbassare la temperatura in maniera sufficiente.»

«Raffreddare la cantina con del ghiaccio?» Barbe si stupì di quell'idea audace e purtroppo anche costosa. «Ce ne servirà una grossa quantità.»

«Ma lei ha una ghiacciaia! E potrà comprarne un po'. Altrimenti perderemo anche le bottiglie rimaste. La veda così: la schiuma di questo vino è eccellente! Si sviluppa davvero bene. Sarebbe un gran peccato.»

Prima ancora che Barbe potesse riflettere su quel folle piano, arrivò Georges, che aveva accompagnato gli operai dal medico. Il chirurgo Quesnel, che lo aveva curato per l'estrazione del dente, era diventato nel frattempo un suo ottimo amico. Andava spesso a casa sua.

«Come stanno? Come va l'occhio di Thierry?» gli chiese Antoine da lontano.

«Andrà tutto bene» rispose Georges rassicurandolo con un gesto della mano. «Non è così grave. La scheggia ha mancato l'occhio. La fronte non è in buone condizioni, gli rimarrà una gran bella cicatrice. Tutto il sangue che gli scorreva sul viso doveva avergli ottenebrato i sensi; ciò spiega lo svenimento e i forti lamenti.»

«E Pascal?»

«Lui avrà una cicatrice sulla guancia. Bella profonda anche. In futuro sembrerà un ufficiale. E anche una ferita al braccio. Quesnel ha ricucito tutto. Almeno qualcuno si è divertito con le ferite.»

«*Gottlob!*» esclamò Antoine in dialetto tedesco, ma Barbe capì comunque che era un'esclamazione di sollievo. Georges gli diede una pacca sulle spalle.

«Visto? È andato tutto bene.»

«È davvero una consolazione» concordò Barbe, che sentiva il cuore alleggerirsi. «Grazie, Georges. Ha reagito con prontezza. Dov'è Alphonse?»

«Quesnel ha voluto trattenere Thierry e Pascal ancora un paio d'ore per farli riprendere dallo spavento. Alphonse è rimasto con loro e li riaccompagnerà a casa più tardi. Chiederò alla cuoca di dare loro una porzione in più di brodo e di carne. Suggerimento di Quesnel. Brodo invece di salasso. Quell'uomo è davvero una benedizione per Reims.»

«D'accordo. Ma sia ben chiaro, non tollereremo più che lavorino senza maschera. La prossima volta che accadrà, saranno disoccupati. Giusto, Antoine?» disse sorridendo al cantiniere che ancora non si era calmato dall'agitazione e aveva il volto paonazzo. «Per quanto riguarda la sua idea sul raffreddare la cantina, ci penserò.

Le farò sapere domani mattina presto» disse con un cenno del mento e tornò nel suo ufficio.

Seduta alla scrivania, osservò Georges e Antoine nella corte parlare fra loro. I due non erano solo colleghi, ma erano diventati anche buoni amici. La notizia della ricerca di un nuovo cantiniere che Georges aveva inviato nella sua città natale di Heilbronn era poi arrivata ad Antoine Müller a Monaco passando per Ulm. *Nemmeno un minuto sprecato*, pensava spesso Barbe, non dimenticando mai quella sera in cui lo aveva incontrato per la prima volta. Era stato assurdo credere che Georges potesse davvero gettarsi nel fiume. Tale idea era scaturita unicamente dalla sua fervida immaginazione, alimentata ovviamente dalla fuga infantile del ragazzo. Ma da allora quella coppia discordante si era rivelata molto promettente per lo sviluppo dell'azienda. I due, insieme a Louis Bohne, erano i suoi più abili collaboratori, e anche estremamente laboriosi.

Insieme, erano un'immagine strana. Georges era alto, biondo e slanciato, con gambe e braccia lunghe, mentre Antoine era più basso di mezza testa, ben piazzato e scuro di capelli. Non solo la figura generale, ma ogni singola parte del corpo era l'esatto opposto l'uno dell'altro. Antoine non era grasso, ma piuttosto compatto, con gli arti che sembravano tronchi d'albero, forse un po' corti per la sua statura. Aveva una voce profonda e una risata così fragorosa che riempiva l'intera cantina. Barbe apprezzava molto che, nonostante la sua ambizione, possedesse un'aura bonaria e umoristica. Poteva permetterselo, perché la sua vasta conoscenza del vino e del lavoro in cantina gli conferiva un'autorità naturale. Sapeva come trarre il meglio dalla loro difficile situazione, assaggiando quotidianamente i vini delle varie annate che erano rimasti indietro per mancanza di acquirenti e migliorandoli con l'*assemblage*, come si chiamava la miscelazione di vini diversi. In quel modo aveva prodotto più di una dozzina di Cuvée, tra cui anche eccellenti vini fermi, e Barbe aveva ulteriormente affinato il suo senso del gusto, già ben sviluppato. Sentiva che erano sulla buona strada. L'eccellente reputazione di Veuve Clicquot Ponsardin avrebbe dovuto sventolare come un vessillo sui loro vini, visibile da lontano, per suscitare e tenere desto il desiderio delle persone.

Si fece aria con il ventaglio. Quell'estate era davvero terribile. Alcuni imputavano il clima fuori dal normale alla cometa che era stata scoperta a marzo in Svizzera. Nel *Journal de Reims* erano stati pubblicati incitamenti a cercare di avvistarla, ma Barbe non aveva avuto fortuna. In ogni caso non credeva a una connessione fra il tempo atmosferico e il fenomeno nel cielo. Credeva solo a ciò che le suggerivano l'istinto e l'esperienza. E questi le dicevano che ci sarebbe stato un raccolto ricco e superiore alla media, e che nell'autunno di quell'anno avrebbero dovuto trovare il posto sufficiente per il mosto. Sarebbe potuto diventare un vino eccellente e uno champagne eccezionale. Non appena sarebbe tornata la pace, gli acquirenti avrebbero potuto gustare il loro champagne grazie alle abilità di Antoine. Bonaparte non avrebbe potuto continuare la guerra per sempre.

Decise di scrivere una lettera. Avrebbe informato i commessi di essere più accomodanti con i prezzi, a loro discrezione. Meglio vendere con perdite che non vendere affatto.

Ma cosa fare con il Cuvée che aveva dato loro tante preoccupazioni? La proposta di Antoine di raffreddare la cantina era coraggiosa, e sicuramente interessante da sperimentare. Ma non poteva risparmiare sulla quantità di ghiaccio che sarebbe servita. Era meglio tenere le bottiglie salvabili e liberarsi delle altre. Tuttavia, non avrebbe scartato a priori quella proposta, un giorno avrebbero provato. Cantine raffreddate, era un'idea avvincente. E del tutto innovativa. Per quanto ne sapesse, nessuno nella regione l'aveva messa in atto e pertanto le piaceva particolarmente.

26

Barbe avvistò la famosa cometa poche settimane dopo, durante il raccolto a Bouzy, al quale aveva invitato la sua vecchia amica Madame Dubois. Non fu facile persuaderla ad accompagnarla in quel viaggio. Ma riteneva che Adèle, che dava lavoro a molte sarte e si prendeva solo di rado una pausa, si fosse meritata un po' di riposo e di cambiamento, quindi alla fine riuscì a convincerla. La sera del 1° ottobre le due donne si intrattenevano sulla veranda della casa di campagna di Barbe, proprio nel punto in cui tre anni prima si era ritrovata con Georges a osservare il cielo. Barbe strizzò gli occhi e riconobbe la testa della cometa e poi la lunga scia, che come la coda di un pesce si allargava nella parte finale e si dissolveva in una debole nebbia.

«Com'è bella» disse Adèle.

«Meravigliosa e oltremodo affascinante» concordò Barbe. «Sapeva che produce luce propria? Non viene illuminata dal sole come la luna.»

«No. Ma lei come fa a sapere una cosa del genere?»

«Lo hanno scoperto degli scienziati. Hanno stabilito che nel tempo è diventata ancora più luminosa, nonostante secondo i loro calcoli si allontani dal sole.»

«Difficile da verificare» affermò Adèle scettica. «Una simile supposizione potrebbe formularla chiunque.»

«Non sono supposizioni» la contraddisse Barbe. «La teoria deriva da calcoli ben precisi. Sono certa che in futuro gli scienziati ci riserveranno altre sorprese e spesso avranno anche ragione.»

«Lei dice? Per quanto riguarda questa cometa, la scienza non è unanime. Alcuni ritengono che ritornerà fra cinquecento anni, altri fra tremila. Nessuno sa esattamente cosa succederà.» Adèle sorrise. «Il futuro è e rimane incerto.»

«Forse ha ragione. Ma non sarebbe bello se ci portasse alla fine un po' di pace? Queste interminabili guerre sono così gravose.»

«È vero» rispose Adèle e si voltò verso l'amica. «E cosa mi dice di lei e della sua pace interiore, Barbe?»

«Eccezionale» rispose brusca, anche se notò che Adèle la stava osservando con aria scettica, quindi le venne da ridere. «Oh, Adèle, mi conosce troppo bene» disse abbracciandola. «Non le si nasconde niente.»

«È a causa di Monsieur Kessler?» domandò Adèle, poi aggiunse: «Ma non deve confidarsi se non vuole». Poi ricambiò l'abbraccio.

«Monsieur Kessler?» Barbe fece una lunga pausa prima di riprendere a parlare. «Credo che stia per fidanzarsi» disse con tono casuale mentre rivolgeva di nuovo lo sguardo verso il punto di luce nel cielo.

«Lo penso anch'io» rispose Adèle con lo stesso tono.

«Sul serio?» chiese Barbe, spiacevolmente sorpresa

che, contro le sue speranze, la sua teoria fosse confermata, e guardò l'amica. «La prego, mi racconti ciò che sa.»

Adèle sorrise. «A essere onesta, mi vengono in mente tre dame che lo sposerebbero all'istante.»

«*Tre* dame? Be', io l'ho visto un paio di volte con la stessa giovane donna, all'uscita della chiesa e sulla passeggiata. Viene da Sedan. La figlia di un commerciante tessile che era in visita da parenti.»

«Allora ne sa già più di me. E dunque?» domandò Adèle dato che non riceveva risposta.

Barbe sospirò e appoggiò la testa sulla spalla dell'amica. In tutta sincerità, non voleva raccontare la storia intera. Di come aveva preso coraggio e si era rivolta a Georges con la massima disinvoltura possibile riguardo a quella giovincella. Le aveva risposto che, se si faceva vedere in pubblico con una bella signorina, era solo per evitare che si dicesse in giro che aveva una relazione con la sua *patronne*. Barbe aveva sussultato per la durezza delle sue parole. Con molta più dolcezza le aveva spiegato che quella era troppo giovane per il matrimonio e che presto sarebbe tornata dalla sua famiglia. Ecco ciò che passava per la testa a Barbe, ma non lo disse a voce alta.

«Gli ho chiesto della ragazza e ha detto che non ne era sicuro. Ancora non pensa a sistemarsi.»

«E quindi? Cosa gli ha risposto?»

«Gli ho consigliato di farlo» rispose Barbe, e mentre Adèle le stringeva la mano in silenzio, rammentò l'espressione sorpresa di Georges. Lo aveva fissato dritto negli occhi e non aveva reagito alla domanda sottintesa nel suo sguardo. Avrebbe davvero voluto sapere se amava un'altra? L'avrebbe solo intristita e non avrebbe fatto alcuna differenza. Un giorno si sarebbe sposato sicuramente. E a lei sarebbero rimasti comunque il vino e la sua azienda.

Il raccolto rispettò le promesse dell'estate. Barbe e Adèle se ne convinsero con i loro occhi il giorno seguente. I grappoli sulle viti erano belli ricchi e dolci; i cesti colmi di chicchi di un blu scuro scintillante, quasi neri, rossi bordeaux o di un verde-giallo che gli operai portavano al punto di raccolta assomigliavano a cornucopie traboccanti. Gli uomini, molti dei quali gente di montagna di Lothringen, ragazzoni rudi con mani callose, maneggiavano i grappoli d'uva con una delicatezza impressionante. La selezione era compito delle donne del paese, la maggior parte delle quali lavorava insieme ogni anno. Ci volevano molta pratica e abili dita per separare gli acini marci, duri o andati a male da quelli buoni.

Barbe adorava essere presente alla vendemmia, ed esserci insieme ad Adèle le dava ancora più gioia. Trascorsero tutto il pomeriggio nella cascina per controllare la pressatura. Era davvero un'arte riuscire a dosare la pressione del macchinario in legno, e Patizel era un maestro. Adèle pose molte domande, Barbe era nel suo mondo. Spiegò all'amica ogni singolo passaggio.

«Quello è il Cuvée» disse indicando il succo rosso e dolce di acini che fluiva dal torchio in un tino. «È così che si chiamano non solo i vini pronti ma anche il mosto della prima pressatura. Vede?» Barbe prese una manciata di chicchi d'uva lavorati, dall'aspetto flaccido ma abbastanza integro, e glieli mostrò. «Gli acini non devono essere danneggiati, se possibile. La pelle dei frutti può essere un po' rugosa, ma non deve essere rotta, e il ceppo deve essere inalterato. Un Cuvée del genere dà al vino il sapore dolce e raffinato, che migliora con il tempo. Al contrario, la *taille*, il mosto che si ricava dopo la seconda e terza pressatura, dà un vino più amaro e allo stesso tempo più minerale e fruttato.»

Quando quella sera tornarono a Bouzy, Barbe era così piena di gioia ed euforica come non lo era stata da molto tempo.

«Monsieur Müller sarà felice» ridacchiò prendendo un grappolo d'uva dal cesto ai suoi piedi e assaporando un chicco. «Deve sapere infatti che ha in mente un *assemblage* prodotto esclusivamente dal Cuvée, cioè solo dalla prima pressatura.»

«Ma non è così che si fa da sempre?» chiese Adèle stupita. «Cioè, almeno per i vini buoni e cari?»

«No, si mescola sempre il Cuvée e la *taille*, oppure il vino dell'anno precedente. Ah, Adèle, vorrei tanto potermi portare a casa tutte le botti e mostrarle ad Antoine, affinché possa fare la sua magia.»

Adèle rise. «Il suo entusiasmo è contagioso. Potrei quasi darmi al commercio di champagne.»

27

Quando Barbe tornò a Reims alcuni giorni dopo la visita in campagna, trovò una sorpresa ad attenderla. In Rue de l'Hôpital, proprio di fronte all'ingresso di casa sua, c'era una carrozza dall'aspetto spiccatamente nobile e con i finestrini oscurati. Sulle prime non ci fece troppo caso. Non attendeva nessuno e supponeva si trattasse di ospiti dell'hotel dei suoi genitori. Ma quando scese dalla sua carrozza ed entrò nella sua corte, si sentì chiamare: «Madame Clicquot?».

Un servitore, evidentemente della carrozza misteriosa, era in piedi accanto al cancello e la guardava con aria interrogativa. Barbe annuì e questi le chiese cortesemente di attendere un secondo mentre conferiva qualche parola con la persona dentro la carrozza. Poi aprì la porta del veicolo e Barbe vide una figura abbigliata con eleganza. Il suo cuore iniziò a battere con forza per l'agitazione, poiché la visitatrice misteriosa era Giuseppina Bonaparte.

Fece un profondo inchino. «Vostra Maestà!»

«Madame Clicquot. Sono lieta di rivederla» le rispose l'Imperatrice.

«L'onore è tutto mio» ribatté Barbe tenendo lo sguardo abbassato. Era rimasta senza fiato per la sorpresa. La sua famiglia era avvezza a clientela nobile sin da quando ne aveva memoria, ma di solito questi non si presentavano semplicemente alla porta di casa sua senza aver annunciato in anticipo il loro arrivo. Alzò gli occhi e guardò Giuseppina, che la osservava con un sorriso raffinato.

«Vorrei acquistare dello champagne da lei» annunciò.

Barbe entrò in casa insieme all'Imperatrice e alla sua cameriera personale, che la seguiva come un'ombra, e si impegnò a dimostrare tranquillità e dignità. Non era affatto facile, dato che la sua dimora non era proprio adatta per accogliere un'ospite di tale importanza. Ma non poteva certo invitare la sovrana nell'ufficio, quindi le propose di spostarsi nell'elegante Hotel Ponsardin; tuttavia Giuseppina rifiutò.

Aveva detto che voleva acquistare dello champagne? A Barbe passarono mille pensieri per la testa mentre accompagnava la sua ospite d'onore nel salotto. Per esempio, come mai era apparsa così dal nulla, oppure perché l'aveva aspettata dentro la carrozza e non in casa. O anche perché era proprio venuta fin lì. Barbe non pensava che l'avrebbe mai rivista. L'anno precedente si era separata da Bonaparte, pur mantenendo il titolo. Glielo aveva raccontato Clémentine, che aveva una certa passione per tali argomenti. Il matrimonio con Napoleone non aveva prodotto figli e quello era forse il motivo principale per cui era avvenuta la separazione. In seguito, l'Imperatore aveva sposato la giovane principessa ereditaria Maria Luisa. Un matrimonio che, fra le altre cose, avrebbe dovuto suggellare la pace con l'Austria. Lo champagne per la cerimonia era stato ordinato da un concorrente di Barbe, Jacquesson in Châlons, e per l'occasione l'Imperatore gli aveva persino donato una medaglia d'oro per il suo Cuvée, cosa che aveva fatto arrabbiare Barbe. Se ci pensava, era ancora furiosa. Forse era l'occasione giusta per riparare all'umiliazione, perché come tale l'aveva percepita. In ogni caso, era un'opportunità unica e pensò di sfruttarla al meglio. Con nonchalance, aveva dato ordine a Céline di portarle tre bottiglie di champagne con un secchiello per il ghiaccio. Tutte le sue speranze erano riposte su un Cuvée che Antoine aveva creato mischiando vini prodotti dal 1807 al 1810 e che avevano iniziato la procedura di sboccatura solo la settimana precedente. Aveva ordinato a Céline di farsi consegnare la bottiglia personalmente da Antoine e di farla etichettare. Il 1807 era stato un anno eccezionale, gli altri comunque nella media, ma l'*assemblage* testato dal cantiniere aveva ottenuto risultati eccellenti. Non abbastanza dolce per la clientela russa, ma dal gusto ideale per quella francese. Barbe era orgogliosa di quello champagne, che l'aveva convinta una volta di più delle abilità di Antoine. Le altre due bottiglie contenevano un ottimo champagne di altre annate, anche se meno eccezionali.

«Prego, da questa parte, davanti allo specchio» la guidò Barbe, poiché lo specchio avrebbe riflesso lo scintillio argenteo e avrebbe offerto uno scenario particolare. Poco dopo, le due donne erano di nuovo sole con la cameriera apparentemente muta seminascosta in un angolo della stanza.

«È sorpresa di vedermi qui?» notò l'Imperatrice, che non aveva ancora tolto la mantella dal colore blu scuro.

«Sì, Vostra Maestà, lo sono» confermò Barbe. «Sorpresa, onorata e molto rallegrata. Mi permette?» le chiese afferrando la bottiglia. Il ghiaccio nel grande secchiello scricchiolò. Asciugò la bottiglia con un panno per non farsela scivolare dalle mani e tagliò il cordoncino. Il tappo saltò con un colpo netto. Riempì un bicchiere e osservò con sollievo come il liquido formava la schiuma e le bollicine in modo perfetto. L'Imperatrice, che aveva rifiutato di sedersi, si era diretta verso la finestra e sbirciava nel giardino da dietro la tenda.

«Mi sono resa conto che viaggiare in incognito mi porta molto divertimento. È come...» cercò l'espressione adatta «... un gioco, mi capisce?» Si voltò di nuovo verso la padrona di casa.

Barbe annuì, ma non era del tutto sicura di comprendere. Si avvicinò alla finestra.

«Se vuole essere così gentile, Vostra Maestà. Le ho preparato una selezione di tre champagne da assaggiare. Questo è il primo.»

Le porse il bicchiere e l'Imperatrice bevve un sorso senza prestare troppa attenzione al contenuto.

«Cosa ne pensa di lei?»

«Mi perdoni, Vostra Maestà?»

«Che impressione ha avuto di Sua Maestà Maria Luisa d'Austria? C'era anche lei in tribuna, l'ho vista.»

Giuseppina sembrava impaziente. Scolò il bicchiere con altri due o tre sorsi. Barbe era in imbarazzo, sia per la velocità con cui l'Imperatrice aveva bevuto, ma ancor di più per la domanda. Alludeva alla parata nuziale di Maria Luisa dell'anno precedente che aveva fatto tappa anche a Reims. Uno spettacolo incredibile che l'Imperatore aveva fatto organizzare specificamente per l'occasione. Era vero, Barbe aveva presenziato. Tutta la famiglia era stata parte del comitato di benvenuto. Ma che quel giorno fosse stata presente anche Giuseppina, non ne aveva idea.

Barbe ripose da una parte il bicchiere vuoto e aprì la seconda bottiglia. Era quella in cui riponeva maggiori speranze. Mentre la maneggiava con fare cerimonioso, rifletté sulla risposta. Maria Luisa d'Austria, la nuova Imperatrice dei francesi, aveva adempiuto al suo dovere e gli aveva già dato un figlio nel marzo di quell'anno. "L'Imperatore di Roma", come lo aveva chiamato Napoleone con inspiegabili motivi. Quel piccolo cerbiatto, perché quello le era sembrato all'epoca, si avviava avvilito verso un futuro incerto.

«È passato già molto tempo. Mi ricordo ben poco» disse Barbe infine con un sorriso impacciato.

«Non le credo. Non sfugga alla domanda» insistette Giuseppina.

«Be', la ritengo affascinante» rispose Barbe titubante.

«E anche molto giovane, non è vero?»

Barbe annuì. «Sì, molto giovane.»

«La trova bella?»

Barbe si sentì avvampare. Il discorso stava prendendo una piega diversa da ciò che aveva immaginato. Fece un respiro profondo, raddrizzò le spalle e porse a Giuseppina il secondo bicchiere.

«Di norma non faccio caso a queste cose» disse decisa.

«Suvvia, lo dica e basta. Stia tranquilla, non la mordo» le rispose Giuseppina. Osservò il liquido spumoso nel bicchiere e lo bevve con la stessa rapidità del primo. Mentre Barbe si apprestava ad aprire la terza bottiglia, Giuseppina scosse la testa. «Scelgo questo, è molto buono» aggiunse, «e la prego, beva con me, Madame Clicquot. Ebbene? La trova bella?»

Barbe aveva sperato che, grazie allo champagne, si fosse dimenticata della domanda. «Sì, probabilmente sì. Penso che la maggior parte degli uomini la definirebbero bella» rispose esitante.

Giuseppina sospirò e sprofondò su un divano. «Si sieda accanto a me, Madame Clicquot. E beva. Insisto.»

«Ma certo, Vostra Maestà» rispose Barbe riempiendosi un bicchiere e sedendosi su una poltrona di fronte all'Imperatrice. Bevve un sorso e si sentì improvvisamente meglio. Lo champagne era dolce ma aveva comunque una lieve nota di acidità; le bollicine si vedevano nel bicchiere e si sentivano sulla lingua. Proprio come doveva essere. Sorrise. Indipendentemente da cosa sarebbe accaduto, quel vino era perfetto. Giuseppina aveva già scolato il suo bicchiere. Barbe gliene versò un altro, non senza esitazioni.

«Davvero eccellente» disse l'Imperatrice leccandosi le labbra con la punta della lingua. «Vende sempre champagne come un tempo, Madame Clicquot?»

«Certo, Vostra Maestà. Il mio precedente socio, Monsieur Fourneaux, non fa più parte dell'azienda. Adesso sono da sola alla guida.»

«Oh, no, davvero? Ma è straordinario! Allora il mio ordine le sarà di certo utile.» Giuseppina osservò con la testa inclinata il bicchiere che aveva in mano. «Duemilacinquecento bottiglie allo Château Malmaison. Anzi, faccia tremila bottiglie» si corresse accompagnandosi con un gesto della mano. «Entro la fine del prossimo mese, se possibile.»

«Assolutamente! La ringrazio di cuore per l'onore, è troppo gentile da parte sua, Maestà, essersi ricordata di me» disse Barbe mentre faceva tutti i calcoli nella sua testa. Rifletté su come riuscire in tale impresa. Fino a quel momento, avevano sottoposto a sboccatura un massimo di mille bottiglie. Avrebbe dovuto imporre turni extra.

Giuseppina annuì con benevolenza e chiuse gli occhi. «Dopo una vittoria è meritato, dopo una sconfitta è necessario» disse. Riaprì gli occhi. «Napoleone lo diceva sempre.»

La dolcezza con cui pronunciò il suo nome commosse Barbe.

«C'è un uomo nella sua vita? Qualcuno che ama?»

Barbe non si aspettava una domanda così diretta. Deglutì e si pulì la bocca con un fazzoletto. Quando sollevò lo sguardo, lo diresse verso gli occhi gentili dell'Imperatrice.

«Mi perdoni, Vostra Maestà» rispose schiarendosi la gola. «Ho la mia attività, che esige molto da me. Non rimane tempo per l'amore.»

«Questa è una scusa» rispose l'Imperatrice con tono così tagliente che Barbe quasi sussultò. «Non esiste non aver tempo per l'amore. Persino l'Imperatore di Francia ha avuto tempo per me. Ed è un uomo molto impegnato.»

«Sì, certo» si affrettò a confermare Barbe.

Sul volto di Giuseppina si era dipinta un'espressione oscura, resa ancora più cupa dalle ombre sotto agli occhi lucidi. Ai lati del naso si erano scavate delle linee. Ma poi rise all'improvviso e quell'aria un po' malaticcia scomparve rapidamente.

«Napoleone viene a trovarmi regolarmente, lo sa? Ha bisogno di me. Quel giocattolino che ha sposato...» Non terminò la frase. Con aria pensierosa prese a giocherellare con un anello di diamanti la cui pietra scintillava. «A differenza del matrimonio, l'amore non è negoziabile. Va e viene a suo piacimento. E rimane dove vuole. Ho avuto fortuna con Napoleone, l'ho prescelto. Diversamente dal mio primo marito. È bello avere una scelta, non trova?» disse senza aspettarsi una risposta. Guardò Barbe un po' dall'alto. «Anche se spesso non ci viene concesso. Così va il mondo. Prendere il meglio da ogni situazione è un'arte. Che, in questa forma, solo le donne sanno dominare.»

«Ha di sicuro ragione, Vostra Maestà» concordò Barbe.

«Com'è per lei?»

Barbe si impegnò a celare la confusione, ma il modo in cui Giuseppina saltava da un argomento all'altro la irritava alquanto. L'Imperatrice la guardava serena. Sembrava abituata a essere seguita ovunque i suoi pensieri la portassero.

«Mi perdoni, Vostra Maestà?»

«Avere un'azienda propria. Condurre affari» disse Giuseppina bevendo un sorso di champagne.

«Be', è una bella cosa, Maestà. Non potrei più farne a meno. Ho tante idee. Ho degli obiettivi che voglio raggiungere e tante idee per metterli in atto.»

Giuseppina la osservò con aria pensierosa. «Conosco donne intelligenti e indipendenti come lei. Le più sveglie cercano un uomo influente e diventano le loro amanti.»

Barbe ammutolì. Era un particolare miscuglio di complimenti e offese. All'improvviso desiderò avere Clémentine accanto a sé, avrebbe saputo di sicuro cosa risponderle.

«L'ho forse offesa, *ma chère*?» domandò l'Imperatrice. «Non era mia intenzione. Ho una grande ammirazione per queste donne. Appartengono solo a sé stesse. Servono solo i loro obiettivi, invece di essere utilizzate per gli scopi di qualcun altro.» L'espressione dell'Imperatrice era ora un misto fra meraviglia e derisione. «Io personalmente non ce la potrei mai fare. Troppi adulatori» aggiunse con un sorrisetto civettuolo, poi finì lo champagne e si alzò con grande solennità, anche se un po' traballante. La cameriera fu subito al suo fianco e le porse i guanti. Anche Barbe si alzò.

«A essere onesta, non conosco molto bene i modi borghesi, Madame Clicquot. Oppure dovrei dire Madame *Veuve* Clicquot» disse l'Imperatrice mentre infilava i guanti e la cameriera le sistemava lo scialle. «Ma lei è ancora molto giovane. Nella sua cerchia non è consuetudine risposarsi?»

Barbe osservò le labbra colorate di rosso di Giuseppina. Solo un attimo prima aveva creduto che l'Imperatrice fosse dalla sua parte. Ma era stata presuntuosa a pensarlo. Nella realtà, le separavano mondi interi.

«Assolutamente, Vostra Maestà. Sarebbe certamente consuetudine» disse sorridendo e a testa alta.

28

Purtroppo, l'ordine dell'Imperatrice Giuseppina rimase per molto tempo un evento unico e fuori dalla norma. Ancora peggio, segnò l'inizio di un lungo periodo di magra in cui gli sviluppi politici francesi misero quasi in ginocchio gli affari dell'azienda. Barbe sopportava a malapena di aprire ogni mattina il giornale. La già fragile amicizia fra Russia e Francia era distrutta, lo Zar aveva imposto altissime tasse sui beni di lusso francesi e un divieto di importazione per vino in bottiglia, che influiva quindi in modo particolare sullo spumante della regione dello Champagne. Era una misura volta a colpire personalmente Napoleone, poiché era noto che fosse la sua bevanda preferita. A Barbe e a tutti i collaboratori e operai non rimaneva altro da fare che accettare il fatto a denti stretti. Vendevano solo circa quindicimila bottiglie l'anno, abbassando i profitti di più dell'ottanta per cento.

Nonostante tutto, Barbe tentò di mantenersi fiduciosa. Trascorreva i pomeriggi in ufficio, scriveva lettere alle banche che Georges portava a Parigi, rispondeva alla corrispondenza dei suoi commessi e sollecitava i pagamenti in sospeso. Non appena tutto ciò era sistemato, tornava in cantina.

Quando un pomeriggio di fine marzo uscì nella corte, era umido e freddo. Si strinse lo scialle di lana sulle spalle, ne infilò le estremità nella cintura e corse sotto la pioggerellina mentre il mazzo di chiavi tintinnava a ogni passo. Stava per aprire la porta quando suonò il campanello.

«Thérèse?» disse sorpresa nel riconoscere la cognata, che apparentemente l'aveva raggiunta a piedi, protetta solo da un ombrellino che la copriva a malapena. La fece entrare. «Fai una passeggiata con questo tempo inclemente?» Barbe la guardò negli occhi e si accorse che aveva pianto. «Hai di nuovo litigato con Baptiste» dedusse sospirando.

Lei e Thérèse erano diventate buone amiche e per quanto Barbe tenesse a suo fratello, non le piaceva il modo in cui trattava la moglie. Nel frattempo, Thérèse aveva subìto tre aborti spontanei. Pertanto la poveretta si sentiva inadeguata, indegna e non amata, e Baptiste faceva ben poco per convincerla del contrario. Non gli andava giù che la moglie volesse dedicarsi ad altre attività e compiti per sfuggire alla tristezza recata da una casa senza pargoli. Certo, la amava ancora, Barbe ne era sicura, ma il fatto che non sarebbe mai diventato padre lo aveva colpito duramente e invece di concedere qualche libertà e dei diversivi alla moglie, che ne aveva urgente bisogno, si aspettava che questa trascorresse tutte le sue giornate in casa e fosse sempre disponibile per lui in qualsiasi momento ne avesse bisogno.

Thérèse scosse la testa e le sorrise timida. «Ti prego, perdonami. Oggi non ne voglio proprio parlare» disse.

Barbe le sorrise comprensiva e la strinse forte fra le braccia. «Che ne dici di farmi un po' di compagnia? Andiamo in salotto?» le domandò.

Ma Thérèse aveva un'altra proposta. «Stavi andando in cantina. Che ne pensi, avresti tempo per portarci in visita una bella signora?»

Barbe ridacchiò. Riconobbe le parole del fratello e lesse una chiara determinazione nell'espressione della cognata. «*Avec plaisir*» rispose ridendo.

All'ingresso, furono travolte da quella familiare dolcezza pesante e leggermente ammuffita.

«Dove vorresti andare, idiota? *Içi, imbécile!*» gridò uno degli operai a un altro per poi ammutolire non appena vide Barbe accompagnata da una dama. Non sembrò particolarmente spaventato dall'essere sorpreso a dire parole sconvenienti, salutò con cortesia e Barbe gli fece un cenno con la testa.

«Quaggiù è dura, non ci si può lasciar abbattere» spiegò alla cognata che aveva un'espressione quasi sconvolta. «Qui vengono lavate le bottiglie.» Barbe dovette alzare il volume della voce per sovrastare il rumore delle palline di piombo che le sei donne addette alla pulizia facevano roteare dentro le bottiglie. Le due signore si fermarono un attimo a osservare. «Sai, io amo stare quaggiù» disse Barbe. «Ha un effetto calmante su di me. Tutto scorre nel modo consueto, come se i problemi che mi attanagliano in ufficio non esistessero più.»

«Lo capisco benissimo. Ma tuttavia, non è un'occupazione alquanto inconsueta per una donna?» Thérèse sembrava non essere affatto a suo agio.

Barbe alzò le spalle. «È questione di abitudine. Io lo trovo piuttosto normale.»

«E a quanto pare anche i tuoi dipendenti» aggiunse Thérèse.

«Come ti ho detto, il lavoro in cantina mi distrae dai numeri. Ho imparato molto da Antoine Müller e adesso capisco molto meglio cosa succede qui.»

Da ogni angolo gli operai salutarono Barbe calorosamente mentre si addentrava nella cantina. Ogni tanto si fermava per scambiare qualche parola con alcuni di loro.

Entrarono in una stanza dove Antoine Müller stava spostando una botte insieme ad altri operai con l'aiuto di un verricello. Barbe gli fece un cenno. Il cantiniere alzò velocemente la mano per salutarla ma non si allontanò dagli uomini. Aveva la fronte imperlata di sudore, era visibilmente nervoso. Non c'era di che meravigliarsi, non era un vino qualunque. Come da programma, conteneva il mosto di una prima pressatura. Il suo vino della cometa! In meno di un anno avrebbero scoperto se era all'altezza delle loro grandi aspettative.

«In quelle botti si trova il raccolto dell'anno passato. Gli uomini devono iniziare a travasare il vino nelle bottiglie» spiegò Barbe.

«Si tratta del *tirage*?» domandò Thérèse. Evidentemente aveva già imparato alcune nozioni.

Barbe annuì. «Esatto, *tirage*. La prima fermentazione si ottiene già nella botte. Ecco, prova.»

Allentò il rubinetto di una botte, fece fluire un po' di vino in un ramaiolo e lo annusò prima di porgerlo alla cognata. Il liquido era torbido e marroncino, dall'odore molto intenso. «Che cosa senti?» le chiese.

«Vino, frutta e... lievito» affermò Thérèse.

Barbe annuì. «Giusto, lievito, proprio come per la produzione della birra. E quella Antoine la conosce bene. Sa tutto ciò che è possibile sapere sui lieviti. Ma questo vino, be', possiamo solo intuire come diventerà alla fine.» Barbe bevve un sorso e lo trattenne per un po' in bocca. Poi porse il ramaiolo alla cognata, che lo assaggiò.

«Da questo nasce il tuo champagne?» chiese sbalordita.

«Oh sì. E ripongo molte speranze in questa annata!»

La meta di Barbe era la cantina di sboccatura, in cui regnava grande fermento. Due settimane prima avevano iniziato a preparare lo champagne del 1810 per la vendita. Anche quel vino era qualcosa di particolare. Non era composto solo con le uve della prima pressatura, ma con quelle di un'unica annata. All'inizio dell'anno lei e Antoine ci avevano lavorato per settimane ed erano molto soddisfatti del risultato.

Da quando Antoine era lì, nella cantina erano cambiate alcune cose. Dato che era molto abile nella miscela dei vini, si erano concentrati completamente su quell'aspetto. Gli altri esperimenti erano stati un po' abbandonati, ma era giunta l'ora di fare passi avanti. Barbe era decisa a migliorare il processo di sboccatura con il quale il vino veniva reso più limpido dopo la seconda fermentazione.

Erano arrivate nel cuore della cantina. Negli ultimi mesi Barbe non aveva trascorso tanto tempo da nessun'altra parte come lì, nella stanza dove avveniva proprio la sboccatura. Ma nonostante tutti i tentativi e le modifiche, fino ad allora non avevano fatto grandi passi avanti, solo qualche miglioramento marginale.

Barbe e Thérèse rimasero sulla porta. In totale, seduti alla luce di lampade e candele, c'erano quindici uomini suddivisi in tre gruppi, organizzati in una catena di montaggio in cui le bottiglie passavano da uno all'altro.

«Qui che cosa succede?» domandò Thérèse sbalordita dopo aver assistito un po'.

«Qui si decide se il nostro vino vale 50 centesimi o 5 franchi» rispose Barbe seria mentre osservava attenta. Era soddisfatta. Gli operai lavoravano concentrati e rapidi. «Gli uomini operano a gruppi di cinque, detti *atelier*» spiegò alla cognata indicando uno di loro. «Capovolge la bottiglia, vedi? Girando e rigirando, i depositi si concentrano nel collo. Questa operazione deve essere ripetuta due o tre volte.»

«Ne gestisce diverse allo stesso tempo» notò Thérèse.

«Sì, per quello ci sono i recinti con la sabbia. Lì le bottiglie vengono riposte a testa in giù, poi rigirate una seconda e una terza volta e così via. Poi si passa alla parte più difficile. Il tappo viene allentato e attraverso la pressione che si crea nella bottiglia, fuoriesce una certa quantità di vino; se l'operazione viene fatta bene, vengono espulsi anche i depositi. Quello è competenza del secondo operaio.»

Thérèse osservò con molta attenzione il secondo uomo seduto davanti a un mastello inclinato in cui veniva raccolto il vino scolato. Aveva un coltello a forma di gancio e non appena tagliò il cordoncino che teneva il tappo, questo saltò con un forte schiocco. L'uomo turò subito la bottiglia con il pollice e la passò all'operaio accanto, che con un imbuto travasò un po' del liquido in una bottiglia. Il quarto vi inserì un nuovo tappo e lo legò, mentre il quinto sigillò la bottiglia con la cera.

«Il deposito? È quella sabbiolina che talvolta rimane incastrata fra i denti?» chiese Thérèse dopo aver osservato tutto il processo.

«Esatto. Si può anche tentare di travasare le bottiglie con molta cautela, in modo da far rimanere il deposito sul fondo, come per il caffè. Ma lo facciamo di rado. Si perdono molte bollicine con quel metodo.»

Thérèse era ormai completamente rapita e Barbe era felice di come la cognata stesse osservando il tutto con tanta attenzione.

«E il terzo uomo laggiù rimpingua la bottiglia con ciò che era andato perduto? Con lo stesso vino, o cos'altro?»

«Lo chiamiamo *liqueur de tirage*. Non prendiamo un semplice vino, ma una soluzione zuccherina o succo d'uva. A volte anche del brandy.»

«Ma questo di sicuro cambia molto il gusto dello champagne» esclamò Thérèse.

«È vero. Il gusto e anche la schiuma» sospirò Barbe. «Ma ancora non ne sappiamo molto. Ciò che è certo è che entrambi i metodi sono abbastanza insoddisfacenti.

Le bollicine sono molto suscettibili. Nel peggiore dei casi, lo spumante diventa un vino fermo.»

«E cosa dice Monsieur Müller al riguardo?» domandò Thérèse.

«Ovviamente mi dà ragione. Il risultato non è dei migliori. Ma ancora non ha una soluzione pronta. Per quale motivo pensi che passi così tanto tempo quaggiù?»

«Le cose buone hanno bisogno di tempo» affermò Thérèse.

Barbe si soffermò sulla larga schiena di Joseph. Il fratello di Alphonse, il suo protetto, che all'inizio era venuto da lei per lavare le botti, si era fatto strada fino a diventare il braccio destro del cantiniere. Erano passati sei anni da quando li aveva presi con sé dalla piccola capanna a Pont-Arcy. Che bel ragazzone di città era diventato! Già da tempo aveva superato il fratello maggiore in altezza e aveva quasi raggiunto Georges Kessler. Un giovane che guardava al futuro con grande speranza.

Sei anni, pensò Barbe. Che cosa non era successo. Le persone avevano bisogno di tempo per fiorire. Così come il vino.

Joseph afferrò una bottiglia, pronto a tagliare il cordoncino per togliere il tappo.

All'improvviso le venne in mente una cosa. «Cos'è che hai appena detto, Thérèse?»

La cognata la guardò confusa. «Cosa ho detto? Che le cose buone hanno bisogno di tempo, credo. Scusami, non era di grande aiuto.» Rise sommessa.

«Probabilmente invece lo era» disse Barbe, più a se

stessa che alla cognata. Si avvicinò a Joseph e gli mise una mano sulla spalla.

«Aspetta un momento.»

Il ragazzo la guardò stupito.

«Dammi.» Barbe gli tolse di mano la bottiglia a testa in giù, esattamente come la stava tenendo lui, e ne osservò il contenuto. Il liquido era in movimento. Nel collo della bottiglia il vino era più scuro, ma anche il resto era torbido.

«Cosa pensi che accadrebbe se non facessimo niente?» chiese Barbe con molta calma.

Joseph scrollò le spalle e si tolse la maschera di metallo dal viso. «Non ne ho idea» rispose e poi rifletté un secondo. «Che intende, Madame?»

«Cosa accadrebbe se aspettassimo e basta?»

«Aspettare quanto? Un'ora, due ore?»

«Ti è capitato di lasciare una bottiglia capovolta nella sabbia fino al giorno dopo? Magari perché eri stato chiamato a fare altro o perché era ora di pranzo?»

«Sì, Madame, è successo» rispose Joseph che sembrava essere a disagio.

«Che cosa è successo alla bottiglia? Hai controllato poi?»

Joseph alzò le spalle e aggrottò la fronte. «Niente.»

«Quindi il vino non era più chiaro?» volle approfondire Barbe.

«Non che io sappia.»

Barbe scosse la testa. «Ovvio che no. Una notte non è sufficiente» disse più a se stessa che a lui. Continuò a fissare la bottiglia lambiccandosi il cervello e le ci volle un po' prima di rendersi conto che tutti gli operai si erano fermati a osservarla. Il suo intervento aveva bloccato l'intero atelier. Anche i lavoranti degli altri due atelier la stavano fissando.

«Va bene, continua pure, Joseph» gli disse rendendogli la bottiglia. Poi tornò a rivolgersi a Thérèse. «È molto probabile che debba ringraziarti.»

«Me?» rise Thérèse. «E per cosa? Non ho fatto niente.»

«Staremo a vedere» disse Barbe misteriosa. Percepiva di essere sulla strada buona per una svolta epocale. Ma decise di tenere a freno l'impazienza ancora per un po'. Aveva bisogno di stare da sola per rifletterci ulteriormente. «Andiamo. Torniamo su e beviamo una tazza di tè insieme. Poi ti faccio accompagnare a casa con la mia carrozza.»

Dopo che Thérèse se ne fu andata, Barbe tornò in cantina e andò diretta nella stanza magazzino. Assorta nei suoi pensieri, fissò a lungo a lume di candela le bottiglie che riposavano da quasi un anno. Il vino appariva chiaro, ma solo perché i sedimenti si erano depositati da un lato. Si erano formati dei depositi che dovevano essere disciolti facendo roteare la bottiglia. Operazione che allo stesso tempo comportava quell'odioso intorbidimento del vino. Posò la candela e prese con estrema cautela una bottiglia senza spostarla dalla posizione orizzontale. La mise di fronte alla luce della fiamma e ne esaminò il contenuto. Il deposito era immobile e il vino era chiaro. Inclinò leggermente la bottiglia e poi un pochino di più. Il deposito rimaneva immobile, era come incollato al vetro. Solo quando batté la bottiglia a terra si spostò qualcosa. Poi la capovolse e la fece roteare come nel processo di sboccatura per sciogliere i sedimenti. Il vetro era pulito, ma il vino si era intorbidito.

Scosse la testa. Era proprio quello il problema. Così come lo facevano al momento non poteva funzionare. «Tempo» mormorò. «Ci serve più tempo.»

Solo a sera inoltrata Barbe uscì nella corte. Gli operai se n'erano andati da tempo, ma si era trattenuta a lungo a discutere della sua idea con Antoine. Aveva la testa così piena di pensieri e programmi che avrebbe potuto iniziare a lavorarci anche subito. Respirò la fresca aria del crepuscolo e si stirò la schiena dolorante, quando all'improvviso una figura uscì dall'ombra. Barbe sussultò per lo spavento ma si trattava solo di Georges, che aveva una pipa in mano. Sentì anche l'odore di tabacco.

«*Mon Dieu!*» esclamò. «Perché ti nascondi nell'oscurità?»

«Perdonami, non era intenzionale» rispose Georges avvicinandosi. «Come stai, Barbouchette?» Barbe riusciva a percepire il suo sorriso e sollevò la lampada per vederlo meglio. «Mi manchi» le disse.

Barbe tacque. Lo guardò negli occhi e si rese conto di quella grande attrazione che ancora provava per lei.

«Hai lavorato fino a tardi» proseguì Georges.

«Sì.» Sorrise al pensiero delle ultime ore. «Pensa, ho

avuto un'ispirazione su come migliorare la sboccatura. Ne ho appena parlato con Antoine. Credo, anzi, crediamo entrambi che potrebbe funzionare.»

«Ma è fantastico, Barbouchette» disse Georges, utilizzando di nuovo il nomignolo che le riservava nei momenti di intimità.

«Potrebbe davvero cambiare tutto. Saremo gli unici produttori di champagne così limpido e frizzante come acqua di fonte. È quello che ho sempre desiderato.» L'eccitazione per l'idea che aveva avuto la travolgeva ancora e si mescolava con una strana sensazione di desiderio di contatto fisico e intimità. Georges la guardava con espressione seria.

«Che c'è? Che cos'hai?» gli chiese, sempre più pervasa da un brutto presagio.

«Anch'io ho delle novità.»

Iniziò a piovere, Barbe sentì le gocce sulla pelle. Lo guardò. «Qual è il problema, Georges?»

«Torno adesso da Quesnel. Ha ricevuto una lettera da un caro amico, anche lui chirurgo. Si chiama Dominique Jean Larrey.» Parlava a scatti, come se ogni parola gli costasse fatica. «Larrey è un medico famoso. Quesnel ha un'ottima opinione di lui. Nella lettera lo prega di andare a Berlino. Per ordine dell'Imperatore, deve reclutare personale medico per un ospedale da campo. Perciò sono in cerca di medici esperti, specialmente chirurghi.»

«Un ospedale da campo? Ciò significa...» Non lo disse a voce alta, ma sapeva cosa volesse dire. Berlino era a oriente, e secondo le voci che giravano, l'Imperatore stava mettendo su un nuovo esercito laggiù. Si trattava solo di voci e tutti avevano imparato a non fidarsi troppo. Ma se si voleva restare al passo con gli eventi, non restava altro da fare che costruirsi un quadro generale della situazione con i vari piccoli segnali.

Georges annuì triste. «Non ci sono più dubbi. Quest'anno l'Imperatore marcerà verso la Russia.»

«E Quesnel accetterà la chiamata?»

Georges annuì di nuovo. Seguì una pausa in cui entrambi elaborarono i propri pensieri e si udiva solo il flebile scricchiolio della pipa di Georges. La brace ardeva di un rosso acceso e lui espirò il fumo denso nel buio della notte.

Barbe, che fino a quel momento era euforica e piena di speranza, sentì come un grosso peso posarsi sulla sua anima. Le battaglie sarebbero proseguite. Sempre più uomini e ragazzi sarebbero andati in guerra e poi morti, con la ferma credenza di dover servire la propria patria.

«Arrendersi non fa per lui» le aveva detto una volta Louis. Ma a volte era troppo per lei, e non desiderava altro che quello.

«Quindi le voci sono vere» disse Barbe.

«Non c'è margine di fraintendimento. Ho visto la lettera con i miei occhi.»

Barbe respirò il familiare odore della pipa di Georges e si sentì all'improvviso molto sola. Ripensò alla ragazza di Sedan, la figlia del commerciante di stoffe. Era rimasta a Reims tutti i mesi di febbraio e marzo e aveva lasciato la città solo da una settimana.

«Lei ti manca?» gli chiese, rimproverandosi immediatamente per l'osservazione sconsiderata. Perché le era venuta in mente la ragazza proprio in quel momento? Ripensò anche alla promessa che aveva fatto a se stessa di non mettere più in imbarazzo Georges in merito alle donne che conosceva. E sperò che non avesse capito di chi parlava. Ma ovviamente aveva capito. Non sembrò nemmeno sorpreso che Barbe avesse cambiato argomento così improvvisamente.

«È amabile. Ma non è come te» disse a bassa voce, le prese la mano e le baciò il polso. Il tocco delle sue labbra era allo stesso tempo confortante e malinconico. Salì in punta di piedi, gli diede un bacio sulla guancia ed entrò in casa senza dire un'altra parola.

29

Barbe si svegliò poco prima del sorgere del sole. Ascoltò il canto dei galli, poi osservò i contorni della sua camera emergere nella flebile luce del mattino. Quando il campanile batté le sei, sentì il tintinnio del cancello nella corte e il rumore sordo della porta della cantina, il chiacchiericcio delle donne e le voci più profonde degli uomini. Clémentine le aveva suggerito di scegliere la camera sul lato silenzioso della casa, ma Barbe non aveva voluto. Adorava quel momento, all'alba, quando si rendeva conto di come la vita si ridestasse nel suo piccolo regno.

Si sentiva umile al pensiero dei misteri celati all'interno dei tini e delle bottiglie. Quanti enigmi c'erano ancora da risolvere! Le sue più grandi speranze risiedevano nel vino e quello era un giorno particolare. Lei e Antoine avrebbero testato ed esaminato i risultati del loro nuovo metodo, il *remuage*. Era davvero passato un anno da quando aveva osservato le larghe spalle di Joseph e meditato sul fatto di avere bisogno di più tempo?

Alzò gli occhi sul baldacchino e ripensò a ciò che aveva letto il giorno precedente sul *Moniteur*: la Russia e la Prussia, un tempo alleate, avevano ufficialmente dichiarato guerra alla Francia. Le venne subito in mente

Quesnel, tornato da qualche settimana dalla Russia. Era dimagrito molto e gli si poteva leggere nel volto il terrore, anche perché non aveva più la punta del naso, persa per congelamento a Smolensk.

Ah, Napoleone Bonaparte e le sue maledette campagne militari!

Gli ultimi mesi erano trascorsi all'ombra della guerra. A luglio, più o meno nello stesso momento in cui Bonaparte marciò con le sue truppe verso la Russia, era stata costretta a licenziare i commessi. Da allora, solo Louis Bohne viaggiava per suo conto nel Nord della Francia, in Germania, Belgio, Paesi Bassi e ovviamente Parigi. Si occupava di non far dimenticare il nome Veuve Clicquot Ponsardin e il suo champagne. E Georges e Louis avevano smesso di litigare in continuazione. Almeno una pace era stata sancita.

Si aprì nuovamente il cancello della corte e poco dopo sentì conversare Georges e Antoine. Si parlavano in tedesco e scoppiarono a ridere all'improvviso, di cuore e fragorosamente. Barbe sorrise e si stiracchiò. Non poteva cambiare la politica, né porre fine alla guerra, ma avrebbe perlomeno tentato di scrivere qualche altro capitolo nella storia dello champagne. E quello era il giorno più importante.

Quando Barbe andò nella corte dopo una frugale colazione, nell'aria c'era ancora un accenno del freddo invernale. Dal rifugio accanto al fienile proveniva un odore pungente. Scaturiva dai tappi che aveva fatto marchiare a fuoco. Scambiò qualche parola con le due donne che si occupavano di suddividere i tappi secondo le dimensioni e ne prese qualcuno dal cesto. Arrivò Georges ed esaminarono insieme il marchio.

«È soddisfatta?» domandò Georges, che aveva commissionato il ferro.

«Molto!» rispose Barbe sorridendo. «Dovremmo farne una regola, onde evitare frodi.»

Rigirò felice i tappi che aveva in mano. Erano solidi, elastici e proporzionati. Non era facile ottenere una tale qualità e Barbe era stata felice di ricevere finalmente la consegna dalla Catalogna tre settimane prima, che aveva ordinato già da mesi. Dei tappi difettosi potevano rendere il vino imbevibile.

Anche il logo era venuto molto bene. Accanto al monogramma VCP con l'àncora, che già suo suocero utilizzava come marchio distintivo, c'era una stella a sei punte, che ricordava la cometa.

Barbe ripose i tappi nel cesto.

«Dov'è Alphonse?»

«È già di sotto.»

Barbe annuì. Il loro obiettivo comune quella mattina era la cantina segreta degli esperimenti, il "laboratorio", come lo avevano battezzato. Era nascosto al di sotto dell'Hotel Ponsardin.

Attraversarono l'ingresso in silenzio. Arrivati alla porta sulla destra, Barbe bussò ma non accadde niente, quindi Georges alzò il pugno e batté con più vigore sul legno. Alla fine la chiave dall'altro lato si mosse e spuntò la testa di Joseph dallo spiraglio.

«*Bonjour*, Madame. *Bonjour*, Georges.»

Li fece entrare e richiuse a chiave la porta. Tali misure di sicurezza erano necessarie. Ogni esponente della concorrenza avrebbe volentieri voluto scoprire cosa accadeva là sotto. Dovevano evitare che qualcuno, chiunque, potesse riferire le loro idee a Moët, Ruinart, Jacquesson o qualche altro rivale. Pertanto, solo poche persone avevano il permesso di entrare: Georges, Louis, Alphonse e Joseph, e ovviamente Antoine. Era chiaro che non sarebbe rimasto così in eterno. Ma Barbe era fiduciosa. Si augurava che il buon rapporto con i suoi operai avrebbe dato i suoi frutti e se avessero avuto successo, in futuro avrebbe potuto essere più generosa con le paghe e assicurarsi così il silenzio dei dipendenti.

La cantina in cui si trovavano offriva loro una vista insolita. Per il *remuage* serviva molto spazio, utilizzavano infatti non solo la stanza ma anche il corridoio a volta. A destra e a sinistra si estendevano lunghe file di tavoli, o meglio spesse assi, che poggiavano su robusti cavalletti, con dei fori in cui venivano infilate le bottiglie di champagne capovolte. Su ogni asse c'erano dieci file di sei bottiglie, tutte con il collo leggermente inclinato e il fondo verso l'alto. Ben novecento bottiglie erano in attesa di essere sottoposte a sboccatura. L'ansia di Barbe cresceva mentre camminava lungo le tavole. Nella prima stanza trovò Antoine, il quale esaminava il contenuto di una bottiglia alla luce di una candela, e Alphonse, che si guardava agitato alle spalle.

«Come le sembra? Possiamo rischiare di farlo oggi?»

chiese Barbe invece di salutare. Alphonse si strinse nelle spalle e Antoine non rispose subito. Rimise a posto la bottiglia con estrema cautela per evitare anche la minima scossa, poi prese la candela, si piegò in avanti e fece scorrere la fiamma lungo il lato della bottiglia.

«Guardi lei stessa» gli disse con voce roca. Barbe e Georges osservarono il contenuto in controluce. Avevano atteso quel giorno così a lungo, avevano atteso una settimana in più e un'altra ancora. Non c'erano più motivi di attendere ulteriormente.

Antoine annuì. «Siamo pronti.»

Il cuore di Barbe fece uno scossone nel petto. Guardò ognuno di loro. Lo sguardo di Georges era serio e attento, ma Barbe percepiva che era nervoso quanto lei. Antoine si passò una mano fra i capelli e Alphonse non riusciva a stare fermo con i piedi. Solo Joseph sembrava tranquillo. Nonostante l'ansia, Barbe lo notò e sorrise. Era fiduciosa e ciononostante, o forse proprio per quello, molto eccitata.

Il piano che avevano ideato l'autunno passato era semplice quanto raffinato: in futuro avrebbero effettuato la sboccatura non in pochi minuti, ma in settimane. Le bottiglie, appoggiate a maturare per un anno su delle assi in posizione orizzontale, venivano all'inizio capovolte per dare al deposito il tempo di scendere verso l'apertura. Durante i vari esperimenti, scoprirono subito che sul vetro rimanevano ancora molti depositi, e quindi ebbero l'idea di agitarlo. Provarono varie velocità e movimenti, fino a trovare quello che sembrò ottimale: ogni giorno un giro di un ottavo, avanti e indietro. Antoine, Joseph e, dato che c'era molto lavoro, anche Alphonse avevano sottoposto le novecento bottiglie a questo procedimento per cinque settimane. Le avevano girate quel poco ogni giorno, in modo da non creare troppi vortici, ma abbastanza da far scivolare i depositi. Per fortuna, fino a quel momento non si erano verificati problemi con la *casse*. Antoine spiegò che il fondo delle bottiglie era molto più spesso del collo e quindi reggeva meglio la pressione. Tuttavia, per la sboccatura era più sicuro indossare le maschere; dal grosso incidente avvenuto due anni prima, dal quale i due operai erano fortunatamente usciti illesi, Barbe era stata molto più rigida. Joseph e Antoine indossarono le maschere.

«Comincia, Joseph!» disse Barbe.

Il ragazzo annuì, prese una bottiglia ed eseguì i movimenti di routine. Il tappo saltò e il vino si riversò nella botte che era stata preparata in precedenza. Tappò subito l'apertura con il pollice e passò la bottiglia ad Antoine, che vi aggiunse una quantità di *liqueur de tirage* corrispondente al vino fuoriuscito, la tappò con un nuovo tappo e la sigillò. Poi la sollevò per esaminarla alla luce della candela.

Nessuno disse una parola. Barbe e i quattro uomini rimasero spalla a spalla a osservare la bottiglia, il risultato di mesi di lavoro. In superficie si vedeva la schiuma perlacea che ancora non si era assestata. Ciononostante, il vino era limpidissimo. Nemmeno una minima particella di deposito lo intorbidiva e anche il vetro era pulito. Barbe raccolse dalla botte il tappo su cui, come previsto, si erano depositati i sedimenti. Lo mostrò ad Antoine e mentre tutti si passavano quel tappo e lo ammiravano sbalorditi, Barbe si sentì travolgere da un'ondata di sollievo e di irrefrenabile euforia. Era fantastico. Ma poi si impose di non gioire troppo. E se fosse stato solo un caso fortunato? Ma mentre si dibatteva internamente fra speranza e dubbio, Joseph, Antoine, Georges e Alphonse erano scoppiati in grida di gioia, si abbracciarono e si diedero pacche sulle spalle a vicenda. All'improvviso Georges la prese in braccio e la portò a festeggiare nel loro cerchio.

«*Contenance, contenance*, Monsieur Kessler, si fermi» lo ammonì ridendo e gli ordinò con decisione di lasciarla andare, cosa che alla fine fece, ma ci volle un po' prima che l'eccitazione e la gioia si placassero abbastanza da permettere a Barbe di far sentire la sua presenza. Si lisciò l'abito e si schiarì la gola.

«Ottimo lavoro, Messieurs» disse sorridendo. «Bene, continuiamo!»

30

Anche se si trattenne, Barbe rimase speranzosa, e al più tardi quell'autunno fu chiaro che quel *remuage* di successo non fosse stato un caso. Effettuarono la sboccatura su tutte le bottiglie pronte, riempirono le tavole con delle nuove e approntarono altre tavole, fino a poter procedere su più di ventimila unità con il nuovo metodo.

Barbe era estremamente orgogliosa del suo "vino della cometa". Non c'era mai stato prima uno champagne migliore di quello. Aveva una trasparenza cristallina, un colore dorato e un gusto simile al miele. Ma poi si rese conto che era impossibile venderlo. Nell'anno successivo all'invasione della Russia da parte di Napoleone, la situazione politica non era affatto migliorata. Boissonet, il fidato commesso a San Pietroburgo, fece sapere che la domanda era alta, nonostante o a causa del divieto, ma sebbene avessero avuto il coraggio di rischiare, tutti i piani di noleggiare una nave o di tentare un trasporto via terra si erano rivelati irrealizzabili. Barbe ne discusse per ore con Georges e Louis, quando passò da Reims in uno dei suoi viaggi. Ma ovunque volgessero lo sguardo, imperversava la guerra. Alla fine di giugno, l'Austria si alleò con la coalizione Prussia-Russia, e la Confederazione

Renana, l'unica alleata rimasta a Bonaparte, minacciava di collassare.

Poi arrivò la chiamata alle armi per tutti i più giovani, che però sarebbe entrata in vigore solo uno o due anni dopo. Persino la Guardia Nazionale istituita per proteggere la città iniziò a reclutare cittadini e anche qualche contadino. Le belle uniformi ingannavano, mancavano le armi. Ognuno ricevette comunque una sciabola o una baionetta.

In un cupo giorno di inizio novembre, Barbe e i cittadini benestanti furono chiamati in municipio da suo padre, che nel frattempo era stato eletto sindaco. L'Imperatore era stato sconfitto nella battaglia di Lipsia e si attendeva l'arrivo di centinaia di feriti per i quali i quattro ospedali della città, tre cittadini e uno militare, non erano sufficienti. Dovevano aprirne un altro e per lo scopo era stata scelta la chiesa di Saint-Remi. Per l'allestimento di quattrocento letti servivano mezzi e materiali che gli abitanti di Reims avrebbero dovuto fornire.

Barbe fu sorpresa di trovare anche Quesnel fra i convocati. Dal ritorno dalla Russia si era ritirato a vita privata e lo si vedeva solo di rado in pubblico. Sembrava essere stato nominato responsabile della conduzione del nuovo ospedale. Barbe notò chiaramente quanto il medico non avesse gradito tale compito e quando si incontrarono poco dopo fuori dal municipio, le disse con voce roca: «Sa quante gambe e braccia ho amputato?».

Barbe non era sicura che parlasse proprio con lei, dato

che il suo sguardo era fisso nel vuoto. Ma oltre a lei non c'era nessuno. Rimase immobile e scosse la testa.

«Duecento solo dopo la battaglia di Borodino. Più tardi se ne aggiunsero altri, principalmente assiderati. E le dico un'altra cosa: quando si ritrova davanti un braccio o una gamba da amputare, non c'è differenza fra un russo o un francese. Segare uno o l'altro è uguale. *Bonjour, Monsieur l'Abbé!* È stato un onore, Madame.»

Barbe aveva ascoltato il chirurgo con orrore e non si era accorta che il reverendo Maquart si era avvicinato. Doveva aver sentito le ultime parole del medico. Osservarono insieme Quesnel che si allontanava zoppicando leggermente.

«È pallida, mia cara. Si appoggi al mio braccio, l'accompagno a casa» si offrì il reverendo.

«La ringrazio, molto gentile, effettivamente non mi sento tanto bene» rispose Barbe. Quell'uomo le piaceva e in sua presenza era facile assecondare la debolezza. I discorsi concitati durante la riunione, le parole rigide di Quesnel, ma anche il suo aspetto e il suo sguardo quasi folle, l'avevano colpita duramente.

«Deve perdonarlo, ha vissuto esperienze terribili» disse Maquart quando imboccarono la strada.

«Ma certo che lo perdono. E non solo, mi fa un'immensa pena. E lei come sta, reverendo? Ha trascorso molto tempo in Russia. Che mi dice di quel popolo?»

L'uomo di fede, tornato tre anni prima dall'esilio, aveva insegnato per quasi quindici anni in una scuola per giovani nobili fondata dallo Zar Alessandro a San Pietroburgo dove si era costruito un'eccellente reputazione. Ora era cappellano e insegnante di filosofia e retorica al liceo della città e una personalità di spicco di Reims.

«Quesnel ha ragione. Sono soprattutto persone come noi. È facile scambiare un nobile russo per un parigino. E molti hanno grande rispetto e ammirazione per i francesi.»

«Anche tuttora? Voglio dire, dopo che Bonaparte ha invaso la loro patria?» chiese Barbe, accorgendosi lei stessa del tono titubante delle sue parole. I recenti sviluppi la spaventavano. A quella domanda, Maquart dondolò la testa. Aveva appena superato i sessant'anni, ma la sua statura era ancora quella di un giovane, cosa che sicuramente contribuiva al rispetto che riceveva ovunque.

«Ho mantenuto la corrispondenza con prìncipi e duchi a cui insegnavo. Wolonski o Saint-Priest, per esempio.»

«Il generale Saint-Priest? Quello che chiamano il traditore?» domandò Barbe sorpresa.

«Bonaparte lo chiama così, ma io la vedo in modo diverso. È stato cacciato, come lo sono stato io. Suo padre era un fedele di Luigi XVI. Sa bene quanto me, Madame, che dopo la rivoluzione rimanere in Francia non era sicuro né per i sostenitori dei Borboni né per quelli della religione cattolica. Le teste volavano con un nonnulla.»

«Ma lei è tornato da tre anni, reverendo. Saint-Priest invece serve ancora lo Zar.»

«Non deve dimenticare che fino a poco fa lo Zar era amico e alleato dell'Imperatore. Mi perdoni, Madame, ma Saint-Priest è rimasto fedele a un uomo che lo ha accolto con amicizia dopo la sua fuga, gli ha restituito l'onore e gli ha reso possibile avere una carriera. Non ci trovo nulla di riprovevole.»

Barbe rifletté un attimo su quelle parole. Ciò che aveva detto il reverendo non era poi così distante dalle sue credenze, anche se non aveva mai conosciuto un russo di persona. Pensò a quello che le aveva raccontato Louis e a come amassero il suo champagne sia a Mosca sia a San Pietroburgo e sentì che stava ritrovando la calma mentre passeggiava con il reverendo. Non importava cosa pensasse, la vita andava avanti. Proprio in quel momento passò loro davanti un carro carico di barbabietole da zucchero. Alcuni bambini accorsero con dei gridolini nella speranza che cadesse qualcosa per loro, mentre una donna spazzava i rifiuti di fronte a casa sua. La donna le sorrise timida.

«Che cosa pensa che succederà, reverendo? I nostri nemici attaccheranno la Francia?» Barbe sapeva ciò che sapevano tutti: non solo la battaglia di Lipsia era stata persa, ma le truppe francesi nel frattempo erano state respinte a occidente del Reno. Solo pochi giorni prima, Bonaparte aveva dovuto cedere Mainz, la città che Georges conosceva così bene e che era stata francese per sedici anni. «E in caso sia così, che conseguenze avrà? Napoleone può vincere questa guerra?»

«Siamo tutti esausti» rispose Maquart, e Barbe credette che fosse una risposta esaustiva, ma dopo una breve pausa, aggiunse: «Per come la vedo io, la coalizione contro la Francia è alquanto fragile. Che sia lo Zar, Metternich, Federico Guglielmo di Prussia o il re della Svezia, ognuno insegue i propri interessi di potere. Tuttavia, è possibile che resista fino alla vittoria. Ma è davvero così importante chi vincerà? Sarò felice e grato quando la guerra sarà terminata e ci potrà essere di nuovo una coesistenza pacifica». L'uomo cercò lo sguardo di Barbe. «Le confido una cosa, Madame, perché la ritengo più assennata di tante altre persone. Un tempo era stato chiesto a Bonaparte di assicurare alla nazione libertà, uguaglianza e fratellanza. E lo ha fatto, altrimenti io non sarei qui, ma ancora in Russia. Tuttavia, è molto probabile che a un certo punto abbia perso di vista l'obiettivo iniziale, ciò che veramente conta.»

Quelle parole smossero qualcosa dentro Barbe. Nessuno si era mai aperto con tale franchezza con lei. Per la maggior parte dei suoi concittadini, Napoleone Bonaparte era un eroe. La lunga striscia di vittorie gli avevano conferito uno stato di semidivinità. Persino suo padre, che ai suoi tempi era stato un forte sostenitore dei Borboni, aveva da tempo fatto pace con Bonaparte, non per ultimo perché nel gennaio di quell'anno gli aveva conferito il tanto atteso titolo nobiliare. Adesso era il *Baron de l'Empire*. Ma forse era ancora di più in pericolo?

Il reverendo interruppe i suoi pensieri.

«Mi perdoni se le mie affermazioni le hanno creato turbamento.»

«No, al contrario, sono molto felice di saperla qui a Reims con noi, reverendo. Magari potrebbe riportare qualcuno alla ragione» rispose Barbe. Le era ben chiaro che quell'uomo avesse sviato la domanda su una possibile vittoria di Napoleone, ma la risposta che le diede le sembrò sufficiente. «Anch'io faccio fatica a pensare come una patriota. La mia attività va male, nessuno compra più il mio champagne. A dirla tutta, non so più cosa fare.»

Il reverendo sorrise mestamente. «Be', cambierà, mia cara. Non appena tutto ciò sarà finito, la gente stapperà volentieri le sue bottiglie.»

Ma i pensieri di Barbe erano rivolti in tutt'altra direzione. Un accordo di pace, di qualsiasi natura fosse, avrebbe forse rimesso in moto il commercio. Restava da chiarire, però, cosa li avrebbe attesi fino a quel momento. Quanto sarebbero stati al sicuro se Reims fosse stata davvero presa dal nemico, come sembrava far intendere il reverendo?

Lo guardò. «Che cosa mi consiglia, allora?» gli chiese. Nel frattempo avevano raggiunto la casa di Barbe ed erano davanti al cancello. L'uomo osservò la targhetta d'ottone con il suo nome che scintillava davanti a loro.

«Rimuova la targhetta, Madame. E poi si procuri dell'acquavite. Quanta più possibile. Ne avrà bisogno.»

31

«Mi accompagni alla cattedrale, Georges?»

Il giovane, chino sui libri contabili, alzò la testa sorpreso.

«Adesso?» le chiese, ma poi notò che Barbe aveva indossato cappello, mantella e scialle e lo attendeva sulla porta, quindi posò subito la penna. «Certo, volentieri. Lasciami solo prendere galosce e cappotto.»

Quell'inverno il tempo era terribile. Un continuo alternarsi fra neve e pioggia. La fanghiglia gelava durante la notte e rendeva difficile gli spostamenti sia per le persone sia per cavalli e carri. Ma non era l'unico motivo per cui Barbe voleva compagnia per il breve tragitto. Reims si stava preparando a un assedio.

La città si era espansa molto nell'ultimo decennio, soprattutto verso nord, pertanto la maggior parte delle abitazioni si trovava al di fuori delle fortificazioni. A eccezione delle mura medievali, Reims non disponeva della benché minima misura difensiva, negli ultimi duecento anni non erano stati apportati rinnovamenti né modernizzazioni. Ma i resti dell'anello di fortificazione, con le sue quarantaquattro torri e torrette, emanavano una sicurezza ingannevole e molte persone si spinsero verso il centro, anche perché negli ultimi mesi manifatture e fabbriche erano state costrette a chiudere, e i dipendenti licenziati erano rimasti senza salario. Chi possedeva una casa a Reims teneva finestre e porte ben serrate per difendere se stesso e le proprie provviste.

«Come sta Mentine? Non la vedo da diversi giorni. È tornata al collegio a Parigi?» domandò Georges mentre passeggiavano. Barbe si era stretta a lui. La sua mantella e l'orlo della gonna strusciavano nella neve e diventavano sempre più pesanti a ogni passo.

«No, l'ho mandata a Le Mans insieme ai miei genitori. Non l'ho fatto a cuor leggero, ma mi sembrava la scelta migliore. Anche mia sorella è là, con i figli e due bambinaie. Barrachin è rimasto qui senza di lei.» Barbe non se l'era sentita di rimandare Mentine a Parigi dopo le vacanze di Natale data la situazione incerta in cui versava il Paese. I ricordi della fuga e dell'ansia che aveva provato nel vivere con delle suore e senza famiglia erano ancora ben vividi nella sua memoria.

«Per fortuna io non sono sola» aggiunse dopo una breve pausa e pensò a tutte le persone che vivevano insieme a lei: Céline, Cathérine, la cuoca, le sguattere, due cameriere e due garzoni, per non dimenticare Alphonse, Joseph e Cyril. Si erano trincerati tutti insieme nelle sue quattro mura. Georges, Antoine e una decina di operai andavano regolarmente tutti i giorni al lavoro, anche se era diventato difficile capire in cosa consistesse quel lavoro. Ma Barbe non voleva licenziare più nessuno. Senza il salario e i pasti che dava loro, tutte quelle persone sarebbero rimaste senza niente.

«Sei molto generosa, Barbe. Che Dio ti benedica per questo» rispose Georges. «Sfami molte più bocche di quante ne siedano alla tua tavola.»

«Non posso lasciarli morire di fame. Ma non sono una sprovveduta. Puoi stare certo che ho sempre sott'occhio le provviste, Georges» aggiunse con un accenno di sorriso.

«Ci credo» ribatté lui.

Davanti a loro, un uomo e una donna litigavano per una zucca. L'arancio brillante del frutto spiccava nel cupo grigiore dei dintorni. Georges le strinse il braccio sulle spalle e la tirò a sé con fare protettivo. Li superarono velocemente. Nessuno si accorse che passavano di lì.

«Che cosa dice la gente?» domandò Barbe. L'abbraccio di Georges le era così di conforto che non voleva staccarsi. Dietro di loro sentivano ancora urla e grida infuriate. «Intendo, cosa dicono riguardo al fatto che il sindaco, cioè mio padre, abbia abbandonato la città.»

Aveva la voce roca. Quell'argomento le risultava ostico e non le dava pace. Lei stessa, pochi giorni prima, aveva consigliato al genitore ammalato di rifugiarsi dai parenti nel sud-ovest del Paese insieme a sua madre. Soprattutto da quando una lettera del prefetto aveva invitato i titolari di cariche superiori delle città con più di cinquemila abitanti a portare al sicuro sé stessi e tutte le carte e i documenti amministrativi ufficiali. Tuttavia, in un momento in cui Reims stava affrontando forse uno dei capitoli più bui della sua storia, la sua fuga poteva essere additata come precipitosa e vile. Non erano ancora stati attaccati.

Georges rimase immobile, le prese la mano e la guardò negli occhi.

«Lascia stare. Non cominciare a preoccuparti anche dei pettegolezzi della gente adesso, Barbouchette» le disse.

«Ah, Georges» gli rispose. Si sentiva sempre un po' sciogliere quando la chiamava con quel nomignolo. «Talvolta mi sento così in colpa. Che dovrei fare?»

«Fai già tutto quello che è in tuo potere» la tranquillizzò.

Nel frattempo avevano raggiunto la cattedrale, un'ombra imponente che si ergeva sopra di loro. Georges esitò un secondo. «E devo farlo anch'io» aggiunse. «Avrei voluto dirtelo già da tempo.»

A Barbe venne un brutto presentimento. «Che cosa? Cos'hai in mente?»

«Miteau ha bisogno di persone nuove. Mi sono candidato come volontario.»

«Miteau? Il comandante della Guardia Nazionale?» chiese Barbe sgomenta.

Georges annuì. «Proprio lui.»

«Vuoi contribuire a proteggere la città? Vuoi combattere?»

«Domani entrerò in servizio. Devo farlo» ripeté con fervore. «Questa città è diventata la mia casa. Non posso rimanere semplicemente a guardare quando i...» si interruppe.

«Quando i nemici la occuperanno» Barbe terminò la frase per lui. «Lo comprendo. Però te lo impedisco!» aggiunse con inutile ostinazione. «Io ho bisogno di te, Georges, non posso rinunciare a te.» Lo guardò negli occhi. «L'azienda non può fare a meno di te. E per di più Miteau non è neanche un vero comandante. Non è nemmeno mai stato nell'esercito. E tu tantomeno.»

Georges scosse la testa e sorrise triste. «Sapevo che avresti tentato di impedirmelo.»

«Be', almeno su quello siamo d'accordo.» Lo guardò di nuovo e all'improvviso gli sembrò vent'anni più vecchio. Gli zigomi spiccavano come travi scure e il naso che le piaceva così tanto dava al suo viso un'insolita austerità.

«Non è così semplice» disse con voce roca. «Tu non hai bisogno di me tanto quanto loro.» Georges indicò un gruppo di persone lì vicino raccolte intorno a un misero fuoco. «Tu sei forte. La donna più forte che io conosca. E ora devo essere forte anch'io. Lasciami fare ciò che devo. I prussiani stanno per arrivare.»

«Ma Napoleone ha trionfato, oppure non era vero? Solo qualche giorno fa, a Brienne. Verrà qui e ci difenderà.»

«Tanto meglio. Così avrò anche un supporto.» Lo disse con un ampio sorriso, ma Barbe non era in vena di battute.

«E Antoine? Anche lui vuole...?»

«No, non ti preoccupare, Antoine non ci pensa nemmeno. E comunque, l'ho incaricato di proteggerti.» La strinse ancora più intensamente fra le sue braccia. Barbe lo lasciò fare, la sua vicinanza e il suo calore le erano di conforto.

Nei tre giorni successivi, Barbe non seppe nulla di Georges, né lo vide. Tutti in città sembravano essere in attesa di qualcosa, senza sapere bene di cosa. Al posto di suo padre in municipio c'era ora l'aiutante di campo, un certo Monsieur Andrieux. Aveva riunito intorno a sé un gruppo di uomini che lo sostenevano, tra cui proprietari di fabbriche, commercianti o amministratori, e anche suo fratello Baptiste e suo cognato. Si scambiava giornalmente dei messaggi con Thérèse per mezzo di fattorini, così che nonostante non si muovesse da casa sua in Rue de l'Hôpital, poteva rimanere comunque informata sugli accadimenti.

Si aspettavano che il nemico, ossia i prussiani, arrivasse da sud-ovest, pertanto il comandante Miteau riunì la Guardia Nazionale a Dieu-Lumière, la porta a sud-ovest della città. Là furono sistemati un paio di antichi cannoni di dubbia efficacia e portata. Barbe rimaneva sveglia di notte e tentava di immaginarsi Georges in uniforme che imbracciava un fucile.

Nel tardo pomeriggio del 6 febbraio, qualcosa si mosse nella città buia. Barbe andò alla finestra e ascoltò le grida e gli urli, lo scalpiccio degli zoccoli e qualche occasionale sparo. Poi suonarono alla porta. Fuori c'era Georges.

«Sia ringraziato il cielo!» Barbe gli era quasi saltata al collo ma Céline, che lo aveva fatto entrare, fu più veloce. Con grande sorpresa di Barbe, lo baciò sulle guance e si staccò da lui solo quando le fu ordinato di andare in cucina a preparare la cena. L'uniforme gli donava, anche se sembrava esausto e non si era rasato. Era accaldato e gli stivali ricoperti di neve lasciavano impronte bagnate sul pavimento.

«Come te la stai cavando?» gli chiese quando rimasero soli. Voleva spostargli un ciuffo dalla fronte, ma si bloccò quando notò la sua espressione cupa. Le sue belle labbra erano ridotte a una sottile linea.

Si tolse il fucile dalla spalla, lo appoggiò al muro e si sistemò il colletto. «I cosacchi sono arrivati» disse conciso. «Alle cinque del mattino erano davanti alla Porta di Marte e ora si sono accampati davanti al municipio. Pretendono pane e acquavite.»

Li aveva raggiunti Antoine, che si sfregò una mano sulla fronte incredulo. Anche Barbe stava ancora cercando di capire cosa fosse accaduto. Tutta Reims aveva speculato su quanto fosse ingente l'armata prussiana, e i cosacchi erano stati più veloci? Girava ogni tipo di voce su quei combattenti a cavallo.

«I cosacchi hanno assaltato la Porta di Marte?» chiese Barbe.

«No, Andrieux li ha lasciati entrare» rispose Georges.

«Li ha lasciati entrare?» domandò Barbe confusa.

«Mi dica, che aspetto hanno i cosacchi?» chiese Antoine curioso.

Georges alzò le spalle. «Esausti, direi. Una grande folla con barbe e capelli lunghi. Indossano alti berretti di pelliccia e giacche nere, e alcuni non hanno neanche una cintura, ma una corda. Ma soprattutto necessitano di scarpe nuove.»

«E i cavalli? Che mi dice dei cavalli?» continuò Antoine.

«Piccoli e irruenti, marroni e neri, più educati delle persone.»

«Ma perché Andrieux li ha lasciati entrare?» ripeté Barbe impaziente.

Georges spiegò loro la storia completa. Un certo Maggiore Schelling, il capo dei cosacchi, aveva dichiarato, in un ottimo francese, che i suoi centocinquanta uomini erano l'avanguardia del generale. L'armata prussiana, composta da duemila uomini e guidata da un tale generale Wintzingerode, li seguiva a piedi. Il comitato centrale aveva quindi deciso di lasciarli entrare.

«Per questo abbiamo bisogno di acquavite. Per ora dovrebbero essere sufficienti due piccole botti» proseguì Georges. «Paga il comitato.»

Barbe stentava a crederci. La Porta di Marte era una massiccia costruzione in pietra, sarebbe stato possibile organizzare una difesa. Ovviamente non avrebbe voluto che Georges fosse coinvolto in una battaglia. Ma che Miteau e Andrieux invitassero il nemico a entrare e a bere dell'acquavite, quello non lo aveva proprio considerato. Rifletté involontariamente su come avrebbe gestito la situazione suo padre.

«Madame?» Georges attendeva una sua risposta.

«Ma certo. Antoine, se ne occupa lei, per favore?»

Antoine annuì. «E io la accompagnerò» disse posando una mano sulla spalla di Georges.

Céline portò un vassoio pieno di pane, formaggio,

prosciutto e vino. Georges si mise del pane e del formaggio in tasca, imbracciò il fucile e uscì con Antoine. Pochi minuti dopo, Barbe osservò i due attraversare la corte con un carro con le botti e inviò un ringraziamento silenzioso al reverendo Maquart. Aveva preso molto sul serio il suo avvertimento, aveva seguito il consiglio che le aveva dato e aveva riempito la cantina fino quasi a farla scoppiare con botti e bottiglie di acquavite e vino economico. Del suo champagne c'erano solo un paio di dozzine di bottiglie, la maggior parte era stata abilmente nascosta dietro un nuovo muro di mattoni con segni artificiali di invecchiamento, una specie di schermo protettivo di fronte alla parete in pietra. Davanti alla porta e al corridoio d'ingresso che conducevano al vero magazzino non si vedeva più niente. Con un po' di fortuna, nessuno si sarebbe accorto di quell'inganno, poiché le cantine erano ancora molto grandi anche così.

Barbe attese con impazienza il ritorno di Georges, ma avvenne solo la sera successiva. Non era solo, bensì accompagnato da un ufficiale tedesco alto e magro, che indossava una divisa russa.

«Madame Clicquot Ponsardin, Maggiore Schelling» li presentò Georges.

Il maggiore fece un inchino e il baciamano. «Sono qui per ringraziarla, Madame» le disse.

«Per cosa, Monsieur?» domandò Barbe, sorpresa dal modo elegante di presentarsi dello straniero.

«Per l'acquavite. *Mein Freund Georg*» disse in tedesco, dando una pacca sulla schiena a sottolineare le parole, «mi ha detto che provengono dalla sua cantina. Ho già sentito molto parlare di lei, Madame. Mi deve assolutamente raccontare qualcosa di più sul suo champagne.»

Georges le lanciò un'occhiata da dietro le spalle del maggiore, ma Barbe aveva comunque compreso che desiderasse un assaggio. Rifletté rapidamente se fosse il caso e se dovesse temere per il suo champagne, ma poi si rese conto di non avere molta scelta. E comunque, aveva preso tutte le precauzioni possibili. Quindi li invitò entrambi a entrare.

In altre condizioni, Barbe sarebbe stata felice di trascorrere del tempo con Georges, ma in quel caso l'atmosfera era piuttosto tesa. Gli uomini le raccontarono che, su ordine del Comitato Centrale, i cosacchi stavano pattugliando la Porta di Marte e l'esterno delle mura della città insieme alla Guardia Nazionale.

Barbe comprendeva a malapena ciò che sentiva per quanto tutto ciò le sembrasse assurdo. I nemici si erano messi a difendere Reims?

Il maggiore Schelling non si accorse della sua confusione. Assunse il ruolo di intrattenitore, raccontò di suo cugino, un filosofo, e si rivelò un grande ammiratore del teatro. Lui stesso era un appassionato attore dilettante e chiese se fosse possibile aprire il teatro per la sua gente.

«È di sicuro sensato avere un'altra occupazione oltre all'acquavite» spiegò ridendo.

«Tutti i cosacchi parlano bene il francese come lei?» chiese Barbe.

«Decisamente no» le rispose l'ufficiale «ma non ha importanza. Basta che ci sia uno spettacolo sul palco.»

Barbe promise di sottoporre l'idea ad Andrieux e al comitato.

«E cosa ne è dell'armata di quel Wintzingerode di cui ci aveva annunciato, Monsieur Schelling?» osò chiedere. Avevano appena aperto la terza bottiglia di champagne e il maggiore era di ottimo umore. «Non ha ingannato Miteau, vero?»

«Oh, no, il generale deve aver subìto qualche intoppo» rispose Schelling senza la minima offesa. «Arriverà sicuramente a breve.»

32

Quella prima occupazione di Reims, che fu ben sopportata, smentì il fatto che in tutta la regione dello Champagne, a Laon, Soissons, Châlons ed Épernay, si combattesse ferocemente. Tuttavia, neanche a Reims giungevano notizie. Soprattutto, nessuno sapeva dove si trovasse l'Imperatore. Giravano solo voci sul fatto che fosse nelle vicinanze e stesse tentando di impedire al generale Blücher, che lo aveva sconfitto l'anno precedente a Lipsia, di marciare su Parigi.

Poco meno di una settimana dopo l'ingresso dei cosacchi, l'Armata del Nord non era ancora arrivata, ma un battaglione prussiano stava pressando Reims da sud-ovest, affatto disturbato da qualche palla di cannone sparata della Guardia Nazionale dalla Porta Dieu-Lumière. Barbe era ancora stabile in Rue de l'Hôpital e discuteva a lungo, quando possibile, con Antoine e Alphonse. Erano tutti d'accordo sul fatto che sarebbero servite più guarnigioni per proteggere la città, e non semplici contadini o commercianti. Pochi giorni dopo, settecento prussiani bivaccavano in Rue Large.

Barbe era contrariata di poter ricevere informazioni solo tramite voci e si fece accompagnare da Antoine in città per vedere con i suoi occhi. Quei soldati non sembravano affatto dei conquistatori. Erano esausti e prossimi a morire di fame, cosa che le procurava più angoscia di quanto la tranquillizzasse. Dato che temeva cosa avrebbero potuto causare quegli uomini stremati, ospitò più volte il maggiore Schelling, inviò dodici paia di stivali per la sua brigata e procurò loro cibo e acquavite. Il suo piano funzionava. Nel momento in cui i prussiani affamati avrebbero iniziato a rendere le strade non sicure e ad assediare le case, come temeva, avrebbe avuto almeno tre cosacchi a guardia del suo cancello.

All'improvviso, tre giorni dopo, i prussiani si ritirarono nel sud-ovest della città. Mentre sua cognata Thérèse, che era ancora a Reims e con cui manteneva la corrispondenza, intravide una speranza, Barbe temette che le cose sarebbero solo peggiorate. E così fu. Infatti l'armata di Blücher prese a marciare sotto il comando di Wintzingerode, il cui arrivo era previsto dieci giorni prima, attraverso le porte di Marte e Cérès. Un vero e proprio fiume di uomini invase la città o stazionò nei villaggi vicini. Quelle truppe erano pressoché imbattute e altrettanto arroganti. Gli abitanti del villaggio dovevano provvedere a quindici o venti uomini per casa e a migliaia di cavalli, interi battaglioni richiedevano riparo e cibo. La situazione era diventata insostenibile.

Grazie al maggiore Schelling, che ormai aveva rivendicato la sua casa come propria, Barbe era stata risparmiata, ma poi l'uomo e i suoi cosacchi scomparvero da un giorno all'altro. Dato che nel frattempo aveva capito come proteggersi al meglio, fece sapere ad Andrieux e al Comitato Centrale che avrebbero potuto inviarle gli ufficiali per farli alloggiare. Solo un paio d'ore dopo, due russi erano davanti alla sua porta e la ringraziarono per l'invito. «Generale di divisione Alexander Ivanovich Chernyshov e generale di divisione Principe Mikhail Semenowitsch Voronzov» si presentarono.

Barbe fu sollevata per la cordiale presentazione degli ufficiali russi e molto sorpresa del loro aspetto. Mostrò loro le camere al piano superiore. Entrambi dovevano avere intorno ai trent'anni, uomini di città e di bella presenza. Il Principe Voronzov aveva un'aura nobile e riservata e uno sguardo amichevole dagli occhi gentili, le infondeva davvero fiducia, a differenza del temerario Chernyshov.

Quella sera invitò i gentiluomini, che, come si aspettava e sperava, posizionarono subito delle guardie fuori dal suo cancello, a cenare nella sua sala da pranzo. Entrambi parlavano un eccellente francese, Chernyshov un pochino meglio del principe. Fu proprio lui a sorprenderla durante la cena riferendole che avevano una conoscenza in comune.

«Davvero? E come può essere? Di chi si tratta?» chiese Barbe.

«Monsieur Louis Bohne!» Chernyshov sembrava felice come un bambino quando lesse la sorpresa sul volto di Barbe. «Per me è come se la conoscessi da sempre, Madame Clicquot. Ha raccontato molto su di lei. Speravo tanto di conoscerla un giorno, e adesso sono qui. E il suo vino...!» Alzò il bicchiere con la mano sinistra e si baciò la punta delle dita della mano destra, come un italiano. Poi continuò a raccontare del tempo trascorso alla corte dello Zar: «È stato circa sei anni fa. Ho conosciuto lì Monsieur Bohne. Sì, più o meno a quel tempo, poiché poco dopo sono stato inviato a Parigi come addetto militare». Chernyshov si attorcigliò i baffi, rivelando labbra rosee, quasi femminili. «Un incarico di prestigio! Si trattava di guadagnarsi la fiducia di Bonaparte. Le questioni diplomatiche sono la mia specialità. Solo che, sfortunatamente, sono stato bandito da Parigi a causa delle mie, be'... ulteriori attività segrete. Non so dirvi quanto non veda l'ora di rivedere quella spettacolare città.»

A quel punto, il Principe Voronzov lo interruppe. «Il generale ha ragione, il suo champagne è davvero eccellente!» disse sollevando il bicchiere e poi bevve.

Barbe sorrise con riluttanza. I discorsi compiaciuti di Chernyshov la disgustavano, ma era comunque contenta dei complimenti al suo champagne. Era quello del 1810. Aveva soppesato i rischi e aveva deciso di sfruttare l'occasione. Conosceva i clienti russi solo dai racconti, ma i due presenti appartenevano sicuramente all'alta società. Doveva pensare al futuro, soprattutto al futuro.

«Questa è la seconda volta che ho il piacere di assaggiare il suo champagne. La prima è stata a Londra» proseguì Voronzov.

«Oh, Londra!» osservò Barbe con un piccolo sorriso. «Non ci sono mai stata, ma ne ho sentito parlare tantissimo. Prima del blocco vendevamo molto agli inglesi, che hanno un ottimo gusto e hanno dato un enorme contributo a rendere il nostro amato champagne molto famoso. Ma agli inglesi preferisco i russi, onorevole Principe Voronzov.»

Mentre i signori sbottonavano gli alti baveri rossi sotto la giacca, Barbe stappò la bottiglia per la portata principale, un *Coq au vin*. Lo champagne frizzante nelle coppe di cristallo, l'argento che scintillava alla luce delle candele, e il ricco cibo contadino fecero il loro effetto. L'atmosfera divenne piacevole e i due ufficiali si rilassarono al punto che la guerra e l'occupazione sembravano lontanissime. Per il dessert, una torta al cioccolato, lasciò che il generale Chernyshov, che non voleva perdersi un tale privilegio a nessun costo, aprisse il suo vino della cometa.

Gli ufficiali rimasero di stucco.

«È fantastico, mio Dio, che meraviglia! E così limpido!» dissero tentando di superarsi a vicenda nei complimenti per il vino, l'ospite e il cibo.

Barbe, che si era trattenuta dal bere e aveva osservato con molta attenzione come i suoi ospiti si stessero rilassando sempre di più, vide presentarsi l'occasione e prese l'iniziativa: «Sono lieta che il mio champagne sia di vostro gusto ed è molto spiacevole che ora non possa più raggiungere la Russia. Quanto vorrei potervi spedire tante di quelle bottiglie a casa, una volta che tutto questo sarà finito. Ma cosa posso fare? Cosa ne pensate, signori? Secondo voi quando verrà revocato il divieto di importazione? Generale Chernyshov, in quanto diplomatico, forse lei potrà darmi una risposta».

L'uomo inclinò il suo bel viso e si passò ancora una volta le dita fra i baffi.

«*Mmm*, è veramente una bella domanda. In Russia nessuno ha davvero qualcosa contro i francesi. Napoleone Bonaparte, be', potrebbe essersi giocato la reputazione, se mai ne ha avuta una. Ma vede, i francesi di per sé forse non sono sempre compresi, no, certamente ci lasciano perplessi. Ma sono soprattutto amati! E il suo champagne in modo particolare! Sto dicendo che il divieto di importazione per le merci francesi sarà la prima cosa a decadere. Se c'è una cosa che so con certezza, è che lo Zar è un uomo pacifista e non saprei cosa potrebbe essere più adatto a suggellare la pace se non lo champagne!»

«Molto gentile da parte sua dire questo, Monsieur Chernyshov. E lei è un uomo molto influente. Potrebbe mettere una buona parola per me con lo Zar?»

«Ma certamente! Gli dirò esattamente questo. Lo devo a lei e al mio vecchio amico Louis Bohne.»

A queste parole fece un inchino verso di lei, posò la mano sulla sua e le si avvicinò a tal punto che per Barbe divenne quasi sgradevole. Poteva solo sperare che ci fosse qualcosa di veritiero nelle sue parole e che la manovra fosse valsa un po' la pena, poiché il prezzo era alto.

Il Principe Voronzov sembrò percepire il suo disagio, poiché posò il bicchiere in modo rumoroso e si schiarì la gola. Chernyshov si rimise a sedere senza comunque toglierle gli occhi di dosso.

I due ufficiali rimasero circa due settimane da Barbe e la pregarono quasi ogni giorno di farle compagnia per cena. Il Principe Voronzov, che le raccontava di buon grado la sua infanzia trascorsa fra Venezia e Londra, le piaceva sempre di più. Aveva un bel volto, capelli castani ondulati e non portava la barba, ma solo delle basette che facevano risaltare in modo particolare i lineamenti. In generale aveva un aspetto curato. Con lui poteva parlare di letteratura, ma anche delle necessità e dei doveri che comportava dirigere un'azienda, nonché le responsabilità. Sembrava essere molto ricco, ma conosceva bene le preoccupazioni e i bisogni dei contadini. Parlava dell'argomento con estrema passione, cosa che lo rendeva ancora più simpatico ai suoi occhi. Era un uomo di mondo che sapeva bene come divertirsi. Le parlò della sua intenzione di costruire un castello sul mare con un evidente scintillio negli occhi.

«Ho già trovato l'architetto. Ha costruito importanti edifici a San Pietroburgo, sia manieri sia palazzi di città, persino per lo Zar. È la persona ideale per il mio progetto. Desidero grandi finestre e stanze ampie e luminose da cui poter ammirare il mare. È un luogo meraviglioso! Deve assolutamente venire a visitare la Crimea un giorno, Madame Clicquot. Me lo promette?»

La gentilezza di Chernyshov, invece, diminuiva notevolmente con l'aumentare del consumo di vino, motivo per cui, nonostante il piacere di conversare con il Principe Voronzov, si ritirava spesso nella sua stanza non appena le sembrava opportuno. Una sera si prese un bello spavento, quando lo incontrò con indosso solo camicia e pantaloni sul pianerottolo del primo piano. Era appoggiato al muro, come se la stesse aspettando. Il suo viso era pallido sotto alla cascata di capelli corvini e notò ancora una volta le labbra rotonde, senza contorno e umide e lucide come quelle di un bambino.

«Buonasera, Madame» le disse con voce roca, così vicino che poté sentire l'odore di alcol nel fiato. A quanto pareva, non si era concesso solo lo champagne, bensì anche del brandy. Si puntellò al muro con un braccio e poggiò l'altro al fianco, sbarrandole la strada.

«Buonasera, generale Chernyshov» rispose Barbe con estrema calma. «Ancora in piedi a quest'ora?»

«Non riuscivo a dormire. E lei?»

Barbe cercò di rimanere tranquilla mentre il cuore le batteva all'impazzata. «Ho dimenticato una cosa in salotto» disse, ma mentre si voltò, la prese per un braccio.

«Dove vuole andare, Madame? Due persone che non riescono a dormire di notte dovrebbero farsi compagnia.»

In preda all'ansia, stava riflettendo su come liberarsi, se avesse senso mettersi a gridare e se fosse possibile opporsi, quando si aprì una porta. Il Principe Voronzov, con la tabacchiera d'argento in mano, uscì sul pianerottolo con fare tranquillo e imperturbabile.

«Alexander Ivanovich, amico mio. Volevo proprio domandarle se può offrirmi del tabacco» disse afferrando con vigore il braccio dell'ufficiale e lo condusse in camera sua mentre Barbe gli sorrideva.

Per fortuna, quella fu l'ultima notte in cui alloggiarono lì. La partenza dell'armata russa era stata già annunciata da qualche giorno, con grande sollievo dell'intera popolazione che non era più disposta a tollerarne la presenza e a offrire loro riparo e cibo. Sfortunatamente, invece, l'inverno fu più lungo del solito. La morsa del freddo attanagliò il Paese, pertanto si vedevano fuochi ovunque, alimentati da quegli alberi che un tempo delineavano i viali fra la Porta Cérès e la Porta Dieu-Lumière. Barbe lo aveva visto con i suoi occhi durante alcune delle sue rare uscite in compagnia di Antoine, Alphonse o Joseph. Scoprì che il quartiere Couture era stato completamente saccheggiato e in alcuni punti incendiato, così come molti villaggi. Orrore, tristezza e rabbia pervadevano Barbe quando pensava alla miseria e alle terribili ferite inferte alla sua amata città.

Quando si congedò, Chernyshov le baciò la mano e la guardò con occhi tristi. «Protegga i suoi tesori, Madame» le disse. «Dopo di noi potrebbe arrivare qualcuno con intenzioni non altrettanto nobili.»

Nonostante la gentilezza nel tono della sua voce, Barbe la percepì quasi come una minaccia. Ma non aveva voglia di lasciarsi intimidire e sollevò il mento. «Lo so benissimo, Monsieur Chernyshov. Lei pensi alla sua promessa e metta una buona parola con lo Zar riguardo allo champagne, va bene?»

L'alto ufficiale annuì e poi, con sua grande sorpresa, le consegnò alcuni rubli. «Per lei. Per le spese e la logistica, anche a nome del generale Voronzov» disse brevemente. Quando si voltò per andarsene, la sua sciabola tintinnò forte.

Voronzov, che aveva atteso dietro di lui, la guardò con espressione seria. «Devo scusarmi con lei per Chernyshov» disse non appena l'altro fu lontano.

«E io devo ringraziarla» rispose Barbe. Le dispiaceva vederlo andare via. Forse era solo un'illusione, ma la sua presenza le aveva ridato la speranza. «Cosa pensa che ci succederà? Che ci attende?»

Voronzov si incupì. «In merito a ciò, non posso fare altro che essere d'accordo con il generale Chernyshov. Il generale Wintzingerode ha dato la responsabilità della città al Principe Gagarin.»

«Il Principe Gagarin? Vorrebbe dire che sarà un problema? Che tipo di persona è?»

«Giovane e inesperto. E per di più irascibile, quindi faccia attenzione! Non voglio turbarla, ma deve sapere che a Épernay e Châlons sono state saccheggiate molte cantine di champagne. Hanno scolato quasi centomila bottiglie.»

Barbe sentì le ginocchia cedere. Pensò a Jacquesson e Moët. I due avevano probabilmente perso tutto.

Voronzov la osservò con attenzione. «I suoi rivali?»

Barbe annuì. «Già» rispose. L'ansia che aveva tentato di respingere ritornò con la potenza di mille cavalli.

33

Voronzov aveva previsto giusto. Il controllo di Gagarin durò quattro giorni e niente di ciò che ordinò si rivelò magnanimo né lungimirante. Impiegò gli uomini della Guardia Nazionale come scorta e poiché non eseguivano i suoi ordini, minacciò di dare fuoco al quartiere. Nel giro di poco tempo, era l'uomo più odiato di Reims.

Poi ci fu un nuovo attacco alla città, ma da parte dei francesi. Barbe non si fidava della notizia della presunta liberazione; solo quando suo fratello apparve alla sua porta non ci furono più dubbi. La gioia per la buona notizia fu però offuscata dalle condizioni di Baptiste.

Era la prima volta che lo rivedeva dopo settimane e in un primo momento nemmeno lo riconobbe da quanto era pallido ed emaciato. Aveva gli abiti strappati e sporchi, le guance scavate e i capelli scompigliati gli ricadevano sulla fronte. Comunque sollevata, lo strinse in un abbraccio e poco dopo lo accompagnò in salotto e gli diede del cibo caldo. Attese con impazienza che finisse tutto. Baptiste posò il cucchiaio di lato, ripulì il piatto con un po' di pane e poi le raccontò cosa era successo. Un generale francese di nome Corbineau aveva riconquistato Reims al comando di duemila uomini. Quasi nessun russo era riuscito a fuggire, solo il Principe Gagarin. Era stato visto scappare con indosso solo le mutande su un cavallo senza sella.

«Arrivo adesso da Place de Ville. Lì sono riuniti tutti i prigionieri, russi e prussiani, entro mezzogiorno verranno cacciati dalla città» concluse il racconto.

«E che mi dici di te? Sei ferito?»

«No, io sto bene, solo stremato. Non mi resta altro che portarti i saluti di Georges Kessler.»

«L'hai visto? Che ne è di lui?» esclamò Barbe.

«È illeso. Non devi preoccuparti.»

Barbe lo fissò con gli occhi spalancati e si sforzò di riordinare le idee. Baptiste ovviamente non sapeva niente del suo rapporto particolare con Georges. E così sarebbe dovuto rimanere. Anche se avrebbe voluto saperne di più, non indagò oltre per timore di tradirsi.

«Come va la filanda?» chiese invece.

«Da tre settimane abbiamo appostato delle guardie. Circa una ventina di uomini, impiegati e operai» rispose stanco. «La sala e i macchinari sono intatti.»

Si appoggiò allo schienale. Ora che la fame era stata placata, Baptiste si era un po' calmato. Osservò la sorella con occhi scuri e ombrosi.

«Com'è andata a te?» le chiese. Barbe gli descrisse le esperienze vissute con i cosacchi, il maggiore Schelling e i generali Voronzov e Chernyshov.

Baptiste la ascoltò con un'espressione mista fra stupore e disapprovazione. «Hai cenato con degli ufficiali russi e chiacchierato del futuro della tua attività?»

«Chiacchierato? Non la metterei così» ribatté Barbe,

arrabbiata per il disprezzo celato in quelle parole. Gli raccontò di cosa era accaduto a Moët. «Secondo te cosa avrei dovuto fare? Nessuno mi ha derubata, violentata e nessuno è rimasto ferito. Che cosa ti aspettavi che facessi? Che me ne stessi con un fucile in mano a sparare qua e là?»

Baptiste sembrò colpito dalla veemenza della sua reazione. Fece cenno di no con la testa. «Perdonami, sorella. Hai certamente gestito la cosa nel modo giusto. Le ultime due settimane sono state estenuanti per tutti. E non è ancora finita.»

«Cosa pensi che accadrà?»

«Bonaparte deve vincere, questo accadrà.»

A sentire quelle parole, Barbe si sentì quasi male. «L'Imperatore non ci ha forse dimenticati da tempo?» disse senza riuscire a frenare il tremolio nella voce. «Dov'è, allora? Perché non abbiamo sue notizie e non si fa vedere?»

«Come ti viene in mente?» ribatté Baptiste. «Bonaparte è vicino a Fismes, a sola mezza giornata di marcia da qui. Andrieux e un paio di uomini del Comitato Centrale gli sono andati incontro per ringraziarlo di aver salvato la città.»

«E magari anche per scusarsi di essersi arreso di fronte a centocinquanta cosacchi. Eri davvero d'accordo quando è stata presa tale decisione?» Lo guardò con aria di sfida, ancora infastidita dal fatto che Baptiste sembrasse ignorare il fatto che anche lei era stata costretta a difendere se stessa e i loro beni.

«Sono stato messo in minoranza» brontolò Baptiste e si alzò. «Adesso devo andare a casa. Thérèse mi sta aspettando.»

«Da ora in poi rimarrai a Reims?»

«No, solo questa sera. Voglio farmi un bagno e dormire un poco, ma poi devo tornare a Saint-Brice.» La guardò e sembrò essere preoccupato per lei. «Prenditi cura di te, sorellina» le disse.

«Anche tu, fratellino» rispose Barbe e poi si abbracciarono così stretti che qualche minuto dopo che se n'era andato riusciva ancora a sentire il calore e la pressione. Ciò non alleviò comunque le sue paure. Anzi, era profondamente inquieta. Baptiste era evidentemente deciso e rischiare la vita per salvare la fabbrica.

Se non si arrivò a tal punto, fu solo grazie a Thérèse. Invece di svegliare il marito nel pomeriggio, come le era stato ordinato, lo lasciò dormire per ventiquattro ore. Quando si svegliò, era troppo tardi: Reims era circondata. Davanti alle porte c'erano battaglioni russi e prussiani, comandati proprio dal generale Saint-Priest, un tempo francese diventato russo per scelta, del quale Barbe aveva parlato una volta con il reverendo Maquart. Il generale Corbineau, responsabile della liberazione di Reims, rispose all'invito di arrendersi senza combattere, con palle di cannone. Il rimbombo dei cannoni e dei colpi di fucile era incessante.

Il quinto giorno, Corbineau dovette ammettere la sconfitta. E di nuovo, come un enorme fiume di sporcizia, in città si riversò un'orda di soldati e al rumore dei colpi di fucile si aggiunse ben presto anche il clangore delle asce. Gli assediatori incendiarono tutto ciò su cui riuscirono a mettere le mani, mobili, tavoli, quadri e anche pezzi delle case saccheggiate come ante delle finestre, assi del pavimento e porte, finché tutto fu avvolto in un'unica nuvola di fumo. Le grida e le urla erano un sottofondo senza fine. Barbe si barricò in casa insieme ad Antoine, Alphonse, Joseph, i domestici e alcuni operai senza famiglia che erano rimasti sotto la sua protezione. Fece rinforzare il grande cancello e qualcuno faceva la guardia giorno e notte. Cercò di mantenere un contegno, quando in realtà era sempre più disperata.

Georges risultava scomparso. La sera del sesto giorno Barbe non aveva ancora ricevuto sue notizie. Alla fine, nel cuore della notte, si fece vivo al cancello. Antoine, che era di guardia, fu il primo a notarlo. Dopo un breve scambio di parole, e dopo che dallo spavento per poco non gli aveva sparato, lo lasciò entrare insieme a un accompagnatore. Barbe osservò la scena dalla finestra e si sdraiò sul letto sollevata. In quel momento le fu ben chiara la paura che aveva provato per lui. Aveva temuto che fosse caduto prigioniero o addirittura fosse morto e aveva cercato di prepararsi al peggio. Ma era tornato. Era di nuovo lì! Si lavò il viso, indossò un abito da casa e scese.

L'accompagnatore di Georges si rivelò niente di meno che il Generale Corbineau. Erano sgattaiolati oltre un mucchio di soldati ubriachi senza farsi notare. Barbe li nascose in cantina e procurò loro cibo e vino.

«Faremo presto la pelle a quel traditore di Saint-Priest» assicurò Corbineau pulendosi il mento dalle gocce di zuppa. «Ho richiesto rinforzi. Dovrebbero arrivare a momenti.»

Barbe osservò il generale sotto la flebile luce della lampada. Aveva più o meno la sua stessa età, altezza media e asciutto, ed era rinomato per essere un fervente patriota e sostenitore di Bonaparte.

«Crede che l'Imperatore possa ancora vincere questa guerra?» gli chiese.

Corbineau la fissò senza parlare, chiuse gli occhi e scolò il vino che gli era stato offerto in un solo sorso. Era evidente che Barbe non avrebbe ricevuto alcuna risposta. Ma non avrebbe mollato così facilmente.

«La capitale è ancora salvabile?» domandò, e quando l'alto ufficiale tacque, Barbe decise di scoprire perlomeno cosa stesse succedendo nei dintorni.

«Generale, ha un'idea di come sia la situazione a Saint-Brice? A ovest, sulla riva del Vesle. Mio fratello possiede una filanda laggiù.»

Corbineau aggrottò le sopracciglia.

«Saint-Priest ha fatto distruggere molte fabbriche nei villaggi già il primo giorno dell'assedio. Una dimostrazione di potere. E la filanda a Saint-Brice era una di quelle» spiegò, poi versò altro vino. «Sono stati uccisi tanti uomini, e anche donne e bambini. Mi dispiace molto.»

Barbe sentì una fitta improvvisa al cuore. Baptiste sarebbe stato distrutto per la perdita della filanda. Dall'altra parte, era scampato a un massacro. Per la sua pace e quella di sua cognata, poteva solo sperare che capisse quale grande favore gli aveva fatto Thérèse.

Il sole sorse di nuovo e avvolse la città a pezzi in una dolce luce. Gli incendi si erano ridotti a piccole braci e i soldati nemici dormivano per smaltire la sbornia. Quando quel giorno, una domenica, Barbe entrò nella corte e alzò gli occhi al cielo, era circondata da un silenzio quasi spettrale. Scoprì più tardi che il reverendo Maquart aveva trascorso metà nottata a convincere il suo ex alunno a risparmiare la popolazione. Saint-Priest organizzò quindi una funzione per i soldati nella cattedrale e la pace tornò almeno per qualche ora. Ma quello stesso pomeriggio la battaglia riprese a pieno ritmo sia a sud sia a ovest della città, e la situazione si era di nuovo ribaltata. La notizia che l'Imperatore avesse sconfitto di persona l'armata prussiana si diffuse a macchia d'olio. Il generale Corbineau abbandonò il nascondiglio nella cantina di Barbe al primo segnale che la salvezza era vicina e Georges si unì a lui, per quanto Barbe avesse tentato di convincerlo a non farlo. Quella notte, alle due in punto, fu tutto finito. Saint-Priest si diede alla fuga e Napoleone Bonaparte entrò a Reims.

34

Abbiamo l'Imperatore come ospite. Serve urgentemente champagne.

Barbe guardò sbalordita il messaggio che le aveva fatto recapitare suo fratello. Napoleone Bonaparte era quindi alloggiato da Baptiste. Un grande onore, suo padre ne sarebbe stato orgoglioso. Probabilmente, nonostante tutto, i giorni dell'Impero erano contati. Era forse una cattiva patriota poiché il pensiero della vittoria degli alleati le dava speranza? Pensò a Chernyshov e Voronzov e a come avevano parlato affascinati dello Zar Alessandro. Come spesso aveva fatto anche Louis Bohne. Non si potevano fare illazioni sul reggente basandosi sul comportamento dei soldati. Lo Zar aveva la reputazione di essere un sovrano colto e istruito. E in più, neanche lo stesso generale Corbineau credeva più a una vittoria di Bonaparte.

Il messaggero, un cocchiere silenzioso e con il volto segnato dalle cicatrici, attese fuori dal cancello. Barbe ispezionò le scorte ridotte nella sua cantina e fece imballare e caricare tutto ciò che le rimaneva del vino della cometa, quelle poche bottiglie che non erano state murate, e anche un'altra dozzina di champagne del 1810.

Meno di trenta in totale. E poi decise sul momento di andare lei stessa a fare una visita al fratello.

Era il primo giorno che i francesi si erano ripresi la città e mentre si dirigeva in carrozza da Rue Cérès, passando per Place Impériale, verso Rue Vesle, avvolta in uno scialle che le lasciava scoperti solo gli occhi, ebbe l'occasione di esaminare la portata degli incendi. Più volte distolse lo sguardo per l'orrore. Dalle finestre delle case vuote uscivano nuvole di fumo e un paio di uomini raccoglievano i corpi rimasti in strada. Suppose che alcuni dei soldati russi non fossero caduti per i colpi di fucile o di sciabola, ma che si fossero ubriacati con l'acquavite francese perché lontani da casa e fossero morti assiderati. Fra i deceduti, feriti e malati c'erano anche molte persone della città. Più tardi scoprì che non solo il cimitero straboccava, ma anche gli ospedali.

La casa di suo fratello pullulava di militari. Barbe, ancora scossa per ciò che aveva visto, era esterrefatta di quanto poco gli ufficiali con le loro pompose uniformi dai bottoni dorati fossero toccati dalla miseria in cui erano sprofondati. In mezzo a tutti gli uomini che attendevano nel vestibolo di ricevere ordini dall'Imperatore, scorse il generale Corbineau. Fu l'unico ad accorgersi della sua presenza. Le fece un cenno con la testa. Barbe ricambiò il saluto e pensò a Georges che riposava in ufficio e che fortunatamente se l'era cavata con una leggera ferita sul braccio.

Baptiste apparve alla porta. Dietro alle sue spalle scorse l'Imperatore, piegato su un tavolo su cui era spianata una mappa. Non indossava il cappello e i capelli scuri gli si erano appiccicati alla fronte. Ma prima che potesse farsi un'immagine completa, suo fratello aveva già richiuso la porta. L'aveva vista subito, scattò verso di lei e la spinse da una parte.

«Barbe, che cosa ci fai qui?» le chiese.

«Ho portato lo champagne migliore» gli rispose, irritata per il freddo benvenuto.

«Non saresti dovuta venire di persona. Non puoi assolutamente rimanere.»

«Non posso?»

«Lo vedi da sola come stanno le cose. Non è un posto per una signora.»

Barbe osservò il fratello, il quale aveva un'espressione impaziente. Per una frazione di secondo rivide il bambino che correva nel giardino e giocava a fare il soldato con una spada di legno.

«Mi dispiace per ciò che è successo alla tua fabbrica.»

«Grazie. L'Imperatore mi ha dato conforto. Ha detto che sono giovane e forte, la ricostruirò in men che non si dica. Ma come fai a saperlo?»

«Dal generale Corbineau. L'ho nascosto per un giorno e una notte nella mia cantina.»

Si accorse che quella rivelazione lo aveva sorpreso. Credeva davvero che la guerra non l'avrebbe toccata solo perché era una donna? «Sono qui per scoprire cosa sta succedendo. Qual è il prossimo passo di Napoleone?»

«Perché lo vuoi sapere?» domandò Baptiste, ma si accorse subito quanto la sua domanda fosse lecita. Il destino di tutti loro dipendeva da ciò che avrebbe deciso l'Imperatore. Prese la sorella per il braccio e la accompagnò in una stanza vicina. Era un ripostiglio.

«Si arrenderà?» Barbe pose diversamente la domanda.

«Potresti parlare più piano, per favore?» la zittì Baptiste chiudendosi la porta alle spalle. «Le trattative sono in corso, ma non accetterà le richieste degli alleati. Guadagnerà tempo e poi colpirà.»

«Vuole continuare a combattere?» domandò Barbe incredula. La stanza era stretta. Le stava quasi venendo la nausea per l'odore di sudore e grasso per cuoio.

«Solo a febbraio, l'Imperatore ha vinto quattro battaglie da solo ed è tornato subito a Reims. Cinquemila uomini contro quarantamila! Un vero maestro della guerra! Certo che continuerà a combattere. Ogni vittoria lo avvicina all'obiettivo.»

Barbe scosse la testa. «È un megalomane.»

«Ma che dici?»

«La verità. Non riesci a vederlo? Chiedi al generale Corbineau che opinione ha. La sua *onesta* opinione. Chiedi a chiunque, ufficiali, maggiori e generali là fuori. Qualcuno deve pur fermarlo! Sta portando sventura su tutti noi.»

L'espressione di Baptiste mutò. Se prima era furibonda, ora era quasi compassionevole. La scrutò dall'alto in basso con sguardo severo ma tenero, scosse la testa e parlò con voce commossa e molto dolce. «Tu sei una donna, cara sorella. Sono felice di ciò. E sono altrettanto felice che dimostri un carattere così buono e sensibile.

Ma un uomo non può permettersi un tale lusso. Un uomo deve fare ciò che deve fare.» Si voltò per andarsene.

Barbe gli afferrò un braccio. «Che cosa vuoi dire, Baptiste? Cos'hai in mente?»

Baptiste posò brevemente la mano sulla sua. «Perché non vai di sopra a salutare Thérèse? Le farà piacere una tua visita. E avvisami quando vorrai andare via, il cocchiere ti riporterà a casa.» E con quelle parole la lasciò lì impalata.

35

Due giorni dopo, Napoleone Bonaparte si preparava per la marcia verso Épernay. Lasciò di nuovo la responsabilità di Reims al generale Corbineau, a capo della Guardia Nazionale e di circa duecento soldati.

«Rimani qui!» Barbe implorò Georges che stava spazzolando l'uniforme. «Siete già troppo pochi. Quanti della Guardia Nazionale sono già caduti? Un terzo? Se la città verrà occupata di nuovo, non avrete alcuna chance.»

«Non possiamo semplicemente arrenderci» le rispose Georges mentre appoggiava la giacca per infilarsi gli stivali.

«Ma sei in buoni rapporti con il generale Corbineau. Deve parlare di nuovo con Bonaparte. L'Imperatore non può abbandonare Reims così» insistette Barbe.

«Stai sopravvalutando il mio influsso su di lui. E anche quello di Corbineau. E comunque, non metterebbe mai in discussione un ordine dell'Imperatore.»

«Allora è uno stolto!» esclamò Barbe.

Georges la guardò sbalordito. Ma in quel momento era troppo furiosa e non provava alcuna pietà.

«Ho visto con i miei occhi cosa accade là fuori» aggiunse trattenendosi a stento. «La città è piena di malati e feriti. E per come si è dimostrato, la presenza dell'Imperatore è stata una magra consolazione. In realtà non ci rimane niente. Niente su cui poter costruire! A cosa servono promesse vuote? Dove sono i soldati che ci devono difendere?»

Georges alzò le spalle perplesso. «Hai ragione, Barbe» disse sottovoce. «Ma io non posso farci assolutamente niente.»

«Una cosa potresti farla. Potresti rimanere qui, con me» rispose Barbe camminando su e giù per la stanza per la tensione. «*Mon Dieu!*» esclamò. «Perché voi uomini dovete sempre fare i patriottici senza senso?»

Georges sembrava avvilito. Poi si alzò e fece per tirarla a sé, ma lei si scansò. «Lasciami. Torna subito da Corbineau, se proprio devi. Starò bene» disse incrociando le braccia al petto.

Georges la guardò con occhi tristi e afferrò il fucile.

«Tornerò» le disse. «Te lo prometto.»

Barbe rimase immobile in preda all'agitazione e dato che non riusciva più a sopportare di stare dentro quelle quattro mura, decise di andare a vedere con i suoi occhi la dipartita dell'Imperatore e dei soldati. Non appena fu in strada, venne quasi rispedita nella corte dal freddissimo vento del Nord che spirava incessante in Rue Cérès. Strinse i denti, attraversò Place Impériale e si diresse verso Rue Vesle. I lavori per ripulire la città stavano proseguendo e tutti i corpi erano stati portati via. Le persone imbacuccate e silenziose che uscivano dalle case per andare verso Porta Vesle sembravano anime perse. A malapena riconobbe alcuni dei suoi vicini da quanto erano cambiati. La paura e la fame avevano lasciato una traccia indelebile sui loro volti.

Era partita da una decina di minuti quando sentì chiamare il suo nome. «Madame Clicquot, Madame Clicquot!»

Era Adèle Dubois. Anche lei era avvolta in uno scialle pesante e sembrava molto pallida. Sollevate per l'inaspettato incontro, le due donne si abbracciarono.

«Sono così felice di vedere che sta bene. Pensavo che avesse lasciato la città» disse Barbe.

«Anche io lo pensavo di lei» le rispose Adele. «Il sindaco, cioè, i suoi genitori non sono forse a Le Mans?»

«Sì, si trovano là, con mia sorella e i bambini. Ma non potevo abbandonare l'azienda! Mentine è al sicuro, quella è la cosa più importante.»

«L'azienda? Quindi ha... è riuscita...» Adèle non terminò la frase. Era chiaro che avesse temuto il peggio.

Barbe annuì. «Probabilmente ha saputo cosa è accaduto a Épernay. Non si è salvata nemmeno una bottiglia laggiù. Ma no, finora è andato tutto bene e spero che così rimanga. Ovviamente non possiamo più vendere niente. Mi dica, come se l'è passata?»

La folla intorno si era fatta molto più numerosa, tanto che furono dapprima strattonate e poi spintonate l'una sull'altra. A fatica Barbe riuscì a dare un'occhiata sopra il mare di teste e vide uscire i primi soldati della scorta imperiale e, successivamente, circondato dai suoi ufficiali, con un mantello grigio e a dorso di un cavallo, l'Imperatore in persona, con il suo cappello a due punte.

La folla si acquietò all'istante, era come se stessero tutti trattenendo il respiro, poi qualcuno urlò: «Lunga vita all'Imperatore!», altri si unirono al coro, e infine si sentivano ovunque grida di giubilo che a Barbe suonarono però poco convinte, come se volessero spingere Napoleone a non partire.

Barbe cercò Adèle e la scovò un paio di metri più in là. Sembrava terrorizzata. Disse qualcosa indicando i soldati in marcia: «C'è Baptiste laggiù, Madame Clicquot, suo fratello! Andrà in guerra!».

Barbe si voltò di scatto. In effetti, in mezzo a soldati più o meno giovani che sfilavano davanti a loro e sui cui volti si leggeva chiara la paura, ma anche un certo orgoglio, suo fratello era in sella al suo grande e bellissimo cavallo grigio.

«Scellerato» le sfuggì. Iniziò a chiamarlo e tentò di seguirlo per un tratto, ma non le fu possibile, vista la folla, e lui neanche la sentì, quindi lasciò perdere.

Povera Thérèse, pensò facendosi il segno della croce. Quando ci aveva parlato un paio di giorni prima a casa sua, era del tutto ignara di ciò. Baptiste non le aveva detto che aveva intenzione di unirsi all'Imperatore. In quell'attimo si rese conto che, dalla chiacchierata nel ripostiglio, aveva inconsciamente temuto che potesse avere in mente qualcosa di simile.

Il giorno dopo sentirono ancora i rumori della battaglia. Barbe era appena rientrata dopo aver fatto visita a Thérèse, del tutto apatica a causa del laudano che le aveva somministrato il medico, quando la città fu occupata una terza volta da cosacchi, russi e prussiani. E come aveva previsto, in quella occasione fu ancora peggio. Corbineau e la Guardia Nazionale non avevano la minima chance contro un'armata di migliaia di soldati. Sarebbero stati travolti. Nel giro di poche ore, distrussero parte del municipio, saccheggiarono e incendiarono altre case e un'immensa orda di uomini affamati e selvaggi vandalizzarono le strade.

Barbe era sempre più disperata e rischiava di crollare. Fu di nuovo obbligata a trincerarsi dietro porte e cancelli sbarrati insieme agli altri e attendere. Al calare dell'oscurità, rimasero seduti in silenzio infreddoliti, gli uomini con un'arma in mano, e non accesero né le candele né il fuoco nel camino per evitare di farsi notare.

Dopo quattro o cinque giorni finalmente tornò un po' di pace e Antoine e Alphonse si azzardarono a uscire per scoprire cosa stesse accadendo fuori. Quando tornarono, portarono novità sorprendenti.

«Reims ha un'altra volta un nuovo governatore» spiegò Antoine. «Un certo Principe Sergey Alexandrovich Volkonsky.»

Ancora i russi. Barbe ripensò al regime del Principe Gagarin, che aveva quasi raso al suolo la città.

«Che tipo è? Lo avete visto?» domandò.

«No, non lo abbiamo visto. Ma i saccheggiamenti sono cessati ed è merito suo. Evidentemente sa farsi ascoltare.»

Anche se era improbabile che le cose sarebbero girate per il meglio, il Principe Volkonsky si rivelò una benedizione per la città. Il giorno dopo Barbe fu estremamente felice e sollevata di rivedere Georges da lei, poiché come segnale di buona volontà, Volkonsky aveva lasciato liberi i membri della Guardia Nazionale, che dopotutto erano civili. Come poco tempo prima era stato il turno di suo fratello, adesso Georges era in sala da pranzo e mangiava una zuppa calda, mentre Barbe, Antoine e Alphonse lo osservavano impazienti.

«Questo Principe Volkonsky è ancora giovane» riferì Georges dopo aver acquietato i morsi della fame. «Ma nonostante la giovane età sembra una persona comprensiva e assennata. Non serba alcun rancore personale né voglia di vendetta come Saint-Priest. Non è neanche impulsivo e tiranno come il Principe Gagarin. Né disinteressato al destino di Reims come Wintzingerode.» Bevve un grande sorso di vino seguito da un morso di pane. «Possiamo solo sperare che si dimostri all'altezza, poiché avremo bisogno di lui.»

Barbe intuì dalle sue parole e dal suo sguardo che doveva essere successo qualcos'altro di importante, ma esitò a indagare. Chiuse quindi gli occhi per un secondo e si preparò al peggio.

«Che succede, Georges? Su, parli» interruppe infine il silenzio Antoine.

«L'Imperatore. Ha combattuto la battaglia successiva. Ad Arcis-sur-Aube.»

Barbe pensò a Baptiste e si sentì esausta come se avesse salito di corsa una lunga scala. Si prese la testa fra le mani.

«E quindi?» chiesero all'unisono Antoine e Alphonse.

Da quanto parlò piano, Georges risultò quasi incomprensibile: «Abbiamo perso. Il nemico era quattro volte più numeroso di noi».

Perso. Quella parola le rimbombava nella testa senza pietà. Baptiste, il suo fratellino Baptiste, era là fuori da qualche parte. Era riuscito a fuggire? Era stato fatto prigioniero? O gli era andata ancora peggio?

«Devo andare da Thérèse» disse con voce piatta.

«La accompagno» si offrì subito Georges.

Barbe scosse la testa.

«No. Se è vero ciò che dice, le strade sono abbastanza sicure. E per il momento voglio restare sola.»

Si fece preparare un cesto con qualcosa da mangiare che aveva promesso a Thérèse e si incamminò. Poco dopo Place Impériale fu bloccata da un trasporto di prigionieri che le sbarrava la strada per Rue Vesle. In alcuni carri c'erano soldati feriti o quasi morti. Chi riusciva a stare in piedi, camminava. I soldati erano legati in gruppetti con delle corde, come si vedeva nei quadri che rappresentavano schiavi; erano visibilmente indeboliti e alcuni erano scalzi. E là, in mezzo a questi, vide suo fratello.

Barbe fu travolta dall'orrore. Senza pensarci su, lo chiamò: «Jean-Baptiste! Baptiste! Baptiste!» urlando sempre di più e più forte che poteva, e all'ultimo questi reagì e la vide. Erano distanti forse tre metri e non poteva avvicinarsi a causa delle guardie nemiche che accompagnavano il gruppo. Aveva una ferita aperta sopra l'occhio destro, ma indossava ancora stivali e mantello. Baptiste aprì la bocca e formò una parola con le labbra, ma Barbe non udì alcun suono. La guardava così spaventato che le si riempirono gli occhi di lacrime. Il suo adorato fratellino aveva voluto solo il meglio per la sua città e il suo Paese! Camminò insieme al convoglio sotto shock per un bel po'. In un breve momento di lucidità riuscì persino a mettergli in mano il cesto, ma poco prima della Porta di Vesle la cacciarono senza che potesse scoprire dove li stessero portando.

Profondamente sconvolta, tornò indietro. Forse c'era ancora speranza? Sì, certo che c'era speranza! Era vivo, quella era una buona notizia. Aveva mantello e stivali, quindi non sarebbe congelato, e non aveva notato ferite mortali. Solo quello sguardo spaventato e miserabile.

Riluttante ed esitante, si mise in marcia, temendo il momento in cui avrebbe dovuto riportare la notizia a Thérèse, ma a casa di sua cognata erano già al corrente di tutto e il medico le aveva somministrato tanto laudano da farle quasi perdere conoscenza. Barbe rimase seduta accanto al letto di Thérèse per un po'. Poi, abbattuta, si rimise in cammino per tornare a casa. Arrivata in Rue de l'Hôpital, l'attendeva un'altra sorpresa: davanti al suo cancello c'era un ufficiale russo. Lo scrutò da lontano, riconobbe il tipico copricapo e il mantello blu e, quando si voltò, anche l'uomo stesso.

Era il Principe Voronzov.

Le venne incontro e la salutò con un bacio sulla mano.

«Madame Clicquot, sono felice di rivederla, sana e salva.»

«Principe» rispose Barbe, ma confusa e disorientata

com'era, mancò della consueta cortesia, anche se in realtà era felice di vederlo. Di tutti coloro che aveva incontrato nei mesi precedenti, quel gentiluomo russo era l'unica persona piacevole. «Che cosa ci fa qui? Cerca di nuovo alloggio?» gli chiese guardandosi nervosamente intorno, come se dovesse apparire anche Chernyshov da un momento all'altro.

Voronzov le lesse nel pensiero. «Il generale Chernyshov non è qui. E ho già un alloggio. Sono venuto solo per chiederle se avesse bisogno di qualcosa.»

«Oh» disse Barbe non sapendo come ricambiare la gentilezza e la solidarietà. «Perché aspetta qui fuori? Non ha suonato?»

«L'ho fatto. Ma non volevo mettere in imbarazzo le guardie della sua tenuta, e probabilmente l'avrei fatto se avessi insistito per entrare. Tuttavia, mia cara Madame Clicquot, non mi lascia tranquillo saperla tutta sola qua fuori. Non dovrebbe uscire di casa senza protezione.»

Barbe si sentì offesa da quell'affermazione alquanto paternalistica e la sua voce riacquistò un po' della solita fermezza.

«Apprezzo la sua preoccupazione, ma desidero normalità» rispose. «Quando pensa che potremo uscire di nuovo indisturbati? Forse potrebbe mettere una buona parola con il nuovo governatore per noi.»

«Ha ragione, Madame. È per questo che sono venuto. Farò del mio meglio per supportarla in tutto. Le ripeto, ha bisogno di qualcosa? Ha un desiderio che potrei esaudire per lei?»

La stava guardando serio. Ancora sconvolta dall'incontro con Baptiste, non riuscì a sostenere lo sguardo intenso e si voltò, ma non poté nascondergli le lacrime.

«Qual è il problema? Che cosa è accaduto?» le chiese con eguali vigore e compassione.

Barbe deglutì cercando di riprendersi. L'offerta del Principe Voronzov era seria e nel caso nascondesse altre intenzioni, ci avrebbe pensato in un altro momento. Doveva assolutamente sfruttare quell'unica occasione.

«Sì, è accaduto qualcosa. Qualcosa di terribile» gli rispose.

36

Circa dieci giorni dopo quegli eventi, finalmente sbocciò la primavera e le temperature salirono dal punto di congelamento a circa quindici, venti gradi. Alberi e cespugli, prati e campi si affrettarono a recuperare il tempo trascorso sotto la morsa del gelo invernale e un bel verde acceso colorò il paesaggio, come se un pittore avesse immerso il pennello in una tinta e avesse sparso il colore un po' ovunque.

Le tracce degli incendi rimasero comunque percettibili. Non solo i viali lungo la città, ma anche le passeggiate un tempo magnifiche mostravano dei grandi vuoti. Alcuni degli alberi secolari erano stati distrutti dalle orde che avevano occupato Reims e nonostante dai loro resti iniziasse a germogliare nuova vita, era chiaro che prima o poi anche la poca linfa rimasta nei tronchi sarebbe seccata. La situazione nei villaggi non era migliore. I vigneti erano stati rasi al suolo e alcuni abitanti non avevano perso solo la casa e i giardini, ma anche i campi. Persino le proprietà di Barbe erano state devastate, ma considerato il disastro generale, se l'era cavata abbastanza bene.

La notizia più bella, però, era che il nuovo governatore, il Principe Volkonsky, sembrava davvero interessato a limitare i danni. Collaborò a stretto contatto con il Comitato Centrale che aveva raccolto le proteste dei cittadini, ascoltò tutte le domande e le preghiere e si impegnò per ristabilire ordine e regolarità nella vita quotidiana.

Per la prima volta da molte settimane, fu riaperto il mercato. Barbe fece un giro di persona insieme a Cathérine. Dove un tempo venivano offerte botti, cassette e ceste piene di cibo, c'erano soltanto piccoli mucchi di carote, patate, carbone e pochissimi cereali, a prezzi esorbitanti. La natura non era ancora pronta per offrire i suoi frutti. Tutti, lei compresa, avrebbero dovuto limitarsi un po', almeno per il momento.

Tuttavia, Barbe percepì anche speranza nei volti delle persone. Era nell'indole dei devoti abitanti di Reims considerare l'accaduto come un segno della natura, un destino immutabile che poteva essere superato solo con la preghiera. Le messe giornaliere nella cattedrale e nelle chiese godevano infatti di grande partecipazione e gli altari erano illuminati da moltissime candele, nonostante le statue sacre fossero state distrutte.

Dieci giorni prima della Pasqua, l'accampamento dei soldati fu spostato da Place de Ville a Rue Large, e la domenica delle Palme il principe fece suonare della musica dalle finestre del palazzo invitando tutti alle danze. Stava accadendo ciò che solo un paio di settimane prima sarebbe stato impensabile: occupanti e cittadini celebravano insieme una festività. La battaglia di Parigi, in cui la città fu conquistata dagli Alleati, era già finita. Ma una delle peculiarità di quella primavera era che solo poche notizie venivano riportate, spesso con grandi ritardi, o non venivano riportate affatto. L'annuncio che Napoleone era stato definitivamente sconfitto arrivò solo cinque giorni dopo nelle province a centocinquanta chilometri di distanza. Barbe lo lesse su un muro in Place Impériale davanti al quale si era riunita una grande folla, e rimase così affascinata dalla novità che si accorse a malapena di essere strattonata da ogni lato. Proseguì verso casa assorta nei suoi pensieri. Non era sorpresa e, se doveva essere onesta, neanche troppo sconvolta per la caduta della Francia. Le settimane e i mesi passati erano stati così duri e gli sviluppi così imprevedibili che non sarebbe potuta andare peggio. Molti dei russi che aveva conosciuto si erano dimostrati civili, educati e ragionevoli nei suoi confronti e sembravano vedere di buon occhio i francesi.

Il Principe Voronzov aveva giocato un grande ruolo in questo. Gli erano bastati solo tre giorni per accogliere la preghiera di liberare suo fratello Baptiste. E non era l'unico motivo per cui l'aveva conquistata. L'aveva attirata anche quel misto di charme e arguzia, educazione e antica nobiltà che si intrecciavano nella sua persona. Le piaceva persino l'accento russo che in lui era molto più marcato che in altri, anche se non le risultava facile ammetterlo a se stessa.

Georges aveva abbandonato la Guardia Nazionale ed era tornato in ufficio. Era cambiato. Il suo coraggioso impegno nella difesa della città era stato notato da tutti e, se già prima era popolare, la sua fama era aumentata ancora di più. Forse proprio grazie a quella nuova coscienza di sé, Barbe decise di parlargli. Stavano aggiornando i libri contabili insieme ad Alphonse dopo che lei aveva fatto abbattere il muro nella cantina. Le bottiglie con il vino della cometa che riposavano in lunghe e fitte file erano ricoperte da un sottile strato di polvere, ma c'erano ancora ed erano intatte. Le perdite erano state relativamente poche. In tutto quel tempo, la sua cantina era stata assaltata solo una volta dai prussiani, che si erano ubriacati in così breve tempo che Antoine e gli altri erano riusciti a cacciarli fuori velocemente. Avevano decimato solo le riserve di vino rosso economico e acquavite.

Nonostante il bilancio positivo, Georges era di cattivo umore. Più volte aveva redarguito Alphonse senza motivo e quando il cameriere lasciò l'ufficio per una commissione, fra lui e Barbe calò un silenzio talmente spiacevole che lei non resistette e gli parlò.

«Che problema hai, Georges? Hai preso di mira il povero Alphonse. Ma c'è qualcos'altro che ti frulla per la testa.»

«Non è niente.»

«Suvvia, parla.»

«E va bene.» Infilò la penna nell'inchiostro con tale veemenza che schizzò ovunque. «Hai ragione, c'è qualcosa che mi turba. Si tratta di quell'ufficiale e del tuo rapporto così intimo con lui.»

«A chi ti riferisci?»

«Al Principe Voronzov, ovviamente. Chi altro?»

«E perché avresti qualcosa da obiettare a questa amicizia?» rispose Barbe onestamente sorpresa. «Per come la vedo io, ha salvato la vita a mio fratello.»

«Può anche essere. Ma è anche colpevole di aver partecipato all'assalto a Reims.»

«Mio caro Georges, se dovessimo metterci a pensare a tutte le categorie di colpe e peccati, questa guerra non finirebbe mai.»

«Ma questa è ormai l'opinione generalmente accettata. Mi preoccupo solo per la tua reputazione.»

Barbe fu all'inizio molto indignata. «Ti preoccupi per la mia reputazione, Georges? Ma se sei stato proprio tu a consigliarmi di non curarmi di ciò che dice la gente?»

Quell'osservazione lo fece tacere. Barbe notò l'espressione amareggiata sul suo volto. Le sue parole di rimprovero erano dure e lo sorpresero, anche se conosceva fin troppo la sua propensione alla gelosia. Ma le era sembrato che il loro rapporto non fosse mai stato così consensuale come nei momenti di pericolo e aveva sperato che rimanesse tale. A quanto pareva, era stata ingenua. Ora che l'incombente minaccia era svanita, si ripresentavano le difficoltà di prima. Si fece un esame di coscienza e scoprì che non era arrabbiata con lui. In un certo senso era anche commossa che avesse reagito con tale veemenza. Percepì la rabbia iniziale svanire e la sua voce si fece più dolce.

«Non si tratta veramente della mia reputazione, mio caro Georges.»

«Ti fa la corte, lo vedono tutti» insistette lui.

«Non è il primo e forse non sarà nemmeno l'ultimo.

Il principe è un gentiluomo e anche un buon amico. Talvolta le sue attenzioni mi distraggono in modo piacevole dai doveri e dalle responsabilità dell'azienda. Mi ricordano che, be', probabilmente sono ancora una donna desiderabile.»

«A me non deve ricordarlo nessuno che sei una donna desiderabile» ribatté Georges. «Hai dimenticato cosa avevamo?»

«Non potrei mai dimenticarlo» gli rispose. «Ma nessuno mi può possedere. Non mio fratello, né i miei genitori né il Principe Voronzov, e neanche tu.» La sua voce si faceva sempre più persuasiva a ogni parola. «Non permettere che la gelosia si metta in mezzo a noi due! Potremmo raggiungere così tanti obiettivi insieme. Io non posso e non voglio rinunciare a te, ma dovrò farlo, se...» Si bloccò.

Georges si incupì. «Se, cosa? Dimmelo!»

«Se volessi rivendicare una qualche proprietà nei miei confronti» terminò la frase. «Quello non può farlo nessuno. Nessuno in tutto il mondo.»

Più tardi, quella sera, ripensò al confronto con Georges avuto nel pomeriggio. Non si era lasciata confondere. Era rimasta calma e lo era ancora. Negli ultimi anni aveva imparato quanto fosse forte e indipendente. L'autonomia che le dava lo status di vedova l'aveva messa di fronte a compiti che di solito solo gli uomini dovevano affrontare. I suoi pensieri non potevano divagare su cose belle o sentimentali. Aveva dei problemi da risolvere.

Era sempre più convinta che una mente razionale non giovasse solo agli affari, ma anche agli obblighi sociali, all'educazione dei figli e persino alla vita coniugale, anche se questo era generalmente considerato controverso. Ma amministrare un'azienda, preoccuparsi dei dipendenti, mantenere i contatti con i fornitori, inviare commessi e rappresentanti in giro per il mondo costituiva comunque una grande sfida. Per non parlare del fatto che ancora nessuno era riuscito a far "sbocciare" il suo champagne come avrebbe voluto. Le ultime vicende l'avevano cambiata, e ovviamente c'erano uomini attratti da una donna con vivacità e indipendenza di pensiero, dall'autostima e dalla personalità che ne derivavano. Almeno fin quando una donna così non fosse diventata la loro moglie.

Non serbava rancore nei confronti di Georges. Anzi, la lusingava il fatto che mostrasse tanto interesse per lei pur essendo più giovane di ben dieci anni. L'avrebbe superata e forse un giorno, magari molto presto, avrebbe condotto all'altare una ragazza. Anche lei era stata sballottata da un posto a un altro nella sua vita. Clémentine, la sua adorata sorellina, era forse l'unica che non si era mai scandalizzata della persona che era. E forse anche la sua vecchia amica Madame Dubois. Doveva molto a quella donna e a ciò che rappresentava, considerato che anche lei compiangeva la propria sorte, poiché aveva amato per tutta la vita un uomo che non avrebbe mai potuto avere.

Barbe però non la compiangeva più. In un modo o in un altro, li aveva amati tutti. L'intelligenza di Georges e il suo essere impulsivo, così come il fascino signorile del Principe Voronzov e l'affidabilità di Louis Bohne. E anche il povero François, che si era tolto la vita, e molto altro, troppo presto. Ma anche se all'inizio della sua vita di vedova aveva pensato qualche volta a risposarsi, non sentiva più neanche il minimo desiderio di farlo. Evidentemente per gli uomini era difficile da accettare. Però, cosa significava? Se aveva successo, poteva prendersi quello che voleva, proprio come un uomo. Poteva comprarsi la libertà di vivere come desiderava, e il guadagno era completamente suo. La ricchezza che le permetteva tutto ciò l'aveva vista proprio quel giorno. Risiedeva nell'immagine di migliaia di bottiglie di eccezionale e limpidissimo vino della cometa nella sua cantina.

37

Nel corso della settimana successiva, Barbe ricevette alcune lettere, fra cui una dai suoi genitori a Le Mans:

Tuo padre ha avuto una brutta ricaduta e le strade non sono ancora abbastanza sicure, pertanto non è pensabile mettersi in viaggio. Mentine sta bene. Trascorre molto tempo con i cugini e ha fatto delle conoscenze interessanti.

Non appena lesse quelle righe, Barbe immaginò subito la voce un po' concitata di sua madre. Non era troppo preoccupata per la salute di suo padre; se fosse stato davvero male avrebbe lasciato intendere qualcosa in più. Barbe sospettava che, piuttosto, non volesse lasciarsi sfuggire l'occasione di tenere Mentine un altro po' sotto la sua ala. Sua figlia aveva compiuto quindici anni ed era diventata una bellissima ragazza che stava iniziando a maturare un certo interesse per i ragazzi. E i ragazzi per lei. La sorveglianza della nonna avrebbe di sicuro fatto la sua parte per concentrare la sua attenzione in quella direzione.

Le aveva scritto anche Louis Bohne informandola del suo arrivo, giusto il giorno dopo la ricezione della lettera.

Quando arrivò, Barbe era in salotto, dato che il camino in ufficio non tirava bene. Indossava una giacca marrone con un panciotto coordinato, un nuovissimo paio di stivali e nonostante i capelli sulle tempie stessero ingrigendo, non era cambiato affatto.

«Louis, è già qui, che sorpresa» lo salutò Barbe di cuore. «Da quanto tempo non ci vediamo?»

Si baciarono sulle guance.

«Dall'inizio dell'anno passato, temo» le rispose. «Davvero molto tempo, troppo. Soprattutto per quella maledetta guerra, non per gli affari.»

«Ma lei non ha dovuto combattere, vero?»

«No, no. A meno che non contino le scaramucce con i miei coevi. Per la maggior parte di loro, non era facile comprendere perché proprio io, per metà francese, mi sia schierato fin da subito contro la Francia. Ovviamente, a ottobre, dopo la sconfitta di Lipsia, anche i più patrioti sono stati messi a tacere. È incredibile che ci sia voluto così tanto, considerato quanti coraggiosi abitanti del Württemberg hanno perso la vita in Russia l'anno precedente.»

Barbe annuì con un sospiro. «È davvero spaventoso. Anche qui a Reims nelle ultime settimane hanno perso la vita tantissime persone, specie nei villaggi! Arrivavano voci terribili da là. Tutto sommato, qui siamo stati molto fortunati.» Si fermò e chiamò la cameriera. «Le racconto tutto immediatamente, ma prima festeggiamo il nostro ricongiungimento. Beviamo un bicchiere di champagne insieme. Oppure preferisce una cioccolata? Ne ho ancora un bel po'.»

«Ma che domande, champagne, naturalmente! Quanto mi è mancato, nel Württemberg era introvabile. E non mi tenga sulle spine. Com'è la situazione? State tutti bene? Che mi dice di Antoine e Georges? E quanto del suo delizioso vino è andato perduto?»

Barbe lo guardò sbalordita. «Davvero non sa niente?»

«Non ricevo lettere da gennaio.»

«Allora capisco la sua curiosità. Ma prima mi racconti come stanno sua moglie e la piccola Babette. Quando conoscerò la mia figlioccia?»

Il volto di Louis si addolcì al sentir nominare la sua famiglia. «Molto presto, spero. La piccola non fa altro che chiacchierare tutto il giorno, è davvero sorprendente. Ha sempre goduto di ottima salute. L'unico lato positivo di tutta questa terribile situazione è stato poterla veder crescere. Quando mai avrei potuto trascorrere dieci mesi di fila a casa, sennò?»

Dalla porta apparve Cathérine seguita da Georges, che aveva notato l'arrivo di Louis. Barbe chiese alla ragazza di andare a chiamare Antoine, che portasse loro una bottiglia di vino della cometa, e di informare anche Alphonse. Quando furono tutti riuniti, si soffermò a osservare i quattro uomini salutarsi, abbracciarsi e darsi pacche sulle spalle, piena di orgoglio e soddisfazione. Aveva davvero i migliori collaboratori che avrebbe mai potuto desiderare. Insieme avevano portato l'azienda Veuve Clicquot Ponsardin verso nuove vette. Ed era sicura che anche in caso di nuove tempeste future, non l'avrebbero mai abbandonata.

«Signori» prese la parola dopo un po', e sebbene non avesse parlato a voce alta, si voltarono tutti verso di lei.

«Ora che la guerra è terminata, è tempo per noi di tirare le fila. Louis, mi ha scritto che non vedeva l'ora di rimettersi in viaggio. Quindi le farà piacere sentire che ho contattato l'armatore, Monsieur Rondeaux, a Rouen, e l'ho pregato di tenere pronta una nave per noi.»

«E dove sarebbe diretta questa nave?» domandò Louis.

«A Königsberg e San Pietroburgo» rispose Barbe.

Nella stanza calò il silenzio. Louis era sbigottito. «Il divieto di importazioni è decaduto?» le chiese dopo essersi ripreso dalla sorpresa.

«No, non ancora» disse Georges. «La spedizione viene svolta in buona fede.»

«Georges è un po' scettico in merito al mio ottimismo, e i suoi motivi sono comprensibili, per questo volevo parlare con lei prima di prendere una decisione» spiegò Barbe. «I miei argomenti sono i seguenti: per prima cosa, in Russia hanno dovuto fare a meno del nostro champagne per molti anni, pertanto presumo che la risposta sarà eccellente. E inoltre, mi ha incoraggiata un amico che ha ottimi contatti con Parigi e con lo Zar.»

«Intende quel Principe Voronzov?» domandò Louis.

«Lo conosce?» chiese Barbe sorpresa.

«No, ma tutta Reims sembra conoscerlo. Nella pensione in cui ho alloggiato c'è un bel cavallo nero, una bestia molto nobile. Apparteneva a un certo Principe Voronzov, mi hanno detto, e che lei, Madame, era una sua ottima amica.»

«È lui» disse Georges furibondo.

«Al momento il Principe Voronzov si trova a Parigi e ha scritto un messaggio in evidente fretta, chiedendo al suo garzone di portarmelo» disse Barbe avviandosi verso il cassetto in cui aveva riposto la lettera e la lesse: «"Bonaparte alla fine, negoziati in corso, salpare le vele"».

«È stato prima o dopo che l'Imperatore è stato esiliato all'Isola d'Elba?» domandò Louis.

«Prima. Ciò prova che il principe è ben informato. Mi fido di lui» rispose Barbe.

«Anche se Voronzov è così ben informato, non può certo accelerare il corso del tempo. Ci vorranno settimane affinché entri in vigore un trattato di pace affidabile» si intromise Georges. «Cosa succederebbe se non riuscissimo a vendere lo champagne? Se rimanesse al porto e si rovinasse? Non sarebbe la prima volta che accade una cosa del genere. Che ne pensa, Monsieur Bohne? Trova che sia giusto correre un tale rischio?»

«Devo ammettere che è un piano temerario. Ha ragione a sostenere che potrebbero volerci settimane, o anche mesi, prima che le restrizioni sul commercio decadano.»

«Quello che ho detto io» ribatté Georges.

«D'altra parte, se fossimo i primi ad arrivare in Russia, ciò ci darebbe un enorme vantaggio» proseguì Louis con gli occhi che gli brillavano. «S'immagini: lo champagne arriva nell'esatto momento in cui viene suggellata la pace e tutto il mondo può festeggiare. Sarebbe un successo straordinario!»

«Naturalmente dobbiamo soppesare la cosa. Anch'io ammetto, come ha esposto Madame Clicquot, che il costo dei trasporti aumenterà non appena le frontiere verranno riaperte. Tuttavia, al momento sarebbe una scommessa troppo grande e con scarse possibilità di successo» insistette Georges.

«Devo dare ragione a Georges, la scommessa è più grande del solito, proprio perché abbiamo *molto più* del solito da perdere» osservò Antoine, che aveva taciuto fino ad allora. «Lo champagne che Madame Clicquot vorrebbe spedire sarebbe vendibile ovunque e senza correre rischi altrettanto grandi. A Parigi, nelle Fiandre, in Belgio o in Olanda. In tutta modestia, è davvero di primissima qualità.»

Barbe gli sorrise. «Perché non lasciamo che Monsieur Bohne lo assaggi? Ancora non conosce il nostro vino della cometa.»

Antoine fece come richiesto e aprì la bottiglia con mani abili, facendo attenzione a non provocare un forte botto e a far uscire l'aria con cautela per mantenere più schiuma possibile all'interno. Poi riempì un calice di cristallo che Barbe gli aveva preparato e lo porse a Louis prima di servire anche gli altri.

Louis fu impressionato già alla vista. «Com'è limpido!» esclamò, poi sollevò il bicchiere in controluce e prese la bottiglia per esaminare anche quella. «E che splendida perlescenza! Si è superata. Sono tutte così?»

Antoine annuì orgoglioso. «Sissignore, senza eccezioni.»

«Quando mi ha scritto del *remuage*, Madame, avevo grandi aspettative, ma non mi sarei mai aspettato una tale meraviglia.»

«Lo assaggi, Louis» lo invitò Barbe.

Bevve un sorso e quando la guardò di nuovo, era raggiante. «Sembra miele, è corposo e piacevolmente secco. E le bollicine sulla lingua e sul palato… più deliziose di un bacio. È davvero una meraviglia. Quante ne avete?»

«Di questo champagne circa venticinquemila bottiglie. E ulteriori ventimila che non sono affatto male» disse Antoine.

«Non male, dice? Se sono buone anche solo la metà di questo, Veuve Clicquot è salva.» Si fermò per un istante e osservò trasognato il bicchiere. «Sa una cosa? Dimentichi Parigi o il Belgio. Ha detto che ha una nave pronta?» Si voltò verso Barbe. «Allora lo spedisca! Questo vino varrà oro puro in Prussia e in Russia.»

Tutti e quattro si girarono verso Barbe, che guardò ognuno di loro. Aveva sperato che Louis accettasse, ma ora che era accaduto davvero, temeva che si stessero appigliando a un sogno. La prospettiva che il suo champagne, che era sopravvissuto a una guerra, potesse andare perduto le incuteva ansia. Tuttavia, doveva prendere una decisione.

«E va bene» disse infine. «Andiamo in Prussia e in Russia!»

Le reazioni furono differenti. «Bene, bene, molto bene» ripeteva di continuo Louis sfregandosi le mani, ma sembrava più che altro sorpreso. Antoine non aggiunse una parola e scolò il bicchiere con un'espressione cupa.

Georges la osservò a lungo con la testa inclinata. Poi disse con un piccolo inchino: «Madame Clicquot, in passato ha dimostrato coraggio e lungimiranza, e non ho motivo di dubitare del suo giudizio. Anche se il contabile che è in me invita alla prudenza, sono ovviamente al suo fianco, qualunque cosa accada».

«Grazie, Georges» rispose Barbe. «Avevo sperato che lo dicesse. Significa molto per me.»

«Allora, bene» ripeté Louis, già impegnato a stilare piani concreti, «prenderò in mano la consegna personalmente a Königsberg.»

Alphonse si schiarì la voce. «Mi perdoni, Monsieur Bohne, ma non sarebbe preferibile viaggiare insieme alla merce sulla nave?» gli chiese.

Lo guardarono tutti sorpresi. Il cameriere arrossì poiché si trovò all'improvviso al centro dell'attenzione. «Il vino ha un enorme valore, non è così? Lo ha detto lei stesso, quindi non si dovrebbe correre alcun rischio. Qualcuno dovrebbe essere presente durante il viaggio per accompagnare la spedizione lungo tutto il tragitto» spiegò facendosi coraggio.

Georges gli diede una pacca sulla spalla. «Quando uno ha ragione, ha ragione.»

«Alphonse, devo ammettere che il concetto non è sbagliato» borbottò Louis grattandosi il collo. «Anche se non mi alletta affatto l'idea di viaggiare su una nave da carico. Le punture di cimici mi prudono al solo pensiero.»

«Allora siamo d'accordo» disse Barbe. «Antoine, lei preparerà la spedizione. Stavo pensando a diecimila bottiglie in casse da sessanta. Georges e Alphonse si occuperanno delle scartoffie. Io scriverò a Boissonet a San Pietroburgo e informerò Rondeaux che il suo capitano dovrà considerare un passeggero. E lei, Louis, organizzi il viaggio.»

Gli uomini si congedarono. Barbe rimase da sola, ma invece di sedersi alla scrivania restò in piedi e si versò un bicchiere di champagne. Era nervosa ed eccitata se ripensava alla decisione appena presa, anche se all'esterno irradiava sicurezza. Era davvero importante correre un tale rischio? Le possibilità superavano le incognite?

Lo sguardo di Barbe si posò sul ritratto di François da ragazzo sopra il camino. Marito, confidente, e anche fonte di ispirazione. Non era forse grazie a lui che si era accollata tutti quegli sforzi? Perché aveva desiderato onorare e conservare la sua memoria?

Sollevò il bicchiere e brindò a lui. «Tu che ne pensi, *mon chéri*?» domandò a bassa voce.

Abbi fede!

Le sembrò quasi di udire la voce di François. Si sentì subito più calma. Il *remuage* era davvero una pietra miliare nella strada verso il successo. Ed era iniziato tutto in Russia. In nessun altro luogo del mondo apprezzavano tanto il suo champagne. Se Louis fosse arrivato là al momento giusto con il suo vino della cometa, sarebbe stato un vantaggio inestimabile per gli anni a venire.

Dovevano tentare!

«Augurami buona fortuna!» disse Barbe.

Epilogo

Settembre 1817

Barbe era seduta alla toeletta della sua camera nell'Hotel Ponsardin e ascoltava la musica che proveniva dal piano di sotto, gli applausi, i passi che accompagnavano le danze e le chiacchiere e le risate degli ospiti del matrimonio.

La sua acconciatura si era sciolta, ma invece di risistemarla, rimase immobile davanti allo specchio, poiché si era resa conto di quanto le servisse un momento di silenzio e di riposo. Quel giorno di festa era stato lungo e movimentato e già i preparativi erano stati una sfida, poiché nelle settimane precedenti aveva dormito pochissimo. Ma ne era valsa la pena. Vedere il volto raggiante di sua figlia l'aveva resa così felice che le faceva quasi male ed era rapita dall'aspetto di Mentine. Madame Dubois aveva cucito l'abito da sposa seguendo la moda parigina e se n'era occupata personalmente. Era color crema con cuciture dorate, che adornavano il centro del lungo e morbido tessuto drappeggiato e gli orli. Le maniche a metà lunghezza erano realizzate in pregiato pizzo e un merletto vaporoso decorava anche il colletto dell'abito ed era disposto in modo tale che giocasse intorno al collo di Mentine come ali di farfalla.

«Lo sapevo che ti avrei trovata qui.» La voce di Clémentine interruppe i suoi pensieri.

Barbe sorrise alla sorella dallo specchio. «Arrivi proprio al momento giusto. Potresti aiutarmi con i capelli? Non so dove fosse con la testa Cathérine quando ha realizzato questa acconciatura.»

«Forse è innamorata?» rispose Clémentine, e con dita abili iniziò a sistemarle le ciocche che erano uscite dalle mollette. «Tutto il mondo è innamorato oggi. È una festa meravigliosa, Barbe. Non ricordo l'ultima volta che mi sono divertita così tanto. Sono tutti gioiosi e felici. Il conte è estremamente affascinante e un ospite eccezionale, quasi ci si dimentica che l'Hotel Ponsardin non appartiene a lui. Lo adorano tutti.»

«Questo matrimonio è un grande successo anche grazie a te, e lo sai benissimo, adorata sorella.»

«Adesso non esagerare. Ho solo seguito i tuoi ordini e svuotato il tuo portafogli. A proposito: in quale momento il Conte de Chevigné ha deciso di sposarsi indossando l'uniforme? Non si era fatto preparare un abito apposta per la cerimonia?»

«Sì, lo ha fatto» rispose Barbe con un sospiro, ma sorrise. «Non avevo idea di quanto fossero costosi gli abiti da sposo. Avrà di sicuro un'altra occasione per indossarlo presto. Ma anche l'uniforme è nuova, lo hai notato?»

«Lo avevo immaginato. Non è facile trovare un uomo più affascinante ed elegante. Papà è incredibilmente orgoglioso che sua nipote sia ora un'autentica contessa. I due hanno alla fine deciso dove abiteranno?»

«I lavori di ristrutturazione della proprietà a Boursault, che ha ereditato, si protrarranno ancora per un po'. È troppo esposta alle correnti d'aria fra le vecchie mura. Il conte è dell'opinione che non sia adatta a Mentine, quindi almeno per il momento la giovane coppia rimarrà a vivere da me.»

«Che bello per te» disse Clémentine. «Così non devi ancora cedere la tua piccolina.»

«Ammetto di esserne felice. Sta andando tutto così velocemente.»

«Non sosterrai di aver invitato l'affascinante conte a casa tua per errore, adesso!» scherzò Clémentine. «Avevi in mente questa unione sin dall'inizio!»

«È vero, mi è piaciuto sin dal primo istante, cioè da quando io e Monsieur Kessler lo abbiamo conosciuto in campagna qualche anno fa. Ma all'epoca lui aveva sedici anni e Mentine solo dieci, e in tutto questo tempo l'ho incontrato solo un paio di volte. No, non avevo nemmeno lontanamente considerato che si sarebbero innamorati così velocemente e con tanta passione. Appena tre mesi, dal primo incontro al matrimonio, è davvero inconsueto. Avrei aspettato volentieri, ma Mentine non mi ha dato tregua.»

«E davvero lui non ha alcun patrimonio?»

«È difficile da dire. Il suo rango di militare comporta qualcosa. Inoltre, i suoi parenti hanno intentato una causa per la restituzione di alcune terre perse durante gli anni della rivoluzione. Tuttavia, le prospettive di successo sono scarse e lo stesso conte, stando alle sue dichiarazioni, non è particolarmente impegnato in questa impresa. È troppo banale per lui correre dietro al denaro.»

«Allora ho ragione. Non ha patrimonio.»

«Forse no, ma questa nonchalance non lo rende anche oltremodo simpatico? Mi occuperò io di lui. Ama scrivere poesie, a ventidue anni ha già tradotto importanti testi dal latino al francese. Così facendo, ha già suscitato molto scalpore in giro. Mentine ha davvero sposato un uomo di grande spirito che frequenta le cerchie più alte, ha molti contatti e gode di ottima stima.»

Clémentine sorrise. «Non è in dubbio che sia un grande arricchimento per una famiglia di commercianti. Non solo Mentine, anche tutti noi possiamo ritenerci fortunati.»

Per un po' tornò a occuparsi dell'acconciatura di Barbe senza parlare e sorrise assorta.

«Papà è anche molto orgoglioso di te» disse infine.

«Di me?»

Clémentine aveva terminato con i capelli. Le posò la mano sulla spalla.

«Ma certo! So quanto sia avaro di lodi e complimenti, per questo te lo dico. Racconta a tutti, che vogliano ascoltarlo oppure no, quanto sei stata coraggiosa a spedire quella nave praticamente in mezzo a una guerra e che Moët, Jacquesson, Ruinart e Heidsieck e tutti gli altri non sono riusciti a spiegarsi come il tuo champagne sia tanto migliore del loro. Solo oggi l'ho sentito dire queste cose a tre persone. E non solo perché hai trovato il conte per Mentine, ma soprattutto perché sei una brillante donna d'affari. E perché hai in pugno la Russia, come dice lui. E non si stancherà mai di sottolineare come ti sia presa carico con tanta facilità delle spese per un banchetto del genere. Il suo stesso ruolo viene completamente sminuito.»

«No! Davvero?»

Barbe sgranò gli occhi. Era davvero sbalordita. Suo padre le aveva fatto intuire che le riconosceva gli sforzi. Ma non si sarebbe mai aspettata di sentire quelle parole di elogio, così dirette e chiare, dalla bocca di sua sorella, e quindi le parole di Clémentine la commossero in modo particolare.

Clémentine prese un fazzoletto dall'abito per asciugarsi gli occhi. Anche lei era evidentemente scossa.

«Non lo avevo forse predetto?» disse. «Lo sapevo che sarebbe successo. E predico anche un'altra cosa: questo è solo l'inizio! Io stessa ho provato la meraviglia che si cela dietro al tuo magnifico spumante. Alcuni lo stanno assaggiando per la prima volta e nel frattempo hai già venduto tutto, e non riescono a crederci. Sei *la regina* dello champagne!»

Barbe si rese nuovamente conto di quanto dovesse ringraziare sua sorella. Solo il supporto di un'altra donna, per quanto di alti princìpi morali, le avrebbe potuto infondere una tale dose di forza, energia e resistenza.

«Mi ricordo ancora benissimo il giorno in cui me l'hai detto per la prima volta. Eravamo in giardino. I bambini erano nel portico. Probabilmente avrei gettato la spugna se non ci fossi stata tu.»

«Questo non lo credo proprio. Sei troppo testarda per una cosa del genere» rispose Clémentine mentre riponeva il fazzoletto nella tasca e le sorrise maliziosa.

«A proposito, ho assicurato a tutti coloro che mi hanno chiesto di te che saresti tornata subito.»

«Tutti? Intendi la mamma. Rimane comunque dell'opinione che stia trascurando i doveri di madre della sposa.» Barbe sospirò. «Mi potresti concedere qualche altro minuto? Arrivo subito.»

«Certo» le rispose la sorella, poi le diede un bacio sulla guancia e la lasciò da sola.

Di sotto era ricominciata la musica, una quadriglia. *Ancora un quarto d'ora*, si disse Barbe. Alla prossima danza si sarebbe ripresentata alla festa.

Sulla mensola del camino c'era un secchiello con una bottiglia di champagne. Il ghiaccio si era sciolto quasi del tutto, ma il vino era ancora a una temperatura ideale, quindi si versò un bicchiere e si godette il sapore e le bollicine sulla lingua. Chiuse gli occhi. A differenza di quanto pensasse qualcuno, lo champagne si poteva gustare anche da soli, in silenzio. Era forse il più grande piacere.

I suoi pensieri volsero a quel mese del 1814 che aveva rammentato con Clémentine. Quando ancora combatteva con le conseguenze della guerra e aveva affrontato il rischio più grande della sua vita.

Quanto erano stati fortunati, però! Louis Bohne era salpato sulla nave che trasportava diecimilaquattrocento bottiglie da Rouen. Si chiamava *Les Gebroders*. Un nome altisonante che non avrebbe mai dimenticato. Nelle sue lettere, Louis si lamentava amaramente delle condizioni e malediceva Alphonse per la sua idea. Gli scherzi e i commenti pungenti erano il suo modo di affrontare l'incertezza della situazione. Non era stata certo una passeggiata, aveva dovuto dormire per settimane in mezzo alle casse.

All'inizio di giugno, la nave salpò da Le Havre in direzione di Königsberg e la lettera successiva che Barbe ricevette arrivava dalla città danese di Helsinghör, dove *Les Gebroders* aveva fatto sosta per un paio di giorni prima di poter proseguire. Non si aspettava altre lettere da parte sua, e quando da Parigi arrivò la notizia che quell'estate il divieto di importazione sarebbe decaduto, non era ancora ben chiaro se la loro azione avesse avuto successo o meno. Tuttavia, all'inizio di luglio aveva deciso di inviare un'altra nave con ulteriori diecimila bottiglie.

Dalle lettere che Louis le spedì da Königsberg nel corso dei mesi, e che ricevette sei settimane più tardi, scoprì che tutto il carico spedito era stato venduto. Tutte le diecimilaquattrocento bottiglie erano arrivate a destinazione intatte ed erano state vendute a Königsberg al prezzo di cinque franchi l'una. Non avrebbe mai sognato di ottenere un ricavo del genere. I costi di trasporto erano pienamente ripagati e rimaneva un ottimo guadagno. Anche la decisione di inviare una seconda nave si rivelò azzeccata.

Mentre la concorrenza si stropicciava ancora gli occhi

incredula, Louis prese in consegna anche il secondo carico e lo spedì a San Pietroburgo, dove il suo partner in affari Boissonet attendeva impaziente. Il risultato fu ancora più straordinario. Il suo champagne, lo champagne della Veuve Clicquot, era il primo a varcare le frontiere russe, e grazie alla qualità, era anche il più amato. E così era rimasto fino a quel giorno. L'unica difficoltà era accontentare l'enorme domanda. Ricevevano sempre più ordini di quanti ne potessero evadere. Non intravedevano una fine a quel felice sviluppo.

Una parte importante di quel successo, se non la più importante, era il *remuage*. Aveva fatto giurare solennemente ai suoi collaboratori di custodirne il segreto. Pagava le commissioni a tutti, persino agli operai della cantina, così che ciascuno potesse trarre profitti da quei successi, e quell'approccio si era rivelato molto efficace. Il suo segreto non era trapelato. Nessuno dei suoi concorrenti aveva la minima idea di come fosse riuscita a creare uno champagne così limpido e frizzante e Barbe sperava che rimanesse così a lungo. Nel caso in cui il mistero fosse stato svelato un giorno, e sicuramente sarebbe accaduto prima o poi, anche se sperava più poi che prima, il suo vantaggio sarebbe stato comunque così grande che la crescita del suo regno non ne sarebbe stata condizionata. Non solo aveva soddisfatto le aspettative che si era preposta, le aveva superate. Le prospettive di Mentine erano brillanti. Il patrimonio di sua madre le aveva garantito una vita spensierata e le nozze con un conte dell'antica nobiltà aveva elevato di molto la sua reputazione.

Clémentine aveva ragione. Il giovane che lei e Georges avevano conosciuto durante il viaggio in campagna non le era mai davvero uscito dalla testa. Aveva saputo sin dall'inizio che non possedeva alcun talento negli affari. Era molto bravo invece a sperperare denaro. Ma da un lato Barbe non amava le persone avare, e dall'altro il ragazzo aveva tante altre qualità positive che poteva soprassedere a quella mancanza. Avrebbe solo dovuto stare attenta a non affidargli mai la gestione della sua azienda.

Si era sempre potuta fidare del suo istinto nel giudicare le persone. Per esempio, mai una volta era rimasta delusa da Antoine, e Cyril, in collegio a Parigi, otteneva risultati eccellenti. Antoine e il suo braccio destro Joseph erano irreprensibili. Al massimo, poteva rimproverare al cantiniere la sua nuova vanità. Aveva acquisito un titolo nobiliare e si faceva chiamare Antoine de Muller. Georges, invece, era così dedito alla loro causa comune e così laborioso che a volte doveva quasi impedirgli di lavorare. E di recente c'era una giovane dama a cui faceva seriamente la corte. Una bella e intelligente donna che le stava molto simpatica. Probabilmente avrebbero festeggiato presto un altro matrimonio.

«Madame Clicquot?»

Il cuore le balzò nel petto quando riconobbe la voce con quel familiare accento. Si voltò. Sulla soglia c'era il Principe Voronzov.

«Mikhail» esclamò andandogli incontro. Indossava l'uniforme di gala. Sulla spalla destra aveva il cappotto grigio.

«È venuto davvero! Quasi non ci speravo. Pensavo che non avrebbe fatto in tempo.»

«Ammetto che i tempi erano piuttosto ristretti» rispose il principe con un inchino. «Sono partito non appena ho ricevuto l'invito. Sono felice di rivederla.»

«Anche io, mio carissimo amico. Come sapeva di trovarmi quassù?»

Voronzov alzò il sopracciglio sorridendo e si portò l'indice alle labbra.

«Mia sorella le ha…?»

«Madame Barrachin è una donna straordinaria. Vi assomigliate.»

«Quanto può trattenersi questa volta?»

«Tutto l'autunno e l'inverno, fino all'inizio del nuovo anno. Avrò da fare di tanto in tanto a Parigi, ma le dedicherò tutto il tempo a mia disposizione.»

«Fantastico. Le va di accompagnarmi? Avevo intenzione di visitare presto i nuovi vigneti che ho ereditato di recente, forse già a settembre.»

«Sarebbe per me un onore e un piacere.»

«E mi piacerebbe anche far visita alla tenuta di mio genero a Boursault.»

«Si trasferirà là?»

«Oh, no, per carità. Ma il Conte de Chevigné spera che lo aiuti a realizzare un sogno comune.»

«Un sogno comune? E quale sarebbe?»

«Un castello con vista sulla valle della Marna. Me ne parlò la prima volta che ci siamo incontrati e da allora non sono riuscita a togliermi l'idea dalla testa. Me lo immagino come un luogo per tutta la mia famiglia, dove potermi ritirare un giorno e poter osservare i miei nipotini che giocano.»

Il Principe Voronzov le lanciò un'occhiata maliziosa.

«Non è troppo giovane per pensare a dei nipoti?»

Barbe rise. Aveva trentanove anni. Cinque più di lui. Ma aveva ragione, non si sentiva affatto vecchia. Aveva ancora tutta la vita davanti.

«Non deve dimenticare che fra il sogno e la realizzazione passerà del tempo. Prima di arrivare a ciò, i suoi compatrioti dovranno acquistare ancora molto champagne.»

«Lo faranno, Madame. Non esagero quando le dico che già oggi è una leggenda.»

«Una leggenda? Adesso sì che mi fa sentire vecchia, caro Mikhail.»

«Niente di più lontano. E questa sera è davvero bellissima» disse prendendole la mano e baciandola senza distogliere lo sguardo dal suo.

«Mi lusinga» rispose Barbe, ma non aveva alcuna fretta di allontanare la mano. Invece, lo guardò piena di calore. «Ora mi rendo conto di quanto abbia sentito la sua mancanza.»

«Questo vale anche per me, Madame.»

La musica al piano di sotto ricominciò. Il principe prese il cappotto e le porse il braccio.

«Mi concede questo ballo, Madame Clicquot?»

Note e ringraziamenti

Madame Clicquot visse ottantanove anni e riuscì quindi a trascorrere tanto tempo con i nipoti, che amava molto. Morì nello Château Boursault, che fece costruire per la sua famiglia circa venti anni dopo il matrimonio della figlia con il Conte di Chevigné, un uomo di mondo affascinante e privo di mezzi. Il castello esiste ancora oggi e chiunque si rechi nella regione dello Champagne per una degustazione di vini può ammirare la vista sulla valle della Marna, di cui la nostra protagonista si innamorò. Ancora più impressionante è però il fatto che anche la sua azienda, costruita in un tempo in cui le donne avrebbero dovuto giocare un ruolo di minore importanza, esista ancora oggi, da oltre due secoli. Lo champagne incanta sempre più persone in tutto il mondo grazie al suo fascino frizzante e le sue origini, in cui Madame Clicquot ha giocato un ruolo fondamentale, sono ben studiate. A differenza della vita privata di questa imprenditrice straordinaria. In particolare, non ci sono molte informazioni sui primi anni del suo incredibile successo in Russia, quindi mi sono presa la libertà di far rivivere la sua biografia in questo romanzo. Non esistono lettere né diari da cui si evinca il rapporto fra Madame Clicquot e Georges Kessler, il suo intelligente e giovane collaboratore, che più tardi si è costruito un suo impero del vino: lo stabilimento di produzione di spumante Kessler a Esslingen, in Germania, è il più longevo del Paese. Possiamo solo intuire anche quale ruolo abbia giocato Louis Bohne nella sua vita. Suo marito, François Clicquot, morì probabilmente a causa di un'influenza, ma le circostanze rimangono poco chiare. Le voci di un suicidio si erano già diffuse all'epoca. Una cosa certa, invece, è che Madame Clicquot non si è mai risposata. Lasciò le sorti della sua azienda di successo a un uomo che non è presente in questo romanzo, poiché lo incontrò molto più tardi: Eduard Erlé, anche lui di origini tedesche. Iniziò a lavorare per lei come apprendista quattro anni dopo gli eventi descritti.

Per l'azienda Veuve Clicquot e lo sviluppo dello champagne, questi uomini hanno comunque avuto una grande importanza. Sono tutti realmente esistiti. Così come altri personaggi storici presenti nel romanzo, come il generale francese Corbineau o il reverendo Maquart, Saint-Priest o il Principe Gagarin, e soprattutto l'Imperatrice Giuseppina e Napoleone Bonaparte, che ebbero una grande importanza per lo champagne e per la regione in sé. La sua amicizia con il concorrente di Madame Clicquot, Jean-Remy Moët, è storicamente documentata, così come il suo soggiorno presso l'abitazione del fratello a Reims, poco prima della sconfitta definitiva. Entrambi gli ufficiali russi presero davvero parte alla Campagna di Germania.

Per quanto riguarda l'evoluzione storica dello champagne, i dettagli mi stanno particolarmente a cuore. All'inizio del XIX secolo i metodi analitici di gestione della cantina erano ancora agli albori e le difficoltà descritte nella produzione di uno champagne limpido e frizzante sono attestate in fonti pertinenti. Nonostante le difficoltà, Madame Clicquot e il suo cantiniere Antoine Müller hanno realizzato ciò che era ritenuto impossibile: hanno inventato il cosiddetto "Rüttelverfahren", il procedimento chiamato *remuage*. Riguardo all'esatto periodo storico non c'è molta certezza, per questo motivo l'ho anticipato un po' senza troppe cerimonie, in modo che il vino della cometa, prodotto secondo questo metodo e con cui l'azienda ha sfondato in Russia, potesse trovare la giusta collocazione anche nel mio romanzo. Dato che il *remuage* è rimasto a lungo un segreto ben custodito, non è del tutto impossibile che possa essere andata così e, naturalmente, il vino della cometa è esistito davvero. Non ho dovuto inventare la storia fantastica di come è stato lanciato mentre la guerra era ancora in corso, perché la nostra Barbe-Nicole era altrettanto audace come descritto. E il logo con la stella si può vedere ancora oggi su ogni bottiglia di champagne Veuve Clicquot.

Scrivere questo libro è stato un viaggio emozionante e allo stesso tempo un grande piacere, e non solo per le bottiglie di champagne che mi sono gustata spesso in compagnia della mia famiglia. Grazie mille per aver supportato il mio lavoro! Inoltre, ringrazio le mie correttrici di bozze, i cui commenti mi hanno aiutata moltissimo, e la mia agente Dorothee Schmidt, che mi ha dato l'idea di scrivere un romanzo storico biografico e mi ha accompagnata nell'intero processo, dall'idea iniziale all'ultima stesura. Ringrazio la mia editor Dinah Fischer di Rowohlt-Verlag, che ha dato il tocco finale alla storia. Spero davvero che ci saranno più spesso motivi e occasioni per festeggiare e brindare insieme!

MISTO
Carta da fonti gestite
in maniera responsabile
FSC® C115118
FSC
www.fsc.org

Stampato presso Elcograf S.p.A.
Stabilimento di Cles